"博学而笃志,切问而近思。"
(《论语》)

博晓古今,可立一家之说;
学贯中西,或成经国之才。

复旦博学・复旦博学・复旦博学・复旦博学・复旦博学・复旦博学

复旦博学·21世纪劳动关系管理丛书

编委会主任：

曾湘泉　中国人民大学劳动人事学院院长

郑东亮　人力资源和社会保障部劳动科学研究所所长

王振麒　人力资源和社会保障部劳动争议调解仲裁司副司长

编委会成员：（按姓氏笔画排序）

于桂兰　吉林大学商学院人力资源管理系主任、教授

王全兴　上海财经大学法学院教授

王文珍　人社部劳科所劳动法和社会保障法研究室主任、研究员

叶静漪　北京大学法学院教授

冯喜良　首都经济贸易大学劳动经济学院副院长、教授

李丽林　中国人民大学劳动人事学院劳动关系系主任

李　敏　华南理工大学工商管理学院教授

刘平青　北京理工大学管理与经济学院教授

吕国全　中华全国总工会劳动关系研究中心主任

陈维政　四川大学工商管理学院人力资源管理研究中心主任、教授

沈琴琴　中国劳动关系学院副院长、教授

郑尚元　清华大学法学院教授

曹可安　人社部劳科所劳动争议仲裁室主任

曹大友　西南政法大学管理学院院长、教授

章　群　西南财经大学公共管理学院副院长、教授

蒋文莉　中南财经政法大学公共管理学院劳动和社会保障系主任、教授

程延园　中国人民大学劳动人事学院教授

程多生　中国企业联合会雇主工作部副主任

总策划：

唐　鑛　中国人民大学劳动人事学院教授

复旦博学·21世纪劳动关系管理

Labor Dispatching Management

劳务派遣管理概论

曹可安 著

复旦大学出版社

内容提要

本书是大学劳动关系管理、人力资源管理、劳动经济学、社会保障等专业的基础课教材。本书紧扣中国企业运行的实际特点，试图从劳动关系多元化和用工方式多元化背景下劳务派遣的产生和发展的过程进行研究，找出劳务派遣的发展规律，并结合我国劳务派遣的特殊发展轨迹，揭示劳务派遣的基本特征，帮助企业合理运用劳务派遣手段解决实际用工问题。

全书共八章，包括企业雇佣方式与劳动关系多元化，劳务派遣的基本概念、特征及分类，劳务派遣法律关系，劳务派遣的产生与发展，劳务派遣的国际经验，我国劳务派遣的基本情况，劳务派遣的法律规制，劳务派遣与多元雇佣方式下的劳动关系。每一章都配有导读案例、学习资料、讨论案例以及复习思考题，这是一本理论与实践紧密结合的教材。

作为"复旦博学·21世纪劳动关系管理"丛书之一，本书适合大学劳动关系、社会保障、人力资源管理专业及相关经济管理专业师生作为教材使用，也可作为政府相关部门及企业人力资源主管的培训用书。

总 序

复旦博学·21世纪劳动关系管理丛书

劳动关系是劳资双方在劳动过程中构成的既包括权利关系又包括利益关系的一种社会关系。劳动关系学就是对这一特定关系进行研究的学科。在国际上，早期这一学科被称为劳资关系（Industrial Relations，国内也译为产业关系），近年来又有雇佣关系（Employment Relations）的说法。传统上，劳资关系研究大多集中于"工会—管理方关系"这一领域，其主要内容包括工会的成因、功能和影响等。但是，近年来随着工会密度的下降，集体劳动关系让位于个体劳动关系，劳资关系研究的范围已经扩大到与工作相关的全部问题，诸如"高绩效"工作、职业安全和健康、就业歧视、雇员满意度、工作安全以及国际劳资关系比较研究等（Strauss and Whitfield，2005）。由于劳资关系与新兴的人力资源管理学科的研究领域如此相似，有人认为"劳资关系"的概念已经过时。但是，也有许多人认为应保留"劳资关系"这一称谓，因为它表达了分析一个被广泛认可的领域的研究方法。于是，作为一种妥协，一些机构采用了比较中立的说法——雇佣关系。2006年，美国雇佣和劳动关系学会由过去的 LIRA（Labor and Industrial Relations Association）更名为 LERA（Labor and Employment Relations Association）即反映了这一发展趋势和变化。

劳动关系学科应当说有着独特的存在价值和地位。劳动关系作为一门学科，尽管其研究对象和方法，特别是其与人力资源管理和劳动经济学的关系，存在着不同的学术观点和争论，但我以为，寇肯教授和考夫曼教授近年来所发表的一系列重要的观点，更有利于我们对此问题有客观和清醒的认识和思考。寇肯教授（Kochan，2005）认为，劳动关系学科的五大特征决定了它对于劳动科学研究的价值：第一，它是以问题为中心的，从20世纪早期劳动关系研究在美国兴起时起，它就关注工资低、工作环境差、劳工政策缺乏、工会代表缺失等现实问题;第二,它采用多学科整体化的方法将问题概念化,经济学、社会学、心理学、政治学等成熟学科的概念框架在不同的问题探讨中各有用武之地;第三,它尊重和重视历史,将对劳工问题的分析放在恰当的历史背景中能给研究者更多的启示;第四,它采用多样的研究方法,既有量化分析也有制度的、历史的、案例的分析,既有个体层面的分析也有组织和社会层面的分析;第五,它假设工人与雇主之间存在着持续性的利益冲突,正是这种独特的制度性假设使得劳动关系理论在对罢工、集体谈判、劳动争议等问题的解释上有相较于其他理论的明显优势。考夫曼教授(Kaufman,2010)指出,劳动关系作为一门学科其核心是雇佣关系和劳动问题的研究,比起人力资源管理、劳动经济学等劳动科学相关学科,它有着无法替代的优势。人力资源管理的基本假设是员工与管理者的合作,劳动经济学的基本假设是各生产要素之间的竞争。假如员工与管理者是完全合作的,人力资源管理的解释框架是最合理的;假如各生产要素是完全竞争的,劳动经济学的解释框架则是最优的。但是,事实上既不存在完全的合作亦不存在完全的竞争,正是真实世界的不完美赋予了劳动关系学科无限的生命力。

劳动关系学科的发展也有赖于劳动关系专业人才的培养。早在20世纪20年代,美国威斯康星大学就开始教授劳动关系专业课程,哥伦比亚大学和密歇根大学等开设了劳动关系专业。到20世纪30年代,美国已有40多所大学设立了劳动关系专业。目前,美国康奈尔大学、罗格斯大学、俄亥俄州立大学、明尼苏达大学等著名学府在不同院系中都设立了劳动关系专业;英国的剑桥大学、伦敦政治经济学院、华威大学等,加拿大的多伦多大学、蒙特利尔大学等也设立了劳动关系专业。劳动关系学科以及劳动关系的人才培养在国内也愈来愈受到重视。迄今已有中国人民大学劳动人事学院、中南财经政法大学、首都经济贸易大学、中国劳动关系学院等40多所大学开始教授劳动关系专业的课程,部分院校开始设立劳动关系本科专业。近年来,中国人民大学劳动人事学院启动了包括本科、硕士和博士全阶段的劳动关系人才的培养模式。2010年由中国人民大学劳动人事学院、美国康奈尔大学产业和劳动关系学院、美国罗格斯大学劳动关系学院联合发起并举办的"全球劳动科学院长论坛",邀请了包括北美、欧洲和亚洲约30位相关学院的负责人交流了各自在科学研究、人才培养和社会服务等方面的经验和做法,发表了反映论坛成果的《北京宣言》。这大大推动了本学科的国际交流和事业发展,也扩大了中国劳动科学在全球的影响。

重视劳动关系人才培养需要重视劳动关系教材建设。改革开放初期,我们编译并使用了国外劳动关系领域的教材;2000年以来国内虽然开始编写和出版一些反映我国劳动关系问题的教材,但总体而言,教材数量少,系统性差,不能很好地反映我国劳动关系理论研究和实践的发展。应当说,迄今我国劳动关系领域的相关研究已取得了不少具有启发意义的研究成果,我国劳动关系领域的实践发展和理论研究也使得撰写和出版高水平的劳动关系教材成为可能。有关我国劳动关系管理的理论研究、实务操作等好的成果,都值得系统总结和出版。正是在这样的背景下，本套反映中国劳动关系理论研究和实践操作的"复旦博学·21世纪劳动关系管理丛书"应运而生。

概括起来，这套丛书与以往的教材相比有以下四个较为显著的特点：

1. 整体编排的系统性。既有如《战略劳动关系管理》、《劳动关系管理概论》等侧重理论知识的教材，也有如《劳动人事争议处理》、《劳务派遣管理概论》、《工会管理理论与实务》等侧重实务操作的教材。

2. 教材内容的管理实务导向。如《员工薪酬管理》、《集体协商与集体合同》等都是直面管理难题的教材。

3. 适应劳动关系学科特色的跨学科融合。如《劳动心理学》、《劳动法和社会保障法通论》、《国际比较劳动关系》分别以心理学、法学以及管理学、社会学等学科为理论基础。

4. 撰写人员的多样性。编者中既有长期在高校从事教学研究的教授、博导，也有在政府智库中从事对策研究的科研人员，还有相关部委的高级官员。

感谢唐鑛教授的精心策划，感谢各位作者投入的辛勤汗水和智慧，感谢他们为中国劳动关系学科的基础性建设工作作出的不懈努力，感谢复旦大学出版社宋朝阳编辑的大力支持！

中国既有发达国家在工业革命时期所面临的劳动关系挑战，也有作为一个发展中国家，特别是作为一个转型国家的一些特殊问题。尤其是近年来，我国劳动领域内的重大事件和问题频频发生：2007年山西黑砖窑事件曝光，2008年《劳动合同法》实施引起社会激辩，2009年通钢总经理被殴打致死，2010年富士康员工连续十多次跳楼，同年广东南海本田发生系列罢工，等等。中国社会激烈的劳动关系冲突和挑战引发了国内外对我国劳动关系现实问题的高度关注，也呼唤劳动科学界的同仁们加大对中国劳动关系问题的深入研究，实现更多的理论创新和政策创新。劳动关系问题的解决无疑需要全社会各级各类管理者对劳动问题的重视，需要立法，包括提高劳动执法的力度，但劳动问题的解决更有赖于劳动科学学科的发展，尤其有赖于劳动关系学科的发展。劳动关系学科发展是劳动管理和劳动法律规制的基础。因此，就整个劳动科学而言，我们的理论研究还远远不足。正因为此，我们期望本套教材的出版既能够反映国内本学科的发展状况，更能够推动未来我国劳动科学理论研究和实践的不断发展。

最后要说的是，2013年将迎来中国人民大学劳动人事学院成立30周年纪念，本套丛书的出版也算是提前为此活动献上的一份厚礼！

中国人民大学劳动人事学院院长
中国劳动学会副会长、劳动科学教育分会会长
曾湘泉
2011年9月10日教师节

前 言

劳·务·派·遣·管·理·概·论
Labor Dispatching Management

目前,社会上很多人对劳务派遣的认识有一定的偏差。对劳务派遣这个在我国蓬勃发展的新事物的认识不够,还停留在国外劳务派遣的拾遗补缺的阶段,并且过分强调劳务派遣的消极作用以及对正规就业形式的冲击,没有看到我国劳务派遣的特殊性和重要性。

显然,劳务派遣是"舶来品",起源于西方发达国家,是一种灵活就业的形式,是对正规就业的补充。但劳务派遣进入我国后,其内容和形式都发生了质的变化,成为一种新的就业形式。如何看待和规范我国的劳务派遣,应当分析劳务派遣在我国产生和蓬勃发展的原因和特点,要借鉴但不拘泥于西方国家的理论和认识。

既然我国的劳务派遣产生于改革开放和市场经济的发展,又在改革深化、市场经济中发展和壮大,是用工制度改革的成果,是用工方式多元化的一种重要模式,因此,在我们的立法模式的选择上应当是宜疏而不宜堵,不能将这种形式堵死。既然劳务派遣有市场的刚性需求,立法把它限制得太死,它就会以其他形式冒出来,以规避法律的强制性规定。例如,它会改头换面变成所谓的"业务外包"的形式。这样一来,劳动者的权益会受到更大的损害。因此,我们对这种经济生活中的新现象、劳动关系中的新问题如何进行规范,一定要慎重,要在促进社会经济、企业发展与更好地保护劳动者的合法权益之间找到一个平衡点。

  本书试图从劳动关系多元化和用工方式多元化背景下劳务派遣的产生和发展的过程进行研究,找出劳务派遣的发展规律,并结合我国劳务派遣的特殊发展轨迹,揭示劳务派遣的基本特征,澄清有关劳务派遣的一些偏见。整体来说,劳务派遣作为一种用工方式,大多是一些用工单位人力资源管理的一种战略选择,服从于企业的管理和发展战略,服从于企业的长远发展目标。这种用工方式有其优点,但同时存在其固有的缺陷。如何客观评价我国劳务派遣快速发展的这一现象,值得我们大家来进行研究。在本书的写作过程中,得到了中国人民大学唐鑛教授以及袁之、刘江同志的大力支持和协助,在此表示诚挚的谢意!同时,也对复旦大学出版社编辑宋朝阳同志为本书的辛勤工作表示深深的感谢!

曹可安

2011 年 11 月

目录

劳·务·派·遣·管·理·概·论
Labor Dispatching Management

第一章 企业雇佣方式与劳动关系多元化 ... 001

本章要点 ... 001
导读案例 FESCO 的历史沿革 ... 001

第一节 新时期雇佣方式的特点 ... 003
 一、雇佣劳动与劳动关系 ... 003
 二、雇佣方式及其新特点 ... 005

第二节 雇佣方式多元化与劳务派遣 ... 007
 一、非标准化雇佣方式与雇佣方式多元化 ... 008
 二、雇佣方式多元化趋势下的劳务派遣 ... 011

第三节 我国雇佣方式的多元化 ... 012
 一、我国雇佣方式的变化与发展 ... 012
 二、我国企业采用多元化雇佣方式的原因 ... 017

三、我国多元化雇佣方式的特征　　018

第四节　劳动关系非标准化趋势下的劳务派遣　　020
　　一、非标准化劳动关系的产生与发展　　020
　　二、非标准化劳动关系与劳务派遣　　023

本章小结　　025
本章复习题　　025
讨论案例　劳务派遣中劳动关系的确认与连带责任　　025

第二章　劳务派遣的基本概念、特征及分类　　027

本章要点　　027
导读案例　先后遭遇两次解约，劳动者被"净身出户"　　027

第一节　劳务派遣的定义　　028
　　一、界定劳务派遣含义的重要性　　029
　　二、劳务派遣的含义　　029

第二节　劳务派遣的特征　　036
　　一、劳务派遣的法律特征　　037
　　二、劳务派遣的企业管理特征　　040

第三节　劳务派遣的分类　　043
　　一、按派遣服务期限分类　　043
　　二、按派遣的法律权限分类　　045
　　三、其他分类　　046

第四节　劳务派遣与人力资源相关概念的辨析　　049
　　一、劳务派遣与职业介绍的区别　　049
　　二、劳务派遣与劳务承包的区别　　051
　　三、劳务派遣与人力资源外包的区别　　052
　　四、劳务派遣与企业借调的区别　　053

五、劳务派遣与人事代理的区别　　055
　　六、劳务派遣与业务外包的区别　　057

本章小结　　059
本章复习题　　059
讨论案例　谁来对被派遣劳动者负责？　　059

第三章　劳务派遣法律关系　　062

本章要点　　062
导读案例　劳务派遣和人事代理的区分和解决　　062

第一节　劳务派遣法律关系　　064
　　一、劳务派遣法律关系的概念　　064
　　二、劳务派遣法律关系的构成要素　　066

第二节　劳务派遣法律关系的主体　　068
　　一、劳务派遣单位　　068
　　二、用工单位　　071
　　三、被派遣劳动者　　075

第三节　劳务派遣法律关系的内容　　077

本章小结　　086
本章复习题　　086
讨论案例　工伤责任的认定　　086

第四章　劳务派遣的产生与发展　　090

本章要点　　090
导读案例　因错被单位"打回"劳务派遣公司　　090

第一节　劳务派遣产生的社会背景　　091
　　一、劳务派遣的兴起　　092

二、劳务派遣的成因　　　　　　　　　　　　　　　　　　093

第二节　劳务派遣产生的制度经济学分析　　　　　　　　　　　097
　　一、制度经济学相关理论　　　　　　　　　　　　　　　　097
　　二、劳务派遣用工的选择动机　　　　　　　　　　　　　　099

第三节　劳务派遣的发展历史　　　　　　　　　　　　　　　　104
　　一、劳务派遣的形成阶段　　　　　　　　　　　　　　　　105
　　二、劳务派遣的发展阶段　　　　　　　　　　　　　　　　105
　　三、主要发达国家劳务派遣业的发展进程　　　　　　　　　107

第四节　劳务派遣的负效应探讨　　　　　　　　　　　　　　　112
　　一、劳务派遣的负效应　　　　　　　　　　　　　　　　　112
　　二、劳务派遣负效应的相关评价　　　　　　　　　　　　　114

本章小结　　　　　　　　　　　　　　　　　　　　　　　　　116
本章复习题　　　　　　　　　　　　　　　　　　　　　　　　116
讨论案例　双赢的劳务派遣　　　　　　　　　　　　　　　　　117

第五章　劳务派遣的国际经验　　　　　　　　　　　　　　119

本章要点　　　　　　　　　　　　　　　　　　　　　　　　　119
导读案例　"共同雇主"与权利义务的划分　　　　　　　　　　119

第一节　发达市场经济国家劳务派遣的基本情况　　　　　　　　121
　　一、劳务派遣发展的基本情况　　　　　　　　　　　　　　121
　　二、世界典型国家劳务派遣情况　　　　　　　　　　　　　124

第二节　发达市场经济国家对劳务派遣的规制与态度　　　　　　129
　　一、各国的立法及主要的规制手段　　　　　　　　　　　　129
　　二、各国对劳务派遣的态度　　　　　　　　　　　　　　　132
　　三、美国劳务派遣的发展和规制概况　　　　　　　　　　　134

第三节　我国发展劳务派遣的态度与参考经验　144
　　一、对劳务派遣态度的争鸣与评析　144
　　二、我国劳务派遣相关规制的主要参考经验　147

本章小结　148
本章复习题　149
讨论案例　劳务派遣协议的期限约定　149

第六章　我国劳务派遣的基本情况　151

本章要点　151
导读案例　编制限额问题的解决　151

第一节　我国劳务派遣发展历程　152
　　一、萌芽阶段(1979—1995)　153
　　二、向市场化转型阶段(1995—2005)　154
　　三、蓬勃发展阶段(2005年至今)　156

第二节　劳务派遣的规模与分布　157
　　一、劳务派遣的规模　157
　　二、劳务派遣的分布　160
　　三、我国劳务派遣发展的原因分析　161

第三节　劳务派遣机构情况　163
　　一、数量与分布　163
　　二、机构类型　165
　　三、机构设立程序　167
　　四、服务费收取情况　167

第四节　劳务派遣用工单位情况　168
　　一、行业分布　168
　　二、所有制特征　171

第五节　劳务派遣人员情况　　172
　　一、人员构成　　172
　　二、劳动合同签订与社保缴费情况　　174
　　三、所从事工作岗位的特点　　175
　　四、劳动报酬和福利待遇情况　　175

本章小结　　177
本章复习题　　177
讨论案例　优秀员工为何辞职？　　177

第七章　劳务派遣的相关立法问题　　180

本章要点　　180
导读案例　"农民工状告肯德基案"引起争论：劳务派遣该不该受到限制？　　180

第一节　劳务派遣国际立法比较　　182
　　一、欧盟国家劳务派遣的立法过程及演变　　182
　　二、劳务派遣相关立法的主要内容　　187

第二节　我国的劳务派遣立法问题　　195
　　一、《劳动合同法》对劳务派遣的规制　　195
　　二、目前我国劳务派遣争议的类型与特点　　200
　　三、对完善我国劳务派遣制度的建议　　204

本章小结　　205
本章复习题　　205
讨论案例　劳务派遣协议的订立　　206

第八章　劳务派遣与企业劳动关系的转型　　208

本章要点　　208
导读案例　"劳务派遣费"换来的"好工作"？　　208

第一节　企业劳动关系的转型　210
　　一、西方发达国家劳动关系的转型　210
　　二、我国劳动关系转型中存在的问题　217

第二节　劳务派遣与企业劳动关系　221
　　一、劳务派遣中的劳动关系理论　221
　　二、劳务派遣在非标准化劳动关系中的作用　224
　　三、劳务派遣中劳动关系的规制问题　225

第三节　劳务派遣的战略选择　227
　　一、影响企业选择劳务派遣的因素　227
　　二、组织战略对用工模式选择的影响　230

本章小结　232
本章复习题　232
讨论案例　是否存在劳动关系？　232

参考文献　234

第一章 企业雇佣方式与劳动关系多元化

本章要点

通过对本章内容的学习,你应了解和掌握如下问题:
- 当今企业雇佣方式多元化产生的社会经济背景是怎样的?
- 雇佣方式多元化产生的原因和主要的特点是什么?
- 劳务派遣产生的原因以及目前所存在的问题有哪些?
- 劳务派遣规制的主要方向和目标是什么?

导读案例

FESCO 的历史沿革

北京外企服务集团(FESCO)成立于1979年11月,是北京市政府投资组建的国有独资公司。作为中国首家为国内外公司、外商驻京代表机构、外商金融机构、经济组织提供专业化、多元化、个性化人力资源服务的大型公司,FESCO目前服务于来自上百个国家和地区的近6 000家公司,同时服务于100 000余名在这些机构当中从事管理、顾问、技术研发、市场、销售、人力资源、行政等不同工作的中国雇员,年服务收入100亿元人民币。简单来说,FESCO是专门为外国驻京商务机构聘用中国雇员做人事管理及人事代理服务的。

多年来，FESCO致力于为企业提供多层次、全方位、专业化的人力资源服务，是目前中国国内最具竞争力的人力资源解决方案提供商。FESCO的客户涵盖全球500强在京的企业和代表处，行业涉及汽车、金融、IT、电子、通讯、航空航天、石化、重工、消费品等诸多领域。

改革开放之前，FESCO的员工都是以调动工作的形式进入该公司的，他们政治基础过硬，有很强的保密素质。1979年，中国宣布对外开放，北京空港食品有限公司作为中国第一家合资企业在京成立。以此为契机，FESCO在相关政策的扶持下以"准垄断者"的身份迅速做大做强。

后来IBM在华设厂则为FESCO的进一步发展起了很大的推动作用，正是从那时起，FESCO的劳务派遣业务开始有了雏形。随着改革开放的不断深入，FESCO的业务也日渐成熟，并在此过程中完成了资本的原始积累，为企业日后的多元化发展奠定了坚实的基础。这时进入公司的派遣工直到现在还享受着正规劳务派遣的待遇。

1986年，在我国推行劳动合同制度的同时，FESCO也对其运行机制等多个方面进行了较大的改革，比如，工资的发放、保险缴纳的方式等。改革后的派遣机制也一直沿用到现在，但是这些所谓的改革也使FESCO的运行机制脱离了正规的劳务派遣模式而自成一体。

目前，FESCO在涉外人力资源服务主业，以及由主业延伸出的相关服务行业领域和企业资产总额方面，居全国同行业之首，并为改善中国投资贸易环境和繁荣市场经济发挥了巨大作用。

FESCO的派遣工由于其特殊的派遣模式和过去几十年的历史发展，使其现状略好于一般的派遣工。过去，我国法律规定：外资企业除通过外企服务机构代理外，不得在华私自用工。但是现在，法律政策有所放宽，外资企业可以选择使用派遣工或者使用正式员工。而由于使用派遣工产生的纠纷少，人力资源成本低，所以大多数用人单位仍然选择通过FESCO这样的派遣公司用工。

资料来源：中国人力资源开发网，http://www.chinahrd.net/。

第一节　新时期雇佣方式的特点

劳动关系是劳资双方在劳动过程中构成的一种社会关系,是最基本的社会经济关系,劳动关系和谐是社会和谐稳定的基础。劳动关系包括权利关系和利益关系两个方面。劳动关系的变化,不仅有社会经济等客观原因,同时还与诸多的政治文化、社会制度、劳资双方力量对比以及法律制度等因素都有密切的联系。当人类社会从20世纪迈进21世纪时,传统的企业组织受到了新的变革挑战,开始向扁平化、多元化的方向发展,由此也导致与企业组织相适应的一系列制度以及雇佣方式发生变化。因此,劳动关系领域目前所要关心的一个重点问题便是雇佣方式的多元化给企业运行带来的影响。为了更好地了解雇佣方式及其产生和发展,我们首先需要了解与之相关的雇佣劳动等概念。

一、雇佣劳动与劳动关系

（一）雇佣劳动

雇佣劳动,在资本主义初期阶段是指无产者把劳动力作为商品出卖给资本家并提供剩余价值的劳动。因此,在最初的资本主义制度下工人的劳动具有雇佣劳动的性质,是由于工人的劳动力已经成了商品。由此也可以看出,劳动力成为商品这一过程和雇佣劳动的出现是同时进行的。资本主义初期雇佣劳动形成的基本条件逐步趋于成熟,雇佣劳动开始大量出现并逐渐成为最普遍、最有效率的劳动存在形式。

从雇佣劳动产生的条件来说,资本与劳动的分离是其最基本的条件之一。在资本主义初期,一方面,通过资本的原始积累过程,使少部分人能够在短期内聚敛大量物质财富,他们也掌握了资本的最初来源;另一方面,大量劳动者失去了财产,与物质资本相分离,他们除了劳动力之外一无所有。这一过程分离了拥有劳动能力的人和物质资本所有者。劳动者丧失了物质财产之后,大量游离出来成为自由的劳动力,为雇佣劳动的形成提供了劳动力基础。同时,少数人手中聚集的物质财富也为大规模的雇佣劳动力提供了资本基础。资本与劳动力的分离,也为资本与劳动的再次结合创造了条件,这种辩证关系的存在是以自由劳动转化为雇佣劳动为特征的。在这种情况下,资本与劳动发生分离却背离了生产及经营的基本条件,似乎使得生产及经营过程难以进行。雇佣劳动的出现解决了这一矛盾,使得劳动和资本得以再次结合。雇佣劳动的出现不仅顺利地解决了这一矛盾,同时也为现代企业组织及大规模产业的形成创造了巨大了空间,而这些也是随着雇佣劳动的出现自然完成和实现的。雇佣劳动的出现还为劳动者个人技能的扩展与深化创造了条件,即劳动者能够为专门提高劳动技能这一单纯目的而进行投资,与之相关的教育、培训与开发变得更有目的性,劳动职业化的程度加深,越来越适应企业及产业升级的需求。

(二) 雇佣劳动的新特点

随着经济全球化的逐步加深,雇佣劳动已经开始具有一些新的特点。

(1) 雇佣劳动的范围不断扩展。雇佣劳动不再仅限于制造业和机器大工业的手工劳动、流水线作业等,管理者的工作已经成为一种较为普遍的雇佣劳动。这里的管理者不仅指企业的高层管理人员,更包含了职业经理人的出现。新时期雇佣劳动的主要表现之一便是,经营管理者成为一种典型的被雇佣者。由于管理工作的特殊性,高层及中层管理者的雇佣问题已经成为较为重大的劳动关系问题。随着管理工作分层和分类的细化程度加深,高层次的管理工作及重要的工作岗位不同于普通的雇佣劳动,其对企业发展战略起到了至关重要的作用。但是,无论其地位和作用如何重要,仍保留着被雇佣者及雇佣劳动的最主要特征。

(2) 设计和创造等知识和智慧型劳动的范围越来越广,已成为一种普遍意义上的雇佣劳动。在现代,除了制造等传统意义上的雇佣劳动,创意、设计、研发,甚至管理方案的设计等也成为典型的雇佣劳动。创造性的劳动对企业及投资者意义重大,我们甚至可以将管理劳动也视为是一种创造性的劳动。这一点与管理类的劳动较为相似。同时,这种类型的劳动成为雇佣劳动,难以准确衡量雇员的工作能力、监督工作过程、评估工作结果等。但这种雇佣劳动的出现,使得创造性的劳动与投资者的责任成功地得到了分离,同时使投资与经营管理的分离更为彻底;使得创造性劳动的分类更为细化,分工更为明确,专业特征更为突出;一定程度上改变了人们思想意识中雇佣劳动的卑微感,雇佣劳动获得了前所未有的尊重。这也是其出现的重要意义。

(3) 现代雇佣劳动的一个重要特点是它的弹性化。由于社会经济大环境、企业组织形式、科学技术的发展和劳动力市场的变迁,雇佣劳动获得了各种形式的弹性。其中一个最显著的特点便是企业对员工的控制有了多样化的形态。其好处主要表现在两个方面:一方面,企业可以根据需要随时调整其实际的雇佣劳动量,如增加或减少雇员数量、增减工作时间、调整工作时段和工作地点,也可以根据需要调整工作岗位,等等;另一方面,企业可以将其内部功能外包,例如,将一些数据处理、打扫以及安全工作等辅助功能外包给企业外部的雇佣劳动者,为本企业节省资源。除了企业组织自身的一些原因之外,劳动者自身状况的变化和科学技术的发展也更加导致了雇佣劳动的弹性化。大多数劳动者可以在家庭劳动与雇佣劳动之间进行协调和兼顾,雇员有了更大的自由空间。特别是在现代,妇女从家庭劳动中解放出来后,为弹性就业的市场创造了前所未有的活力。与此同时,雇员租赁、三方雇佣、家庭上班或劳务派遣等方式也发展迅速。

二、雇佣方式及其新特点

随着雇佣劳动的发展演变及其新特点的出现,与此对应的雇佣方式也逐渐发生着一些新的变化,对企业组织乃至整个经济社会产生了一定的影响。我们将区分雇佣方式的两种形式来对其新特点进行说明。

(一)传统雇佣方式

雇佣方式是指企业为完成一定的生产经营目标而进行的有计划的用工选择和制度安排;作为企业内部的一种制度安排,雇佣方式包括了企业与劳动者之间达成的选择、使用和激励劳动力要素的各种可能的方法、规则。企业与员工之间确定了雇佣方式之后,其具体表现为企业生产要素所有者对某一种或某几种用工模式的选择,实质上反映了劳动力的载体——劳动者与非人力资本的所有者——企业之间围绕用工模式、劳动力供给方式、生产要素组合方式等问题形成的一种契约安排。为了与现代灵活多变的雇佣方式相区别,在这里将传统雇佣方式界定为全日制、无固定期限合同的用工方式(有的著作也称其为正规雇佣方式)、典型雇佣方式或标准雇佣方式,本书将其统称为标准雇佣方式,并将通过标准雇佣方式就业的雇员称为标准雇员。

传统雇佣方式的产生主要是与当时的企业形式息息相关的。企业作为资源配置的主要组织形式,自产生至今尚未出现过新的替代形式,企业组织仍然是资本和劳动力两种最基本经济要素组合的最基本形式。相比其他类型的组织形式,企业组织能够节省大量交易成本，并且能更有效率地运行自身系统。企业组织运作的核心是企业家，现代企业通常是由职业经理人来控制。著名经济学家科斯认为企业组织之所以会出现，是因为它比市场机制更能节约交易成本。这就意味着，一方面，管理过程在一定条件下是能够比市场过程更能节约交易成本的，两者的矛盾性使其具有相互替代功能；另一方面，管理权的执行过程却能够使企业适应企业组织外部的市场交易机制，使其能够在价格机制、竞争机制及供求机制的调节下参与市场的优胜劣汰。劳动力作为一种资源，由于涉及劳动关系等人文因素和相关问题，在企业组织内部被分配和使用的过程明显不同于物质资源，但其仍然处于被动地接受雇佣、管理和使用的地位。与此相适应，无论企业组织的形式如何花样翻新，企业组织的基本功能并未改变，因此雇佣劳动的地位和作用也得到了维持。这样，雇佣劳动作为构成企业内部劳动力资源的主体，也同时被管理和分配，并随之产生一系列的雇佣方式。其中，传统雇佣方式在很长一段时间并将在今后相当一段时期内均处于主导地位。

（二）新型雇佣方式

传统的雇佣方式能够强化雇员与企业之间的联系和彼此认同，使劳动者愿意把职业变成事业。而到了20世纪80年代以后，许多传统的阶层式企业组织的特征开始受到严峻的挑战。随着经济的快速变迁以及科学技术的快速发展，越来越多的企业必须重新调整组织结构，减少层级，并且与企业这种配置资源的组织形式相关的许多方面都发生了重大变化。具体表现在以下三个方面。

（1）企业组织形式本身发生了重大变化。组织形式趋于多样化，跨国企业、虚拟企业、超组织等形式发展变化快速，劳动力资源配置的具体运行方式越来越多样化和复杂化。20世纪80年代以后，许多欧美大型企业间开始进行了大规模的合并、购并和缩编以及扩增非永久性的劳动力，为劳动者带来了一种后工业化时代的新的工作趋势。

（2）企业劳动关系表现形式多样化，复杂程度提高，甚至出现了三角化或多角化的劳动关系。这是指企业内部的劳动关系不再仅仅表现为传统企业中雇主和雇员的关系，而是劳动关系中双方的身份虚拟化，即身份不明显，难以简单地分辨。在有的著作中也将这种现象称为"劳动关系的虚拟化"。在这样的劳动关系中，难以对各方之间的权利、责任和义务作出较为清楚的界定，也因此加大了监管的难度。即使是在发达国家，对于这种虚拟劳动关系的监管无论是从组织体系、政策措施,还是协调机制等各方面,都还相当不成熟。劳动关系形式多样化的另外一个重要的表现便是企业对员工控制的多样化形态。在一个企业中,管理者对某些员工的控制可能较多,对某些员工的控制可能较少,甚至对一些员工可能毫无控制。

(3) 企业经营方式的多样化带来劳动关系的复杂化。随着市场竞争激烈化和企业经营方式、管理方式的变化,除传统用工形式外,企业对用工灵活性的需要增加,产生了形式多样的灵活用工形式,包括季节工、临时工、劳务承包工、劳务派遣工等,随之出现劳动关系短期化,企业用人劳务化等趋向,使劳动关系的复杂性、不稳定性增加。

企业组织所产生的这些变化,也可以称为由经济全球化所推动的企业管理革命。这一革命所带来最直接的结果之一便是雇佣方式的多元化,即传统雇佣方式与非传统雇佣方式并存。雇佣方式多元化特别是非传统雇佣方式的形式多样化,形成了劳动关系的多元化与复杂化,这种趋势目前仍处在不断的发展和演化之中。非传统雇佣方式主要包括非全日制用工、临时用工、劳务派遣、员工租赁及各种固定期限合同用工方式等,有的著作也称其为新型雇佣方式或非典型雇佣方式。自从 20 世纪 80 年代以来,雇佣方式的多元化趋势在发达国家已经表现得相当明显,打破了传统的、单一的集体劳动关系秩序,提高了劳动关系系统运行的复杂程度。这里所指的劳动关系系统,又称为产业关系或劳资关系系统,是指现代社会系统中以劳动关系为基本关系所构成的包括劳动关系内部构成和外部环境因素交流互动的有机整合体[①]。

第二节 雇佣方式多元化与劳务派遣

雇佣劳动的出现是各种形式雇佣方式产生和发展的基础,而新时期雇佣劳动的一些显著特点又促使雇佣方式逐步向多元化和灵活化的趋势发展。在这样的背景下,劳务派遣的固有特点正是适应雇佣方式多元化、灵活化的发展方向,其产生和发展是雇佣方式多元化和灵活化的结果之一。

---

① 常凯,《劳动关系学》,中国劳动社会保障出版社,2005 年。

一、非标准化雇佣方式与雇佣方式多元化

(一)非标准化雇佣方式

非标准化雇佣方式,又被称为非典型雇佣方式,是指包含了临时性劳工、自雇型劳工,以及被雇佣在企业从事服务性工作的劳工[1]。目前较为流行的非标准化雇佣方式还包括劳务派遣雇佣方式、员工租赁方式以及各种固定期限合同的用工方式等。

非标准化雇佣方式最大的优点就是赋予组织更大的弹性或灵活性(Flexibility),如数量弹性、时间弹性、功能弹性、工作地点弹性,甚至是报酬弹性等。经常发生的情况是,管理层所采取的弹性措施只考虑企业业务或管理便利的需要,不顾雇员的需要,如扩大临时雇员的数量和比例、随意调整工作时间、随意调整员工岗位等,也就是说,管理层采取的是仅仅有利于企业利益和管理程序的弹性。这种歧视来源于管理层与雇员之间对弹性控制权的不对等,管理层获得了更多的弹性,而雇员则相对来说较少获得弹性。当雇员特别关注管理层给了多少有利于自己的弹性,并据此考虑接受多少有利于企业和管理层的弹性的时候,劳动关系管理的难度就提高了。

非标准化雇佣方式还有一个显著的特点便是用雇佣方式将雇员区分为核心雇员和非核心雇员。例如,在一些以高科技带动经济增长的国家,那些不具备技能的工人不得不进入非正规部门寻找工作。为了降低成本,企业将业务分为核心业务和非核心业务。核心业务由核心员工来完成,非核心业务则由"非标准"的外部员工通过非正规的就业形式来完成。在这种雇佣方式下,企业组织必然对核心雇员进行较多的人力资本投资,从而可能导致的一个问题便是非核心雇员的业绩不理想,工作低效率、较少参与帮助同事等工作职责之外的活动,有较高的离职倾向,对组织极少有心理承诺等。因此,有研究认为新型雇佣关系虽然获得了弹性,但却丧失了高绩效、承诺型的雇员。由于员工参与同组织认同有直接的关系,因此在新型雇佣关系或非标准化雇佣关系中,员工的组织融入程度较低。员工参与等提供高工作场所雇佣关系质量的措施在非标准化雇佣关系中的效果会大打折扣。因此,

---

[1] Richard Belous, *The Contingent Economy: The Growth of the Temporary*, Part-Time and Subcontracted Workforce, National Planning Association, Washington D. C., 1989.

非标准化雇佣关系及其特有的弹性化特点虽然明显提高了组织适应复杂多变的市场竞争环境的能力,但同时也在影响正式雇佣关系或传统雇佣关系的稳定性以及雇员对组织的认同感。

企业组织采取非标准化雇佣方式的原因主要有以下三点。

(1) 补充企业的劳动力空缺。在一般情况下,企业都会保存一些暂时性或阶段性的劳工来协助企业处理临时性的工作需求。也就是说,当有雇员请病假或休假时、季节性用工短缺时、订单突然增加时等,便需要使用替代性或临时性劳动力。但是,企业对这些替代性或临时性需求的具体数量并无精确的统计,因此这种需求仅仅属于在传统模式下的填补劳力的空缺。

(2) 针对外部环境变化的人力资源调整。当企业感受到外在经济环境的变化时,往往会采取精简或补充人员的措施来提升生产力,克服面临的危机。在这种情况下,企业必须依赖更少或更多的劳动力来维持以往的工作,因此会选择采取雇佣暂时性劳动力的方式来弥补。甚至有些部门会被整个外包出去,由原来的员工被派遣后以新的方式被聘用继续工作。变动性的劳动力从某种程度上来说已经成了企业解决人员编制负担的工具,通过缩减账面人员的数量,形成企业生产力表面上的提升。

(3) 与企业战略相符合的雇佣模式。目前,一些企业已经不仅仅把非标准化雇佣方式当作解决企业临时性问题的方案,而是逐渐针对雇佣具有灵活性的劳动力采取战略性的做法,也就是说,企业不再是为了满足临时性的需求而采取这种雇佣方式,而是根据部门或岗位的重要程度,根据部门与整体的长期战略目标,来制订具有一定水平的永久性与临时性的人力资源配置方案。

(二) 雇佣方式多元化

由于雇佣劳动的种类空前的丰富,人力资源管理及劳动关系管理的难度都分别增大了,单一的标准雇佣方式已经不能适应如此种类众多的雇佣劳动的需要,因此非标准化雇佣方式的出现在一定程度上解决了企业组织的劳动力需求。某些不同产业、行业及工种的雇佣劳动在全球化及现代市场中,难以运用标准雇佣方式或单一的雇佣方式,这成为雇佣关系多元化的一个重要诱因。

在经济全球化飞速发展以及企业管理革命不断深化的今天,雇佣方式多元化已经成为企业管理领域的一个必然趋势。20世纪80年代以来,西方发达国家正经历着一个劳动关系多样化与非正规化的转型过程,劳务派遣、临时工作、非全日制工作等新兴的工作形态越来越多地引起了社会各界的关注。目前,西方发达国家雇佣方式多元化的主要表现有以下两点。

1. 企业用多元化的雇佣方式替代了单一的标准化雇佣方式

20世纪80年代是各大企业特别是一些跨国公司采取多元化雇佣方式的时代。就同一企业来说,其不再仅仅采用相同的或相似的传统雇佣方式;就企业之间来说,它们在雇佣方式上也存在着越来越大的差异。传统的终身雇佣制在部分企业中仍然在延续,尽管工会的力量在很多企业中依旧很强大,但更高的就业安全性及稳定的职业生涯保持了企业与雇员之间的组织承诺与认同,劳动关系较为稳定,矛盾与争端的解决机制也日趋成熟;其缺点是雇佣弹性较小,一些企业会感到雇佣成本过高。同时,已经有越来越多的企业采用灵活雇佣方式或非标准化雇佣方式,企业的雇佣弹性明显提高,这为企业带来的最大的好处是用工成本在表面上的降低。

同一企业内部同时采用传统雇佣方式与各种非标准化雇佣方式已经越来越普遍,也即多元雇佣方式已经被普遍采用。在同一企业内部引入多种雇佣方式,首要的目的是为了提高企业的用工弹性或柔性。20世纪90年代后,各种非标准化雇佣方式的普及速度加快,企业期望通过这些灵活的用工方式提高管理柔性,降低成本。甚至有些发展中国家的新增就业几乎全部是由非标准化雇佣方式带来的。另外,在金融危机的背景下,企业更加倾向于使用这些雇佣方式,以降低成本,提高用工弹性。在今后,企业间的竞争将更加激烈,雇佣方式的多元化格局不会改变,这一格局下的企业劳动关系也将面临一些新的问题。

2. 企业组织内部管理方式、理念及文化等全方位的多元化

目前,在发达国家的企业组织内部,多元化逐渐成为组织越来越常用的管理方式。例如,全美国的企业每年用于多元化的培训投入就有8亿美元。许多企业为了建立并保持一个多元化的员工队伍还采取了一系列与多元化相关的措施,如为不同员工制定的多元化的管理手段、实行更为灵活的工作安排等。由于企业认为多元化是在当今商业世界中生存和竞争的基本要求,因此也导致了近年来多元化的快速发展。另外,组织文化的多元化也是目前很多企业所强调的一个重要方面。一些世界知名企业针对雇佣的多元化进行了描述,如McDonald公司认为多元化就是理解、认同并重视使每个人保持独特的不同之处,发掘所有员工的天赋和绩效,重视来自拥有不同背景和观点的所有员工的贡献;百事可乐公司尊重在文化、

种族和肤色上的个体差异,致力于为所有的员工和应聘者提供公平的就业机会,致力于提供一个不存在任何歧视的工作场所,尊重员工实现事业和家庭生活平衡的权利。

二、雇佣方式多元化趋势下的劳务派遣

雇佣方式的多元化所带来的一个显著现象便是各种非标准化雇佣方式的采用。其中,劳务派遣是发展较为迅速且采用较为广泛的一种非标准化雇佣方式。同时,非标准化雇佣方式的广泛采用也为当代社会经济领域中的劳动关系带来了新的变化,既增加了企业内部员工管理的难度,也增加了相关法律法规的灵活性。

尽管企业自发的创新行动在全球各个国家都是相似的,至多由于经济发展历史、企业成长过程及环境的差异会造成企业在创新速度、阶段等方面的差异,但总的来说,全球化、知识经济等会越来越弱化这些差异,各国企业在雇佣方式和劳动关系方面的创新动机与能力是相似的。各国企业都在尝试和发展多元化的雇佣方式,雇佣方式不再单一,雇佣方式及雇佣格局开始走向趋同。这使得全球企业能够超越国家或地区的界限自发地进行有效沟通、模仿、交易及竞争。这就意味着,劳动关系转型的成败实际上主要取决于宏观层面的公共政策是否有效,公共政策要完成劳动关系中企业不能完成的程序,对企业的行为和能力进行有效的约束、引导、鼓励甚至开发。

为了改变对非标准化雇佣方式缺少规制的状态,我国对其进行了一系列的规范。这一点在《劳动合同法》中体现得较为充分,为危机过后的有效干预奠定了基础。《劳动合同法》从不同侧面对企业雇佣关系作出了规定,旨在通过汲取传统雇佣方式和非标准化雇佣方式的优点并克服其不利因素以达到构建和谐劳动关系的目的。例如,通过鼓励创新型的劳动来提高企业自主创新能力,通过无固定期限劳动合同的相关规定来建立长期稳定的雇佣关系,通过重新塑造工会的功能确保非典型雇佣方式的良性发展,通过对劳务派遣的详细规定以引导其逐步走向规范。但是,由于《劳动合同法》在执行的初期,恰好与金融危机不期而遇。在金融危机期间,促进就业及经济刺激计划的目标可能与劳动关系转型与发展的目标存在矛盾,延缓了规范和修正现有劳动关系体系的进程。

劳务派遣作为产业领域雇佣劳动的一种特殊形态,对它的规制具有一定的难

度。这是由于劳务派遣所涉及的三方关系较为复杂,且在社会实践中所产生的问题也多种多样;并且由于企业对于这一雇佣模式应用之广泛,也使得对劳务派遣的规制显得更为必要。因此,本书通过介绍劳务派遣的相关概念,使读者对这一雇佣方式能够有较为深刻的理解;并通过介绍其在发达国家中的规制经验,为我国劳务派遣用工的规范提供了一定的参考依据。

第三节　我国雇佣方式的多元化

一、我国雇佣方式的变化与发展

我国企业劳动力雇佣模式的演进是与我国国有企业改革进程密切相关的,并随着国有企业改革进程的深入而不断发展。国有企业用工模式的演进以1978年党的十一届三中全会为主要标志,分为两个大体阶段,即传统计划经济体制的固定工雇佣模式阶段与经济体制改革中的市场化雇佣模式阶段。

(一)固定工雇佣模式阶段

1949年新中国成立至1978年改革开放前,我国建立了高度集中的计划经济体制,企业处于"国营"阶段,并承担起政府充分就业的工作目标。但是,随着国民经济的发展国营企业运行机制僵化、普遍缺乏活力、经济效益低下的弊端逐步显露出来。尽管自1957年开始,中央政府着手对国营企业进行改革,但在维持企业产权关系和集中计划经济体制不变的条件下,这种改革主要局限于"上收下放"的行政性分权上,仅仅是政府系统权力的一种调整,并不能从根本上改变企业作为政府附属的单位化组织的特征,也很难产生真正的制度创新。

在此过程中,对劳动者实行的是"充分就业"、"统包统配"的国家雇佣方式,亦即固定工制度。"根据这一制度,劳动者一旦经国家各级劳动人事部门正式分配、安排招收录用到国营企业事业单位工作,便终身为国家职工,只要不因过失而开除,不再失业。"

在固定工制度的用工模式下,企业没有用工自主权,劳动者也没有择业权。劳动者通过各级政府机关的劳动人事部门按照计划就业机制的方式跨进国有企业的大门;国营企业实际上对职工作出了不会失业和提供福利保障的承诺。这种机制虽然解决了"人人都有饭吃"的问题,但是却使国有企业冗员充斥,缺乏效率。生产关系的现状已严重地限制和阻碍了生产力的发展。

(二)市场化雇佣模式阶段

1978年党的十一届三中全会在京召开,由此开始了我国经济体制改革进程。经济体制改革基本上是沿着经济性分权的方向,采取渐进式改革的方法,并深入触及深层产权问题。在这样的渐进式经济改革背景下,国有企业市场化雇佣方式改革逐步展开。具体可以分为以下三个时期。

(1)第一个时期是1978年11月至1984年10月,与政府"放权让利、扩大企业自主权"国有企业改革目标相对应的多渠道劳动力雇佣阶段。

在这一时期,国有企业改革的重点是在保持国有国营体制基本不变的前提下,在中央政府和地方政府之间实施一定程度的行政性分权,下放管理权限,同时赋予国营企业以一定的经营权[①]。

由于人口的长期高速增长和多年经济发展缓慢,以及"文革时期"到农村劳动的城镇劳动力返回城市,这一时期城市中的失业现象严重,这也促使政府必须改变长期以来实行的统包统配固定工制度。1980年8月,中共中央在北京召开了全国劳动工作会议,提出解决失业问题的根本途径,即在国家统筹规划和指导下,实行"劳动部门介绍就业、自愿组织起来就业和自谋职业相结合的方针",即"三结合"就业方针[②]。

从国家整体就业制度情况看,这种制度具有非常强的改革意味。一是它打破了传统的由政府分配就业的单一模式,通过积极组织和动员各种力量来共同解决社会就业问题。这一时期政府实施了多项措施以扩大就业,包括大力发展非国有制经济、组建大批由国家给予政策扶助的劳动就业服务企业、大力发展第三产业、控制农村劳动力进入城市等方式。二是对国营企业传统的固定工制度产生一定影响,除劳动合同制用工模式外,也形成了"停薪留职"的特殊用工模式。三是"三结合"就业制度与考核招工制度的实施也在一定程度上改变了社会的就业观念,特别是国营企业职工传统的就业观念,为下一步国营企业职工就业制度改革奠定了基础。

[①] 王振中,《中国转型经济的政治经济学分析》,中国物价出版社,2002年,第67—69页。
[②] 董克用,"中国劳动力市场的历史、现状与未来",转引自陈建、岩田胜雄主编,《全球化与中国的经济政策》,中国人民大学出版社,2006年,第171页。

(2) 第二个时期是1984年10月至1993年10月,与政府"推行企业承包经营责任制,在不改变国家所有性质的前提下实现企业所有权和经营权分离"的国有企业改革目标相对应的内部双轨制用工阶段。具体可以分为如下四个阶段。

① 劳动合同制试行阶段。

1986年4月,国务院发出《关于认真执行改革劳动制度几个规定的通知》,而后又陆续颁布了《国营企业实行劳动合同制暂行规定》《国营企业辞退职工暂行规定》《国营企业职工待业保险暂行规定》《国营企业招用工人暂行规定》等有关就业制度的改革措施,规定自1986年10月起,国营企业在招用职工时,统一实行劳动合同制,以书面形式明确双方的责任、义务和权利;规定宣告破产的企业的职工,企业终止、解除劳动合同的工人,企业辞退的职工可以享受待业保险;同时规定,除要求今后企业招工必须在国家劳动工资计划指标之内,贯彻招工先培训后就业的原则,坚持面向社会、公开招收、全面考核、择优录用的原则外,对传统的"子女顶替"制度作出原则性废止规定。

虽然《国营企业实行劳动合同制暂行规定》中明确了只在新招收的工人中实行劳动合同制,原有职工仍维持原来固定工制度不变,由此在企业内部形成了"内部双轨制"的用工模式,但经过改革,劳动合同制在国有企业中逐渐发展起来,从而迈出了国有企业劳动雇佣方式改革的重要一步。

② 优化劳动组合阶段。

劳动合同制的实施改变了国有企业传统的"全员固定工"制度,在一定程度上促进了企业经营机制的转换工作。但是,由于内部双轨制用工模式将"身份管理"作为劳动用工管理的主要方式,使得固定工与合同工在待遇、岗位、保障等方面均存在明显差别,产生了用工机制的摩擦与冲突。因此,1987年全国搞活固定工制度试点工作会议确立在部分城市的国有企业中开始以优化劳动组合、合同化管理、择优上岗为内容的"固定工"制度改革试点,以解决两种雇佣方式之间的矛盾。

优化劳动组合在一定程度上促进了试点企业的机构与人员精简工作。但是,由于全社会的失业保险制度尚未建立,劳动力市场发育不完全,特别是在试点之初明确富余人员由企业内部消化的做法,使得优化劳动组合的固定工制度改革试点工作流于形式,国有企业冗员问题逐步显化。

③ 全员劳动合同制阶段。

为配合国有企业转换经营机制工作,深化雇佣方式改革,国家在前期劳动合同制度试点的基础上,着手推行全员劳动合同制工作。1992年2月,劳动部发出《关于扩大试行全员劳动合同制的通知》,明确扩大全员劳动合同制的地区、企业范围、社会保险待遇等内容,规定试点企业职工的社会保险待遇本着逐步打破固定职工和劳动合同制职工身份界限的原则进行改革;同时,对企业富余人员按照"企业内部消化为主、社会调剂为辅"的原则进行安置。1992年7月,国务院颁布《全民所有制工业企业转换经营机制条例》,规定企业拥有包括企业用工自主权在内的14项自主权。1993年2月,劳动部在《关于实施〈全民所有制工业企业转换经营机制条例〉的意见》中对企业用工自主权提出10项可操作性规定。1993年11月,劳动部出台《关于建立社会主义市场经济体制时期劳动体制改革总体设想》,提出全面推行劳动合同制的具体目标,明确要在"九五"期间初步建立与社会主义市场经济相适应的劳动雇佣方式,在全国各类企业全部职工中实行劳动合同制度。

④ 兼职与第二职业。

在国有企业积极推进固定工制度改革,加快劳动合同制用工模式管理的同时,兼职与第二职业等辅助用工模式也在企业内部逐步发展起来。从兼职人员类型看,最初来自体制外乡镇企业和中小企业的需求以"科技人员"为主,而后随着市场经济的发展,兼职活动也由科技人员扩大到了管理人员和技术工人。兼职与第二职业的实施对于解决在职失业或不充分就业问题,提高职工的市场选择机会,增加职工的收入等均起到了一定作用,并在一定程度上对国有企业的用工模式产生了较大冲击。客观上,职工在计划经济体制向市场经济体制过渡的过程中,保持体制内部的"在职"与市场化"就业",是充分发挥自身闲置资源,分散风险追求社会平均收入的理性行为,体现出较强的就业模式创新。

(3) 第三个时期是1993年1月以后,与"建立现代企业制度与产权制度,调整国有经济布局、构建新的国有资产监管体制"的国有企业改革目标相对应的市场化用工阶段。

1993年11月,党的十四届三中全会通过了《中共中央关于建立社会主义市场经济体制的若干问题的决定》,提出"继续深化企业改革,着力企业制度创新",确立"以公有制为主体的'产权明晰、权责明确、政企分开、管理科学'的现代企业制度是社会主义市场经济体制的基础"。以此为标志,我国的国有企业改革进入了建立现代企业制度、全面深化改革的新阶段,实现了一次质的飞跃。

与现代企业制度与产权制度改革、国有经济布局调整等改革措施相对应,客观上要求国有企业必须建立起市场导向的劳动用工机制。从劳动用工的市场化进程来看,可以分为如下三个阶段。

① 全面推行劳动合同制阶段。

1994年7月,全国人大常委会通过《中华人民共和国劳动法》。1994年8月,劳动部印发《关于全面实行劳动合同制的通知》,提出要在各地区、各行业开展全面推行劳动合同制工作。劳动合同制的全面推行,一方面打破了企业传统的干部、工人界限,明确提出市场化用工模式是企业劳动雇佣方式改革中的重点,明确了国有企业与劳动者在用工模式确立中的平等主体地位;但同时,也使多年来积存在国有企业中的富余人员问题逐渐显露出来。

② 建立再就业服务中心,实施再就业工程阶段。

为解决国有企业富余职工问题,政府颁布了多项法规,采取了包括实施再就业工程、建立基本社会保障体系、实施主辅分离等积极措施。

为分流下岗职工而实施的再就业工程是从计划经济体制就业向市场经济体制就业过渡的一个桥梁,下岗职工虽然已不在本单位的任何工作岗位上,但仍保留原单位的劳动关系,即国有企业仍要为社会承担一部分失业救济的责任。这依然影响着国有企业经济效益和竞争能力的提高。因此,一旦社会条件具备,企业劳动用工模式必然向市场就业模式转变。

③ 全面向市场化用工模式并轨阶段。

2000年12月,国务院发布《关于印发完善城镇社会保障体系试点方案的通知》,规定从2001年1月1日起,试点地区的国有企业原则上不再建立新的再就业服务中心,企业新的减员原则上不再进入再就业服务中心,由企业依法与其解除劳动关系;凡所在单位参加了失业保险并依法足额缴费的,按规定享受失业保险待遇;要求各地区要区分不同企业情况,实行分类指导,用三年左右时间有步骤地完成向失业保险并轨。2003年9月,劳动和社会保障部、财政部印发《关于妥善处理国有企业下岗职工出中心再就业有关问题的通知》。2005年2月,劳动和社会保障部、财政部印发《关于切实做好国有企业下岗职工基本生活保障制度向失业保险制度并轨有关工作的通知》,明确规定2005年底停止执行国有企业下岗职工基本生活保障制度;同时从2006年起,并轨人员和企业新裁减人员通过劳动力市场实现再就业,没有实现再就业的,按规定享受失业保险及城市居民最低生活保障待遇。

随着我国国有企业改革的不断深入,一方面,国企内劳动力雇佣方式也不断趋于多样化,并在一些具有较强的临时性、辅助性、替代性的工作岗位上引进了临时用工、劳务派遣用工、季节用工等非标准化的雇佣方式。另一方面,非公有制经济组织基于组织效率而自发选择的多元化的劳动力雇佣模式也极大地丰富了我国劳动力市场上的雇佣方式类别。

二、我国企业采用多元化雇佣方式的原因

随着我国经济的发展,企业人员结构发生的变化,以及内部调整力度的加大,为了顺应日趋激烈的市场竞争,必须采用更加灵活的多元化用工方式。归结起来,我国企业采用多元化雇佣方式的原因主要有以下三个方面。

(一)完善用人制度,搞活用工机制

我国企业在经过多年的由计划经济向市场经济的转变之后,原有的较为固定、不能很好地适应市场变化的雇佣模式已经基本上得到了改变。但是,传统的雇佣理念和思路在很多国有企事业单位仍然存在,能进不能出、能上不能下的观念不能彻底改变。采取多元化雇佣方式,按照业务发展,在已有正式工的基础上,将一部分非核心业务外包出去,在一些可代替性、临时性、辅助性岗位上安排劳务派遣人员,避免了与传统雇佣方式的正面冲突。既为企业的发展提供了必要的人力保障,又通过局部改革、迂回办法激活了用工机制,使得人员安排能够根据用工效果及时进行调整,完善了用人制度的发展。

(二)降低用人成本,提高企业效率

在我国企业实行多年级别工资、职务职称等基础性工资后,大量的操作性岗位、简单性劳动岗位等工资明显高于社会同类员工工资,人工成本很高,且在临时性、辅助性、替代性工作岗位上的正式职工和专业岗位职工相比,仍有不满意情绪存在。采用多元化的劳动力雇佣模式,可以将这些基础性、操作性岗位人员的收入分配以市场劳动力价格为基准确定,从而提高企业的市场竞争力,节省了人力资源的使用成本。

(三)摆脱编制管理的束缚

在我国的事业单位和严格执行编制管理的企业当中,员工编制的数目限制已经在很大程度上制约了组织发展所需要的人员需求,对组织的经营和发展有很大

的消极和负面作用。而雇佣模式的多元化可以通过传统的标准雇佣方式和劳务派遣、临时用工相结合的方式，规避编制等因素的限制，为组织发展提供必需的人力资源保障。

三、我国多元化雇佣方式的特征

自改革开放以后，随着我国经济的向前发展及其发展方式的不断调整，由经济全球化所推动的企业管理革命，使得我国各类型的企业在用工管理形式上也发生诸多变化。从以往单一的标准化雇佣方式逐渐发展为标准化雇佣方式与非标准化雇佣方式相结合使用的多元化的雇佣方式，即全日制、无固定期限合同的标准化雇佣方式与非全日制的，包括临时用工、劳务派遣等雇佣方式在内的非标准化雇佣方式。

此外，与西方国家不同，我国企业实施雇佣方式多元化也有其自身特征，大体上来说，主要表现在以下三个方面。

（一）劳动力群体特征

由于大量农村进城务工人员从事着保洁、保安、物流等支持性工作，他们在社会保障方面与城市人口存在着一定的差异，并且工会参与率低，具有较高的流动性，因此可能成为非典型就业群体的重要组成部分。另外，在信息技术、生物医药、法律咨询、金融服务等行业内，具有稀缺性知识和技能的劳动力群体正处于价值发现和挖掘的过程中，这些行业的高级人才可能以非典型雇佣的形式成为连接产业组织间价值创造的关键资源。

从多元化雇佣模式劳动力的来源上看，多元化用工的劳动力主要是以地方人力资源市场用工租赁、成建制借工、委托代理、签订劳动合同等方式进入企业的，包括已退休（内退）人员、城镇待业人员、下岗失业人员及部分农村劳动力等。

（二）用工组织层面特征

在我国，不同类型企业的非典型雇佣关系制度背景存在着明显的差异。在华外资企业的非典型用工，如劳务派遣等，很大程度上受外部规制主体的驱动，或母国公司规定的正式用工规模的限制；而国有企业的非典型用工大多由企业自主选择，且发生在体制转轨的过程中，其目的在于通过弹性用工方式来提升企业的市场竞争力。不同程度的外部规制和差异化的内部制度基础，决定了非典型雇佣在不同企业中的"非典型性"特征，以及今后的发展趋势。

此外，在我国企业中劳动力多元化雇佣的岗位主要分布在辅助生产岗位和社会通用工种岗位，主要涉及汽车驾驶、门卫、保洁、餐厅服务、维修、施工、文秘等具有较强的临时性、辅助性、替代性的工作岗位。

（三）政府与企业的监管缺位特征

在全球化背景下，发达国家的企业通过向境外无工会组织的国家或地区转移资本，目的是降低用工成本，提高用工弹性，而我国地方政府利用低成本劳动力吸引国外资本和相关产业的策略使得非典型雇佣方式在国内企业中迅速发展。内资企业对非典型雇佣方式的模仿速度极快，大量中小企业在实践着多元化的雇佣方式。中国企业的劳动关系未经过西方市场经济的逐步演变过程就进入了全球化竞争时代，开始发展各种非典型雇佣关系，雇佣方式的多元化格局更加明显。

相比较而言，我国企业实践非典型雇佣方式的环境和条件与西方国家有着较大的差距。我国企业是在无参照的前提下发展各种形式的非典型雇佣方式的，缺少被全社会普遍认可的统一的用工标准，没有成熟的集体谈判机制可供模仿。雇佣方式的多元化，使得市场机制之外的公共力量对劳动者的救助与保护是极其有限的。劳动法调整遭遇"真空"状态，由于适用范围的限制，使其对事业单位、社会团体以及与之建立劳动合同关系的劳动者、灵活就业人员、劳务派遣工、农民工等保护不力的状况长期得不到解决[①]。企业劳动关系的表现形式多样化，用工形式多样、松散、难以管理。政府部门、行业组织、工会、企业、员工及相关法律部门都缺少必要的经验，更缺少必要的处理依据，尤其是法律依据和规范化的契约相当缺乏，劳动关系运行的不确定性和风险较大。

我国在 2008 年颁布实行的《劳动合同法》，即是为了改变这种非标准化雇佣方式缺少控制的状态，为危机过后的有效干预奠定了基础。《劳动合同法》从不同侧面对企业雇佣关系作出了规定，旨在通过汲取传统雇佣方式和非典型雇佣方式的优点并克服其不利因素以达到构建和谐劳动关系的目的。例如，通过鼓励创新型的劳动来提高企业自主创新能力，通过无固定期限劳动合同的相关规定来建立长期稳定的雇佣关系，通过重新塑造工会的功能确保非典型雇佣方式的良性发展，通过对劳务派遣的详细规定以引导其逐步走向规范。

---

① 黄河涛等，《经济全球化与中国劳动关系的重建》，社会科学文献出版社，2007 年，第 221 页。

第四节　劳动关系非标准化趋势下的劳务派遣

现阶段,灵活就业形式已成为一种在世界范围内被广为接受的就业形式,其所带来的多元化雇佣方式的运用在我国也已形成一定的规模。但是,灵活就业在为我们带来就业便利的同时也导致了劳动关系的复杂化和多元化,冲击着传统的劳动关系,导致劳动关系从属性弱化,形成了非标准化的劳动关系。劳动关系非标准化不仅是世界各国企业所必须面临的情况,也是我国的一种现实选择。在这种背景下,劳务派遣也应运而生。

一、非标准化劳动关系的产生与发展

(一)非标准化雇佣方式与劳动关系

劳动关系(Labor Relations),又称产业关系(Industrial Relations),是由雇佣劳动引起,雇员与管理者及组织之间形成的关系包括经济层面的利益关系、管理层面的行政关系及组织层面的协调关系。从宏观层面来说,是指生产关系中直接与劳动有关的那部分社会关系。20世纪80年代后,劳动关系的演变更多的是由企业自发地实践新型雇佣方式、创新人力资源管理技术及改变企业内部权力结构等来完成的,是市场压力的结果。从某种程度上来说,是企业的一系列行动和改革引发了劳动关系的转型。在发达国家,企业的这种自发行动很大程度上是由于自身获得了较多的创新空间,它们开始更多的寻求管理的灵活性和创新性。当前,由于劳动关系自由化程度的差异,使得各国在新型雇佣方式或非标准化雇佣方式的发育速度和发展规模等方面存在较大的差异,在美国、西欧等劳动关系自由化程度较高的国家和地区,非标准化雇佣方式的发育水平较高。另外,由于社会保障及社会福利水平的差异,也使得国家和地区间在非标准化雇佣方式的发育程度上出现差异。通常来说,社会保障或社会福利水平较高的国家和地区,在非标准化用工方面存在更多的限制,门槛较高。因此,在北欧和日本等社会福利较高的国家和地区,派遣用工在行业准入、配置范围和执行标准等方面存在着诸多的限制性措施。

目前,我国非典型雇佣方式的发展程度差别极大,突出表现在两个方面。一方

面,一些竞争优势明显的、规范的企业能够按照国际通行的标准运作,员工的基本权益能够得到保障,在此前提下所发展起来的非典型雇佣关系也能够沿着正确的方向发展;但也有一些不规范的企业尚未完全执行劳动法规所规定的企业对员工应尽的义务,员工的基本权益缺乏足够的保障。部分企业是因为竞争力弱,利润率低,只能采取低成本策略,这种类型的企业的劳动关系有的处理得相对较好,有的则不尽如人意。相当一批企业在利润率较高的情况下仍然未能改善劳动关系,这种企业的劳动关系即使还没有外化成冲突和大规模离职等问题,但多半是在不良的状态下运行,法律风险较大。另一方面,非典型雇佣方式的超常发展和不规范发展,使得中国企业的劳动关系在高风险下运行。一些企业的劳动关系还未达到基本的运作规范就开始发展弹性雇佣、三方雇佣、外包、派遣劳务、虚拟企业、超组织等新型雇佣方式、新型组织形式及经营方式。我国劳动关系所面临的主要问题之一就是弹性雇佣方式的滥用[1]。长期以来,我国对非标准化雇佣方式的监管处于缺位状态。

(二) 非标准化劳动关系的产生

劳动关系的概念定义应区分广义劳动关系和狭义劳动关系。广义的劳动关系是指从宏观层面出发,在实现劳动的过程中劳动者与劳动力使用者以及相关的社会组织之间的社会经济关系。狭义的劳动关系是指在具体的企业或劳动单位中,劳动者个人与劳动力使用者(即雇主)之间的关系[2]。这里所提出的非标准化劳动关系的定义,主要是针对企业运行层面,劳动者个人与雇主之间的劳动关系的一种,即狭义的劳动关系。

传统的或标准化的劳动关系,主要是指符合劳动关系基本特征之一的"从属性"特点的劳动关系。这就是说,劳动者在特定的工作场所中,其劳动方式、组织规则等方面都是受到雇主的控制的,因此产生了劳动者的"人格从属性"和"组织从属性"的高度重合。这里的标准化劳动关系,主要表现为全日制工作方式以及劳动者和雇主之间所存在的一重劳动关系等。然而,随着经济社会的变迁,企业所面临的大环境从工业化经济发展到了今天的全球化经济,所导致的一个结果便是劳动关系的非标准化发展。首要的一个表现是,劳动关系的弹性不断提高,各种非全日制

---

[1] 赵小仕,《转型期中国劳动关系调节机制研究》,经济科学出版社,2009年,第199—203页。
[2] 常凯,《劳动关系学》,中国劳动社会保障出版社,2005年。

工作、临时性工作不断涌现,在为劳动者创造了前所未有的灵活就业机会的同时,也导致与之相适应的劳动关系的弹性化发展。

所谓非标准化的劳动关系,主要是指远程就业、承包就业、兼职劳动、临时用工、劳务派遣等新型的劳动关系。这种劳动关系的一个显著表现是,劳动者对用人单位的组织从属性大大减弱,通常不参与到用人单位的直接、具体的生产指挥中。在这种劳动关系下,劳动者可能不会长期从属于同一个企业组织,甚至有可能同时从属于一个以上的组织。另外,用人单位的性质也出现了一定的变化,其组织特性有所弱化,出现了一些介于合法和非法之间的非正规就业组织。在劳动关系非标准化的趋势下,还有一个现象值得我们注意,那就是劳动关系所呈现出的多重化现象。这主要是指一个劳动者同时与多个雇主建立劳动关系,导致原本一个劳动者由一个雇主控制的"联系纽带出现松动"。例如,在非全日制就业和兼职就业中,劳动者将自己的劳动力进行分配使用,从而与多个用人单位发生了劳动关系。这一现象的一个直接结果,便是导致劳动者与每一个用人单位的劳动关系均被弱化了。这里的劳动关系所显现出来的种种"异态",也是劳动关系在全球范围内趋向于非标准化的一种体现。

目前,非标准劳动关系已成为当代劳动关系的主要发展趋势。据统计,1985—1995 年,欧盟临时就业增长了 2.5 个百分点,其中西班牙 10 年间增长了约 20%。同期,澳大利亚为 18%,新西兰为 15.7%。加拿大兼职人数从 1977 年的 24 万增至 1999 年的 72.3 万,20 年间增加了两倍多,约占劳动力总量的 3%。1987—1997 年,澳大利亚兼职就业劳动者增加了 65.8%。1992—2000 年,英国兼职就业劳动者增加了 22 万。另外,据英国剑桥计量经济学咨询公司研究推测,到 2010 年,英国有近 1/3 的工作将是非全日制工作;未来 10 年,大多数新创就业机会几乎都是非全日制[1]。

可以说,目前世界已经进入了弹性劳动与经济不稳定、工作不稳定的时代,过去传统的终身雇佣制已经变得越来越少,灵活、具有弹性的雇佣方式所导致的各种非标准化劳动关系,正在越来越多地涌现,也带来了企业用工方式的变革。

非标准化劳动关系产生并发展的另一个原因是由于社会保障制度的发展和完善。劳动者社会保障的社会化,导致劳动者与企业间联系的紧密程度减弱,劳动者

---

[1] 数据来源:董保华,"劳动关系非标准化趋势下的劳务派遣",《中国劳动》,2006 年第 3 期。

在不同企业之间的流动对劳动者的养老、医疗、失业的基本保障没有必然的联系。这就大大拓展了弹性就业的空间,成就并推动了非标准化劳动关系的产生和发展。

(三) 我国非标准化劳动关系的发展

非标准化劳动关系的出现是市场经济的发展趋势。目前,各国对于非标准化劳动关系的发展均持鼓励态度,主要是由于这种弹性用工模式对促进就业、发展经济均具有积极的意义。在我国,劳动关系的非标准化可以说是以史无前例的规模展开的,并且这种转变带有鲜明的中国经济特色。过去与计划经济相联系的标准劳动关系,在转变为非标准劳动关系的同时,我国的经济也由计划经济走向了市场经济。

我国劳动关系的这种非标准化过程主要是通过三个方面来进行的:(1) 使原来的国有企业正式员工成为下岗工人,通过这种形式使国有企业内部的劳动关系完成非标准化,使其原有的员工脱离国有企业,也为非标准化劳动关系的建立提供了潜在的劳动力来源;(2) 农民离开土地,进城务工,通过打破城乡对立格局,提供了大量的农村劳动力,从而也为非标准化劳动关系的发展提供了另一个劳动力来源;(3) 外国投资者以办事处的方式进入中国进行考察,在了解了中国的经济环境之后,进而决定是否正式投资。但是,在这三种形式中劳动关系的主体一方都存在着某种"瑕疵"。例如,在第一种形式中,用人单位尽管保留了员工的身份,但是员工并没有参与到劳动过程中去,并不属于传统的劳动关系范畴;在第二种形式中,农民离开了过去劳作的土地,但又往往不能在城市中取得企业正式员工的身份,因此这种情况便属于非标准化劳动关系中的临时劳动关系范畴;而在第三种形式中,外国企业办事处由于不具备我国劳动法中规定的用人单位主体资格,因此只能使用其他公司(如外企人力资源服务公司)的员工。

在世界范围内,企业为了适应日趋激烈的市场竞争,加之新技术的发展和就业观念的转变,更加促进了各国非标准化劳动关系的发展。而在我国,由于就业压力日趋加大,并且与产业转型的逐步推进相互结合,这一具体的特定环境也为灵活就业形式所带来的非标准化劳动关系的发展提供必要的条件。

二、非标准化劳动关系与劳务派遣

从非标准化劳动关系产生的条件来说,主要是由于市场竞争日益激烈,企业要生存发展必然要通过降低成本的方式,而灵活或非标准化的用工方式无疑是一种有效的途径。除此之外，就业需求多样化，以及缓解就业压力的迫切需要也是非标准化劳动关系产生的必要条件。

通过增强就业岗位的流动性和灵活性，可以使企业只须雇佣一定比例的核心员工，而根据市场的需求变化再以多种方式灵活雇佣非核心员工，既保证生产又不闲置劳动力，实现人员配置的机动性。例如，在日本的很多企业中，就是实行固定工或核心员工（日本称之为"正社员"或"正规社员"）与非固定工（合同工或临时工，日本称之为"非正规社员"或"契约社员"、Part-time 等）同时存在的灵活用工机制。特别是在较为低端的劳动力市场，如加工制造业、零售服务业以及业务量变动较大的中小型企业中，非固定工的比例更高。这种非固定工的大量使用，既为企业灵活调节用工适应市场快速变化提供了便利，同时也为社会流动劳动力的就业创造了条件。在劳动力灵活性和流动性不断提高的同时，劳动者对企业组织的从属性也逐步降低。随着这一过程的进行，劳动者和用人单位之间的联系纽带愈发松动，从而为劳务派遣等非典型雇佣模式的运用提供了便利条件。可以说，非标准化劳动关系的出现和发展是劳务派遣产生的必要条件。

改革开放以来，我国经济有了快速的增长，其方式也正由粗放型向集约型转变；但与此同时市场吸纳劳动力的能力并未增加，愈发导致劳动力市场中供求格局的不平衡。在这种情况下，劳务派遣等一系列非正式雇佣模式以其灵活、用工效高、便于管理、利于流动的特点获得了用工单位的青睐，并在一定程度上解决了企业工资总额与编制不足问题。从企业劳动关系管理的角度来说，选择劳务派遣这种用工形式能够将大量的临时性、辅助性、替代性岗位的用工需求交给劳务派遣公司去填补，减少了因劳动合同纠纷以及劳动争议而带来的劳动关系管理成本。

目前，我国的劳务派遣用工正向着普遍化和常态化的趋势发展，并且这种用工的规模扩大速度异乎寻常。近几年，我国劳务派遣企业类型出现明显的多样化倾向，民营、外资类派遣（人力资源服务）企业逐步开始活跃于劳动力市场中。随着劳务派遣业的蓬勃发展，其中存在的一些问题也开始逐步出现。一方面，劳务派遣机构的服务较为初级，自身管理也无法适应其快速的发展；另一方面，相关理论研究的滞后与法律法规的缺失，随之而来的是一系列亟须规范的秩序问题。2007年出台的《劳动合同法》对劳务派遣设置了专门的章节来对这些问题加以规范。尽管如此，2008年1月1日法律实施后，各地劳务派遣企业业务量仍然出现了不同程度的增长，新注册的派遣企业也在不断增加。

本 章 小 结

劳动关系是劳资双方在劳动过程中构成的一种社会关系,是最基本的社会经济关系,劳动关系和谐是社会和谐稳定的基础。劳动关系领域目前所要关心的一个重点问题便是雇佣方式的多元化给企业运行带来的影响。本章首先介绍了雇佣劳动与雇佣方式的相关概念;接着介绍经济全球化背景下,雇佣方式多元化与灵活化的趋势不可避免,而劳务派遣的产生与发展正是其结果之一;最后,结合我国的实际情况,着重探讨我国企业采用多元化雇佣方式的原因与特征。

本 章 复 习 题

1. 雇佣劳动具有哪些特点?
2. 雇佣方式在新时期具有哪些新的特点?
3. 论述雇佣方式多元化产生的社会经济背景。

讨 论 案 例

劳务派遣中劳动关系的确认与连带责任

2005年1月1日,中复有限责任公司(以下简称"中复")与大华劳动事务咨询服务公司(以下简称"大华")签订了为期一年的《派遣协议》,委托大华公司提供人力资源,由大华公司与派遣人员签订劳动合同,办理社会保险,发放工资;双方约定中复公司与派遣人员之间无任何协议性或事实性的劳动或劳务关系等。2005年1月,刘丽与大华公司签订劳动合同,约定合同期限为2005年1月6日至2006年1月5日,且刘丽同意由大华公司安排到服务单位工作,服务单位因工作需要变动刘丽的工作岗位时,刘丽应当服从,且应遵守服务单位的工作制度。刘丽的月工资数额按服务单位安排的工作岗位确定,当刘丽的工作岗位发生变动时,月工资也将随之发生变动。合同签订后,刘丽即被大华公司派遣至中复下属的分支机构工作。2006年1月5日,刘丽与大华公司的劳动合同到期,双方未续签新的劳动合同,刘丽也没有被大华公司召回,而是继续在中复下属公司工作。2006年1月14日,中复致电刘丽:根据其工作表现,认为她不适合担任储备店长职务,欲将其职位调整为组长,但未出具书面降职通知,也未正式降低其薪水。2006年1月27日,刘丽向大华公司发出辞职申请,称对其降职行为不能接受,决定离职,并提出赔偿请求,且于当日离开中复不再上班,亦未回大华公司。2006年2月24日,中复向刘丽发出通知,称其旷工8天,故受到立即终止服务关系的处分。2006年2月25日,大华公司向刘丽发出《辞退通知》,称因刘丽无故旷工,公司不再与其续签劳动合同。2006年3月,刘丽向劳动仲裁委员会提出仲裁申请,要求撤销大华公司作出的辞退决定,解除劳动关系,并要求中复、大华两家公司支付经济赔偿金。

劳动争议仲裁委员会经开庭审理后作出以下裁决:第一,撤销大华公司的《辞退通知》;第二,大华公司和中复公司为刘丽办妥终止劳动关系手续;第三,驳回刘丽的其他仲裁请求。刘丽不服仲裁裁决,向法院提起诉讼。一审法院审理认为,中复公司与刘丽之间并无劳动关系,三方当事人的权利义务关系在劳动合同与派遣协议中均有明确约定,故刘丽要求中复公司承担连带责任支付赔偿金的要求没有依据。故判决如下:第一,大华公司支付因未及时给刘丽办理退工手续所造成的损失2 640元、经济补偿金3 654.24元;第二,驳回其要求大华公司承担连带责任的诉讼请求。一审判决后,大华公司不服,以原审判决其支付经济补偿金不当为由提起上诉。二审法院审理认为,本案系刘丽单方解除劳动关系,故大华公司无须支付经济补偿金,其余原审判决并无不当。故判决撤销关于大华公司支付经济补偿金3 654.24元的原审判决,其余部分维持原判。

资料来源:"劳务派遣中三方的权利和义务",山西人才网,http://www.sjrc.com.cn/upload/sx/news/html/2010510162720.html,2010年5月10日。

请分组就以下问题展开头脑风暴:

1. 劳务派遣中三方当事人之间的劳动关系应如何认定?
2. 本案例中,中复公司和大华公司应各负何种责任?

第二章 劳务派遣的基本概念、特征及分类

本章要点

通过对本章内容的学习,你应了解和掌握如下问题:

- 什么是劳务派遣?构成劳务派遣的三方主体分别是什么?
- 劳务派遣的特征有哪些?其中最主要的是什么?
- 劳务派遣可以分为几类?分类的依据是什么?
- 与劳务派遣相似的人力资源概念有哪些?它们与劳务派遣的区别在哪里?

导读案例

先后遭遇两次解约,劳动者被"净身出户"

早在1998年7月,王伟就和一家外事派遣中心签订了《外派员工劳动合同书》,在一家美国公司中国办事处工作,一干就是十多年。他和外事派遣中心最后一次续签的合同到2010年6月30日止。2009年3月20日,王伟突然接到美国公司的《解聘通知》,说他故意泄露公司机密牟取不当利益,给公司造成重大损失,并要求他退回办公电脑及备份业务材料,答应支付其3月份的工资及相应的补偿金。对此,王伟很不服。而更让王伟无法接受的是,2009年4月20日,派遣中心也单方面解除与其签订的劳动合同。其间,美国公司中国办事处还以王伟迟迟不归还公司电脑及文件为由,通知派遣中心其将拒绝支付所欠工

资和补偿金。这意味着为公司效力十多年的王伟被"净身出户"了。

判决：同时存在违法行为，两家公司连带赔偿

王伟首先将派遣中心告上劳动仲裁庭，仲裁委员会经审理认为，派遣中心单方解除与王伟的劳动合同，无正当理由，其行为构成违法，应支付王伟经济赔偿金198 506元。对此，派遣中心不服，起诉至法院。法院受理案件后，将美国公司中国办事处追加为第三人参加诉讼。

法院审理认为，派遣中心在解除与王伟的劳动合同时，援用的理由包括"故意泄露供职公司机密牟取不正当利益"等，但出具的证据均不足以证明王伟存在以上事实，派遣中心解除劳动合同的依据不足。最终，法院支持了王伟要求派遣中心和美国公司中国办事处连带支付赔偿金的诉求。

律师：劳务派遣人员的"东家"其实是劳务派遣公司

市总工会法律援助律师在解析此案时谈道，派遣单位与被派遣劳动者之间是劳动关系，订立劳动合同；用工单位与被派遣劳动者之间是用工关系；派遣单位与用工单位之间是劳务派遣关系，订立劳务派遣协议，派遣单位应当将劳务派遣协议的内容告知被派遣劳动者。也就是说，劳务派遣人员的真正"东家"是劳务派遣公司，而不是用工单位。

根据法律规定，劳务派遣单位违法解除或者终止被派遣劳动者的劳动合同的，被派遣劳动者要求继续履行劳动合同的，劳务派遣单位应当继续履行；被派遣劳动者不要求继续履行劳动合同或者劳动合同已经不能继续履行的，劳务派遣单位应当支付赔偿金。

资料来源："劳务派遣人员发生劳动纠纷该找谁"，中国人力资源开发网，http://www.chinahrd.net/law/info/167968。

第一节 劳务派遣的定义

劳务派遣在发达国家广受关注已有40多年的历史。现在，不论是发达国家还是欠发达国家，都广泛使用了劳务派遣用工模式。在世界各国的相关法律法规中，均有对劳务派遣的明确定义。但是，由于国家、地区具体情况的差异导致劳务派遣的含义也因时因地而不同。因此,劳务派遣概念的明确界定,对劳务派遣所规制的对象及其行为的性质有直接而重要的意义。

一、界定劳务派遣含义的重要性

劳务派遣作为非标准化用工方式的一种,正在被越来越多的企业和劳动者所接受。界定劳务派遣的内涵和外延,对于如何规范和调整劳务派遣法律关系以及明确劳务派遣法律法规的适用范围具有重要的意义。

(一)决定劳务派遣法律法规所规制的对象

界定劳务派遣的含义,可以直接决定劳务派遣法律法规所规制的对象。劳务派遣用工方式中的劳动关系是一种特殊的劳动关系,适用于这种劳动关系的调整方法也与传统的劳动法、社会保险法所界定的内容有所不同。世界各国家、地区在界定劳务派遣的规范内容之前,都会首先界定其含义,揭示其特点,划分劳务派遣的类型,区分劳务派遣与其他相似劳动关系的区别,从而确定劳务派遣相关法律的适用范围,为劳务派遣的实践提供相关的依据和准则。

(二)反映劳务派遣三方关系的实质

劳务派遣的科学定义,可以直接反映出劳务派遣三方关系的实质。在劳动者通过派遣机构,为用工单位提供劳动的过程中,劳动者与派遣机构、用工单位之间关系的性质是什么样的?提供劳务派遣服务的派遣机构与用工单位之间的性质如何?这些问题都需要在厘清劳务派遣三方主体之间的关系之后才能加以明确。

二、劳务派遣的含义

(一)劳务派遣定义评述

劳务派遣是一种新的用工形式,在世界发达国家和地区,如美国、日本、德国等地区发展得比较早。我国的劳务派遣发展时间较晚,但发展速度非常快,已经引起了社会各界的重视,众多学者开始将之作为研究的对象。关于劳务派遣的概念,国内外相关领域的专家学者在研究中使用不同的名字来进行界定,如"人力派遣"、"人才派遣"、"劳动派遣"、"劳动力派遣"、"派遣劳动"以及"人才租赁"等[①]。由于各自关注的领域和角度不同,学者们很难在劳务派遣的概念上达成一致。本书在

---

① 毕小青、严荣,"国内外人力派遣研究现状综述",《技术经济与管理研究》,2007年第6期。

此将引用学术界一些具有代表性的观点来阐释劳务派遣的基本内涵和主要特征。

(1) 从派遣过程中三方之间的契约关系角度来看,主要是通过对劳务派遣过程中三方主体之间权利义务的描述来进行研究,主要观点如下:

● "所谓派遣劳动关系,系指由'企业'与劳工订立劳动契约,由劳工向'他企业'给付劳务,劳动契约存在于企业与劳工之间,但'劳务给付'的事实,则发生在劳工与他企业之间的法律关系。"[①]"派遣劳动,系指自己所雇佣之劳工,在该雇佣关系下,使其为他人从事劳动、接受该他人指挥命令者而言。"[②]

● "劳动者派遣是这样一种用工形式:派出单位(以经营劳动者派遣为主要业务的公司)和受派劳动者签订劳动合同;派出单位和要派单位签订劳务合同;派出单位将受派劳动者派到要派单位工作。其造成的后果是,实际用人单位不直接和劳动者签订合同,而将直接雇佣变成间接雇佣。"[③]

● "劳动力派遣是指依法设立的劳动力派遣机构和劳动者订立劳动合同后,依据与接收派遣单位(要派单位)订立的劳动力派遣协议,将劳动者派遣到接收派遣的单位工作。"[④]

(2) 从雇主责任承担的角度来看,是通过将劳务派遣与传统劳动关系进行对比来进行研究,主要观点如下:

● "劳动者派遣(雇员派遣)指用人单位分割为派遣机构(名义用人单位)和要派单位(实际用人单位),劳动关系主体由用人单位和劳动者双方变为派遣机构、要派单位和受派遣劳动者;产生三种关系,即派遣机构与受派遣劳动者的关系、派遣机构与要派单位的关系,以及要派单位与受派遣劳动者的关系。"[⑤]

● "劳动力派遣应以多重劳动关系、共同雇主来认识","传统'标准劳动关系'是建立在特定雇主与雇员之间的只存在一重劳动关系,8小时全日制劳动,遵守一个雇主的指挥为标准的劳动关系";"多重劳动关系中每一个单位从内容上看,无法完全达到标准劳动关系的要求,或是在工时、工资上或是在雇佣、使用上,也可以说

[①] 黄越钦,《劳动法新论》,中国政法大学出版社,2003年,第89—91页。
[②] 刘志鹏,《劳动法理论与判决研究》,元照出版公司,2000年,第212页。
[③] 李坤刚,"劳动者派遣:起因与规制",载《劳动派遣的发展与法律规制国际研讨会会议论文集》,南京大学2006年4月举办,第36页。
[④] 沈同仙,"劳动力派遣法律规制研究——兼议我国《劳动合同法(草案)》的有关规定",转引自:周长征主编,《劳动派遣的发展与法律规制》,中国劳动社会保障出版社,2007年,第314页。
[⑤] 刘诚,"劳动者派遣若干理论问题分析",载周长征主编,《劳动派遣的发展与法律规制》,中国劳动社会保障出版社,2007年,第314页。

是半劳动关系,但法律只能视其为一个劳动关系来进行调整";"同理,在劳动力派遣中,两个用人单位,一个专司雇佣,一个专司使用,从内容上看,每个用人单位都是半个劳动关系,但劳动者与两个主体发生关系时也形成两重劳动关系"[①]。

● "劳务派遣是指,劳务派遣单位受特定用工单位委托招聘劳动者,并与之签订劳动合同,将劳动者派遣到用工单位中工作,其劳动的过程由用工单位管理,工资、福利、社会保险费等由用工单位提供给派遣单位,再由派遣单位支付给劳动者,并为劳动者办理社会保险登记和缴费等项事务的一种用工形式。"[②]

(3) 从劳务派遣机构的角度出发,国内外学者将劳务派遣的概念定义如下:

● "派遣机构与要派单位签订的劳动者派遣合同,是派遣公司把雇佣的派遣劳动者(也可以说是'借用'的劳动力)提供给用人单位使用,并从中获得利益的合同。"[③]

● "日本学者三浦和夫(1997)将人才派遣业者定义为:'将自己雇佣之劳工,于雇佣关系存续中,并且在他人的指挥监督下,为他人从事直接劳动的业者'。"[④]

● "劳动力派遣一般是指用人单位以营利为目的,将自己的劳动者委派到第三者处并在其指挥监督下从事劳动的经营行为。"[⑤]

可以看出,尽管学者们关于劳务派遣的定义各不相同,但是都指出了劳务派遣的相同内涵,即劳务派遣涉及三方主体,较传统典型的劳动关系更为复杂。在劳务派遣关系中,存在着派遣机构与用工单位之间、派遣机构与劳动者之间以及劳动者与用工单位之间的三种劳动关系。派遣单位与劳动者签订劳动合同,成为传统标准劳动关系下的两个主体;而用工单位基于与派遣单位的民事合同,对劳动者进行实际上的使用和管理,成为劳务派遣关系中的第三个主体。

虽然上述学者们对劳务派遣的定义揭示了劳务派遣的实质和基本特征,但是还是不完整的,不能完全概括劳务派遣的所有特征。特别是不能与"借调"这种用工形式相区分。

[①] 董保华,"劳动关系非标准趋势下的劳动力派遣",载《劳动力派遣的发展与法律规制国际研讨会会议论文集》,南京大学 2006 年 4 月举办,第 28—29 页。
[②] 王全兴、侯玲玲,"劳动关系双层运行的法律思考——以我国的劳务派遣实践为例",《中国劳动》,2004 年第 4 期,第 19 页。
[③] 〔日〕马渡淳一郎著,田思路译,《劳动市场法的改革》,清华大学出版社,2006 年,第 74 页。
[④] 林纹君、陈靖雯、陈琼闵、陈丽燕、郑朝治,辅仁大学企业管理学系第三十七届人力资源管理专题报告《派遣员工对要派公司组织承诺影响因素之研究》。
[⑤] 张荣芳,"论劳动力派遣机构的法律规制",载丁薛祥主编,《人才派遣理论规范与实务》,法律出版社,2006 年,第 98 页。

(二)劳务派遣的法律定义

由于各个国家和地区间有关法律概念上的差异,在世界范围内劳务派遣并没有一个统一的表述,在各个国家有着不同的名称。例如,在我国称为"劳务派遣",在德国称为"员工出让",在法国称为"临时工作",在我国台湾地区称为"劳动派遣",在日本、韩国称为"劳动者派遣",美国则称为"暂时性劳务提供"、"劳动租赁"等。

● 国际劳工组织(ILO)于1997年通过的第181号公约,是目前唯一对劳务派遣作出全面规定的国际劳工公约。在其第一条规定"招聘劳动者并派遣其为第三人(用工单位)提供劳动,第三人给劳动者布置工作,并且监督其履行情况"的私营就业机构为劳务派遣机构。虽然该公约并未直接给出劳务派遣的定义,但是其首次扩大私营就业服务机构的行为范围,规定其可以作为服务的提供者,雇佣劳动者供三方使用[1]。这实质上打破了传统雇佣关系中用人单位直接雇佣劳动者、就业服务机构只从事职业介绍服务的局面,将被派遣劳动者视为私营就业服务机构的临时雇员(Temporary Employee),规定其应当享有劳动法和社会保障法的相关保护。

● 德国《员工出让法》的第一条规定,员工出让是指雇主(出让方)以经营形式将自己雇用的劳动者(借用员工)提供给第三方(借用方)使用,由被借用的劳动者给第三方提供劳务[2]。

● 法国的《劳动法典》将劳务派遣定性为"临时工作",把劳务派遣的范围限制在某些临时性劳动。法国《劳动法典》第L124-1条规定:凡专一活动是将其依照约定资格招聘并为此给予报酬的受薪人员交由用工者临时安排工作的一切自然人或法人,均为本章所指意义上的临时工作承包人(即派遣机构)。秘鲁《就业促进法》也有类似规定。

● 在亚洲,日本是较早对劳务派遣进行专门立法的国家。其通过《劳动者派遣法》对劳务派遣进行了严格的法律定义。日本《劳动者派遣法》第二条规定:"所谓劳务派遣就是指将自己所雇佣的劳动者,在该雇佣关系下,让该劳动者接受第三方的指挥命令,并让其为第三方从事劳动,但是,这种劳动并不包括约定让第三方雇

---

[1] ILO Convention NO. 181 第一条(b)规定。
[2] 《德国员工出让法》,载丁薛祥主编,《人才派遣理论规范与实务》,法律出版社,2006年2月,第211页。

佣该劳动者从事劳动。"①

- 韩国的《派遣工作保护法》规定:"劳动者派遣是指派遣单位聘用劳动者之后,在维系雇佣关系的同时让劳动者按照劳动者派遣协议的内容,听从使用单位的指挥、命令,让其从事使用单位的工作。"②
- 作为目前我国唯一对劳务派遣作出规定的法律,《劳动合同法》并未对劳务派遣进行直接的法律定义③。根据我国《劳动合同法》第五十八、五十九条的表述,可以看出:劳务派遣是由派遣单位、用工单位以及被派遣到用工单位从事工作的劳动者三方所形成的三角关系。

我国《劳动合同法》第五十八条对劳务派遣的过程中三方主体的劳动关系表述如下:"劳务派遣单位是本法所称用人单位,应当履行用人单位对劳动者的义务。劳务派遣单位与被派遣劳动者订立的劳动合同,除应当载明本法第十七条规定的事项外,还应当载明被派遣劳动者的用工单位以及派遣期限、工作岗位等情况。劳务派遣单位应当与被派遣劳动者订立两年以上的固定期限劳动合同,按月支付劳动报酬;被派遣劳动者在无工作期间,劳务派遣单位应当按照所在地人民政府规定的最低工资标准,向其按月支付报酬。"

《劳动合同法》第五十九条规定:"劳务派遣单位派遣劳动者应当与接受以劳务派遣形式用工的单位订立劳务派遣协议。劳务派遣协议应当约定派遣岗位和人员数量、派遣期限、劳动报酬和社会保险费的数额与支付方式以及违反协议的责任。"

相比于我国对劳务派遣的间接定义,国外相关法律法规对劳务派遣进行直接定义的好处是可以将劳务派遣与职业介绍等相似的包含三方关系的劳动关系形式加以严格的区别。

(三) 本书对于劳务派遣的定义

尽管各个国家和地区之间、各方学者之间对劳务派遣的称谓和定义不相统一,但其内涵和外延却基本一致:指由派遣机构与派遣员工签订劳动合同,然后向用工单位派出该员工,使其在用工单位的工作场所内劳动,接受用工单位的指挥、监

---

① 参见高梨昌,《详解日本劳务派遣法》,第238页。
② 〔日〕马渡淳一郎著,田思路译,《劳动市场法的改革》,清华大学出版社,2006年,第74页。
③ 我国在《劳动合同法》出台前,劳动和社会保障部《关于非全日制用工若干问题的意见》(2003)规定:劳动者通过依法成立的劳务派遣组织为其他单位、家庭或者个人提供非全日制劳动的,由劳务派遣组织与非全日制劳动者签订劳动合同。《劳动合同法实施条例》为了防止派遣机构规避两年固定期限合同,又禁止派遣机构雇佣非全日制劳动者。

督,以完成劳动力和生产资料的结合的一种特殊用工方式,也是一种人力资源的配置方式,一种就业形式,一种劳务经济①。

综合国内外学者对劳务派遣管理概念界定的各种不同观点,分析劳务派遣这种用工形式的特征和运行规律,结合我国《劳动合同法》对劳务派遣的相关规定,本书认为,劳务派遣的定义应当为:

> 劳务派遣,是指依法设立的劳务派遣单位出于营利之目的,依据与用工单位签订的劳务派遣协议,将与之建立劳动关系的劳动者派往用工单位工作的一种特殊的劳动用工方式。

与传统的劳动关系不同,劳务派遣中的劳动关系涉及三方主体,所以其劳动关系特点较传统典型的劳动关系来说也更为复杂。在传统的劳动关系中,雇主与签约劳动者构成了双方主体,而在劳务派遣关系中这种双方主体关系是由派遣机构与派遣劳动者组成的;而劳务派遣关系中除了传统的双方主体外,还包含有一个重要的第三方主体,即与派遣公司签署劳务派遣协议的用工单位。也就是说,劳务派遣公司是劳动者的法定雇主(即用人单位),用工单位由于用工管理关系成为与劳务派遣公司的连带责任主体。

由此可见,在劳务派遣活动过程中,劳动者的劳动合同签约方为派遣机构,而具体的工作单位和劳动服务对象则是第三方的用工单位。在这一过程中,劳动者的雇佣和使用发生了分离,派遣机构与劳动者之间的雇佣关系是一种有关系而无劳动的劳动合同关系;而用工单位与劳动者之间则是一种有劳动而无关系的用工管理关系;用工单位与派遣单位之间则是一种民事的合同关系。

一般来说,劳务派遣的具体运作程序是:用工单位根据工作实际需要,向劳务派遣机构提出所需人员的标准和工资待遇,由派遣机构通过市场方式搜寻合适的人选,把筛选出的合格的人选送交用工单位,由用工单位确定最终人员;然后,用工单位与派遣机构签订劳务派遣协议,被聘人员与派遣机构签订劳动合同;最后,派遣机构将与自己建立劳动合同关系的员工派遣到用工单位进行工作(见图2-1)。要指出的是,由于派遣单位是此过程中派遣劳动者的劳动合同缔约方,是法定上的

---

① 董保华、杨杰,《劳动合同法的软着陆——人力资源管理的影响》,中国法制出版社,2007年,第95页。

唯一雇主，因而其对派遣劳动者负有完全的雇主责任；实际的用工单位基于劳务派遣协议的让渡，因拥有对派遣劳动者用工管理权而负连带责任。

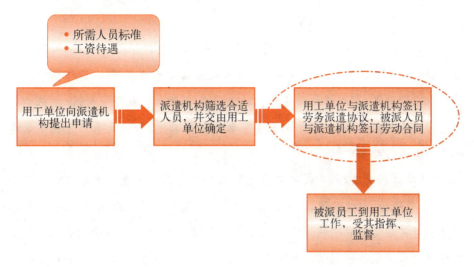

图 2-1　劳务派遣运作程序示意图

总之，尽管有关学者对于劳务派遣的定义不尽相同，对劳务派遣的具体称谓以及所包括的范围也有不同，但是，劳务派遣是由用工单位、派遣机构、被派遣劳动者三者形成的特殊的劳动关系这一点是共通的。

劳务派遣之所以能够引起各方的广泛关注，就在于与传统的就业形式相比，它具有明显的不同之处。因此，无论从何种角度来对劳务派遣作出定义，我们都应该把握好劳务派遣自身所独具的特征。下一节中我们将详细介绍劳务派遣的这些特征。

延伸阅读

日本的《劳动者派遣法》

所谓劳务派遣，是指雇佣劳动者但不使用劳动者、不招聘劳动者但使用劳动者的一种招聘和用人相分离的用人模式。20世纪70年代以来，日本政府通过加强立法，采取切实有效的措施，推动了劳务派遣业的快速发展。

在日本，有关劳动者派遣业法律的正式名称是《保障劳动者派遣业适当运行和改善派遣劳动者工作条件法》（简称《劳动者派遣法》）。该法于1985年6月通过，1986年7月1日正式实施。

日本劳动者派遣业系统是一种三角关系，三方包括派遣机构、用人单位和派遣劳动者。派遣机构和用人单位相互签订劳动者派遣合同；派遣机构向用人单位派遣劳动者，用人单位向派遣机构支付劳动者派遣服务费用；派遣机构与派遣劳动者签订劳动合同，并向派遣劳动者支付工资；劳动关系只存在于派遣机构和派遣劳动者之间。

《劳动者派遣法》第4条将可派遣的工作限定为两大类：一是需要专门知识、能力或经历，以便快速、准确操作的工作；二是由于从事或从业形式的特点，对劳动者需要特殊管理的工作。目前已有26类工作允许进行劳动者派遣。多数劳动者派遣服务的期限是有限定的，大部分工作派遣服务时间均固定在一年以下。日本的劳动者派遣业有两种：一种是一般性劳动者派遣业；另一种是专门性劳动者派遣业。派遣机构也可以根据其标准来划分：一类是最初专门从事临时劳动者派遣业的派遣机构；二类是由完全不同的行业，如银行、贸易、保险、造船、机器制造业中的公司成立机构，以开展临时劳动者派遣业务；三类是日本和外国派遣机构合资成立的派遣机构。

劳动者派遣对用人单位和派遣劳动者都有利，而且双方都欢迎。对用人单位而言，劳动者派遣服务一方面可以降低劳动成本，包括招募和培训费用；另一方面可以避免许多雇主责任。对劳动者而言，派遣服务可以让被派遣劳动者自由地挑选工作，而不必长期束缚于一家企业。

资料来源：王亚东，"日本的《工人派遣法》"，《劳动保障通讯》，2002年第5期。

第二节 劳务派遣的特征

从全球范围看，尽管劳务派遣的规模仍比较小，但发展速度却较快。传统的用工方式是指在用人单位与劳动者之间建立直接的劳动关系，而劳务派遣则是一种建立在劳动者、派出机构以及用人单位三方主体之上的新型劳动关系。尽管各国立法模式有所不同,相关概念间的差异也较大,但是劳务派遣的主要特点基本上是一致的。

在我国,劳务派遣是指依法设立的劳务派遣单位出于营利之目的,依据与用工单位签订的劳务派遣协议,将与之建立劳动关系的劳动者派往用工单位工作的一种特殊的劳动用工方式。较之劳动关系的一般运行规则与传统的用工方式,劳务派遣具有其自身的一些特征。

一、劳务派遣的法律特征

(一)劳务派遣必须由依法设立的劳务派遣单位进行,并以营利为目的

劳务派遣必须由依法设立的派遣单位进行,这是劳务派遣区别于借调、业务外包、企业集团内部各企业之间人员的流转以及大型设备安装技术服务和劳务等用工形式的独特之处。《劳动合同法》第五十七条规定,劳务派遣单位应当依照《公司法》的有关规定设立,注册资本不得少于50万元。这明确了劳务派遣单位设立的特别规定,即劳务派遣单位的设立除了满足《公司法》关于企业法人设立的基本条件外,还须符合特别规定,即注册资本不得少于50万元。

这是因为,劳务派遣的社会风险很大,在整个劳务派遣过程中,劳务派遣机构是劳务派遣的主体,派遣机构的实力和信誉对劳务派遣的秩序和效果至关重要;而且,派遣机构是法定雇主,必须负担全部的法律责任,必要时还要和要派公司厘清事件发生的原因,索取赔偿;同时也有可能承担连带责任,这都要求派遣机构具备相当的财力和实力。因此,应当对派遣机构的资格实行较之一般企业法人更严格的管理。规定50万元的注册资金可以提高派遣机构的设立门槛,一定程度上把不具备实力的企业排除在外,这样才能更好地保障劳动者的利益。

当然,为了从根本上杜绝劳务派遣单位推卸其雇主责任或者无力承担雇主责任的现象,一些国家还规定了更加严格的资格要求,包括须取得劳务派遣许可证、具有一定数量的专业技能达到一定等级的从业人员、有健全的管理制度、有不低于法定数额的风险担保金等,这样可以更好地规范劳务派遣市场,更好地保护派遣工权益。除了注册资本之外,我国《劳动合同法》未作其他特别要求。

以营利为目的,则突出了劳务派遣单位的营利法人的属性。劳务派遣单位属于民法上的营利法人,是以营利为目的的企业组织。所谓营利,是指进行连续性的经营,并将该利益分配给成员。劳务派遣的营利性,使其区别于企业之间由于业务往来的员工流动、企业集团总部与各成员企业之间、成员企业之间的劳务派遣、总

公司与分公司之间以及分公司之间的劳务派遣。同时，这也就决定了公益法人等社会公益组织和政府组织如公共就业服务机构等不能从事劳务派遣业务。

（二）劳务派遣法律关系涉及三方主体

与传统用工方式下的"劳动者—用人单位"一对一的直线型法律关系有所不同，劳务派遣中派遣机构、用工单位和劳动者三方形成了三角法律关系。派遣机构是指雇佣了员工，并使其为用工单位提供劳务的主体。用工单位，是根据与派遣机构的约定，在实际中使用劳动者提供的服务的用工主体。劳动者是受派遣机构雇佣，并为用工单位提供劳动的劳动者，是劳务派遣的对象。纵观国内外相关表述，所有劳务派遣的定义都涉及这种法律关系上的三方主体，即派遣机构、用工单位以及被派遣劳动者。劳务派遣劳动关系的三方主体组成了三个相对独立的关系：一是派遣单位与被派遣劳动者之间的劳动关系，约定劳动者为他人提供劳动，派遣单位支付给劳动者工作报酬和有关的劳动福利；二是派遣单位与用工单位之间的服务关系，派遣单位为用工单位提供"临时工人"，用工单位向派遣单位支付派遣费用（包括应当给付劳动者的工资、福利，派遣单位的管理费用和利润等）；三是劳动者与用工单位之间成立的工作关系，被派遣劳动者为用工单位提供劳动，并接受其指示与监督。

（三）劳务派遣是典型的劳动力"雇佣"与"使用"相分离

劳务派遣一个最主要特征便是"雇佣"和"使用"的分离，即"用人不管人，管人不用人"。黄越钦认为，"所谓派遣劳动关系，指的是由'企业'与劳动者订立劳动契约，由劳动者向'其他企业'给付劳务，劳动契约存在于企业与劳动者之间，但是'劳务给付'的事实发生于劳动者与其他企业之间的法律关系"[①]。劳务派遣中派遣机构与被派遣劳动者订立劳动合同，在得到被派遣劳动者的同意后，使其在用工单位的指挥监督下提供劳务。劳务派遣最主要的特征是"雇佣"与"使用"相分离；派遣机构与用工单位之间也会订立劳务派遣契约，约定被派遣劳动者给付劳务的一切后果直接归属于用工单位，用工单位则将使用劳务派遣的酬劳付与派遣机构，再由派遣机构支付给被派遣劳动者，同时派遣机构向实际用工单位收取一定的服务费和管理费。这种将劳动者的"雇佣"与"使用"分离的劳动形态，与一般典型的雇佣关系不同，不仅可以使企业在人力资源的运用上更有弹性，且无须负担雇佣劳动力的保险、遣散费、退休金以及其他福利支出，因此在劳动市场中，劳务派遣的方式逐

---

① 黄越钦，《劳动法新论》，中国政法大学出版社，2003年，第89—91页。

渐被广泛地采用。

这种"雇佣"与"使用"相分离的三方主体关系被我国台湾一些学者概括为"三方两地"。如台湾学者焦兴铠认为,劳务派遣通常是涉及所谓"三方两地"的法律关系:一方面是派遣单位与被派遣劳动者的劳动关系,其内涵与传统劳动契约极为相似,包括工作条件,诸如薪资报酬、津贴及休假等一般条件,以及受雇者被告知将会被派遣至用工单位工作的特别条件等;另一方面,根据此契约,劳务派遣人员的劳务给付对象为用工单位,而不是与之签订契约的派遣单位,且必须服从用工单位的指挥管理与监督[①]。

(四)劳务派遣用人单位的权利和义务由派遣单位与用工单位共同行使和履行

在劳务派遣中,派遣机构和用工单位作为两个独立的主体,由于派遣合同的约定形成了一个共同体,这个共同体在两个不同层次上共同行使用人单位的职能。这不同于一般劳动关系中用人单位在不同层次之间的职能分工,因为不同层次的单位行政机构之间不具有独立性。劳务派遣单位作为法定的用人单位,通过与用工单位的劳务派遣合同以及与派遣劳动者的劳动合同的约定,将用工管理权让渡给用工单位,使得用人单位的权利和义务由派遣单位与用工单位共同行使和履行。劳务派遣单位和用工单位都只是行使部分的用人职能,其中,用工单位只行使劳动过程的组织和管理、保护受派员工的安全和健康以及负担劳动力再生产费用的职能,而其他用人职能则由派遣机构行使,这两部分职能的有机结合才构成一个用人单位的完整的用人职能。在这里,被派遣劳动者只是在生产过程中与用工单位的生产资料进行结合,用工单位作为劳动力的使用者是实际上的用人单位;派遣机构不组织和管理劳动过程,只是负责录用和管理派遣员工,但并不安排受派员工的具体工作岗位,因而只是名义上的用人单位。在这两个层次的用人单位间还存在着相关的委托代理关系,即派遣机构受用工单位的委托,代理实施部分劳动管理的事务。

(五)劳动者权益受到双重责任保障

在劳务派遣中,派遣机构和用工单位都对被派遣劳动者的权益负有保护职责。派遣机构作为被派遣劳动者的录用和派遣者以及被派遣劳动者与用工单位之间的

[①] 焦兴铠,"论劳动派遣之国际劳动基准",载焦兴铠,《劳工法论丛(二)》,台北:元照出版社,2002年,第40页。

劳动关系管理者，就用工单位的信用及其在劳动关系中所承担的保障劳动安全卫生、支付劳动力再生产费用等实现被派遣劳动者权益的义务，对被派遣劳动者来说负有直接责任。用工单位作为派遣机构的连带责任人、被派遣劳动者的实际使用者和劳动力再生产费用的最终负担者，就派遣机构在非生产性劳动管理中所承担的实现被派遣劳动者权益的义务，对被派遣劳动者来说负有担保责任。无论是派遣机构还是用工单位，如果未履行其实现被派遣劳动者权益的义务，被派遣劳动者既可以向派遣机构，也可以向实际用工单位主张其权利。

二、劳务派遣的企业管理特征

（一）劳动力资本的二次让渡

在劳务派遣过程当中，劳动力资本的产权权能发生了分离。与人力资本交易一般形态相似，在劳务派遣的过程中，被派遣劳动者虽然拥有对劳动力资本的法定上的所有权，但是需要在实际中将使用、收益等其他的权能进行让渡；与人力资本交易一般形态不同的是，劳务派遣过程中劳动力资本的权能不是直接地转让给了使用主体，而是首先将其转让给人才中介（派遣机构）；被派遣劳动者作为劳动力资本的法定所有者与派遣机构达成交易契约之后，派遣机构再与用工单位建立劳务交易关系，从而将劳动者派往用工单位进行工作。

派遣机构与派遣劳动者之间通过订立不定期的劳动合同或是订立定期的劳动合同建立劳动关系，向派遣员工支付工资，为其缴纳社会保险。依据劳动合同，派遣机构作为雇主一方对被派遣劳动者享有劳动法上的权利，如招工权、辞退权、分配权、用人权等。除劳动合同外，劳务派遣的两个用人单位间还存在着商务合同，有的学者将劳务派遣界定为劳动力的公司间交易，即由专业公司招募劳动人员，再向用人单位派遣，因此认为劳务派遣关系是一种基于劳动关系产生的劳动商务关系[①]。派遣机构与用工单位间签订派遣协议，该协议为商务的、有偿的合同。通过一系列合约的安排，派遣员工给付劳务的利益直接归属于用工单位，用工单位将使用派遣劳动者的报酬支付给派遣机构，派遣机构将该报酬的一部分作为派遣劳动者的工资。

也有人认为劳务派遣协议有与"转租合同"相类似的性质。"派遣公司与用人单位之间签订的劳动者派遣合同，是派遣公司把雇佣的派遣劳动者提供给用人单

---

① 杨燕绥、赵建国，《灵活用工与弹性就业机制》，中国劳动社会保障出版社，2006年，第147—148页。

位使用,并从中获得收益的合同。可见劳动者派遣合同有与'转租合同'类似的性质。"①当然,由于雇佣合同具有身份从属的性质,所以派遣行为有必要征得被派遣劳动者的同意。劳务派遣与劳动力租赁的雇佣一样,因为其对象是人,所以有必要与劳动者本人达成一致。可见,与"转租"相类似的劳务派遣位于类似"租赁合同"的雇佣合同的延长线上,两者在以劳动力的使用收益(利用权)为目的这一点上是共通的。

(二)内部劳动管理与社会化劳动管理相结合

在劳务派遣中,劳动管理事务可以划分为两个部分:用工单位的内部机构负责派遣劳动者的工作岗位安置、劳动任务安排、安全卫生管理、劳动纪律制定和实施等生产性劳动管理事务;而派遣机构则负责被派遣劳动者的录用、派遣、档案管理、工资支付、社会保险登记和缴费等非生产性劳动管理事务。派遣机构是独立于用工单位组织系统之外的社会机构,为众多的实际用工单位提供专业化的劳动管理服务,这就使企业的内部劳动管理转化为社会化劳动管理。派遣机构与用工单位之间有合作关系,同时用工单位与被派遣劳动者之间又有指挥命令关系。从员工管理角度来看,劳务派遣将员工管理清晰地分为"实体"与"程序"两个层面。用工单位对被派遣劳动者只进行工作考核等实体管理,而剩下的一切程序性管理工作,如劳动合同的签订、续订、解除、终止等均由劳务派遣机构负责。这样,用工单位用人,派遣机构管人,各个不同的用工单位具体的非生产性劳动管理事务由派遣机构集中行使,实现了非生产性劳动管理事务的专业化和集约化。对于用工单位而言,剥离出非生产性劳动管理事务后,减轻了劳动管理负担,从而能够更专注于生产性劳动管理事务和生产经营活动。

(三)劳务派遣在用工单位的工作具有非核心性

随着社会经济的发展、科学技术水平的提高,社会分工的细化和专业化是社会发展的客观规律。企业的发展也遵循了这个规律。企业的竞争,主要在于其核心业务的竞争。因此,随着社会分工的细化和专业化,企业为了保持其核心竞争力,一般会把非核心业务外包。企业在员工管理方面也体现了这个规律。从员工管理角度来看,劳务派遣将员工管理清晰地分为"实体"与"程序"两个层面。用工单位对被派遣劳动者只进行工作考核等实体管理,而剩下的一切程序性管理工作,如薪

---

① 〔日〕马渡淳一郎著,田思路译,《劳动市场法的改革》,清华大学出版社,2006年,第71—74页。

酬发放，社会保险代收代缴，劳动合同的签订、续订、解除、终止等均由劳务派遣机构负责。这样，用工单位用人，派遣机构管人，这种模式对用工单位来说省了许多精力，减少了大量因管理工作带来的工作量和相关的麻烦，可以使用工单位的经营者能够更专心于事业的发展和企业的生产经营，也可以使用工单位的人力资源管理部门更加专注于企业核心员工的有关事务。相对于用工单位来说，派遣公司掌握了信息和专业优势，可以为用工单位提供快捷、便利、多渠道的用人需求。由于派遣公司有专业化的人员，可以解决用工单位要花巨大的精力处理的问题（如单位与员工发生劳动争议），使用工单位省却了很多麻烦，更能专注于业务的提升。并且，很多用工单位的人力资源的制度设计，只针对企业的核心人群。其人力资源管理制度，包括招聘、培训、考核、职业发展、绩效等制度都是针对核心人群来设计的。企业人力资源部门的工作就是保障企业核心的人力资源规划和核心人才的职业发展，提升企业的核心竞争力。用工单位根本就没有针对初级、适用性岗位的人力资源制度，也不愿意花费精力来对初级和一般员工进行管理，同时也没有精力顾及一些具体的事务性工作，如工资的发放、社会保险费的缴纳，档案管理，一般操作员工的管理、招聘、辞退、培训等。劳务派遣恰好适应了社会分工的细化和专业化的要求，帮助用工单位管理非核心业务员工。因而，劳务派遣在用工单位的工作具有非核心性。

（四）劳动力发生了支配权转移，劳动者发生了身份转换

"雇佣"与"使用"相分离的三方主体关系，对用人单位而言，最重要的特征是发生了劳动力的支配权转移。派遣劳动者虽然是由派遣机构所雇佣，却必须在用工单位提供劳务，遵守用工单位的工作准则、规章制度等，并接受其监督管理。一些学者从这一角度出发进行定义，以解释这一法律关系在实际运行中的特征。日本学者高梨昌(1997)认为："依人才派遣法所定义的派遣行为，即指派遣公司将自己直接雇佣的劳工提供特任，并且使其在他人的指挥监督下从事劳动的一种事业活动。"三浦和夫(1997)也认为："指将自己雇佣的劳工，于雇佣关系存续中，并且在他人的指挥监督下，为他人从事直接劳动为事业者。"我国台湾地区的一些学者也从这一角度进行了概括："派遣劳动，系指自己所雇佣之劳工，在该雇佣关系下，使其为他人从事劳动、接受该他人指挥命令者而言。"[①]"派遣公司与劳动之间有雇佣关

---

① 刘志鹏，《劳动法理论与判决研究》，台北：元照出版社，2000年，第212页。

系,而使用公司与劳工之间则由指挥命令关系之谓。"①"劳动派遣企业是由雇主与劳动者约定,劳动者必须依雇主之指示,受派为另一企业主提供劳务之契约。"

读一读

《劳动合同法》第三十八条 用工单位一般在非主营业务工作岗位、存续时间不超过6个月的工作岗位,或者因原在岗劳动者脱产学习、休假临时不能上班需要他人顶替的工作岗位使用劳务派遣用工。

劳务派遣单位不得与被派遣劳动者约定试用期。

【解读】:《劳动合同法》第三十八条规定,劳务派遣一般在临时性、辅助性或者替代性的工作岗位上实施。本条对临时性、辅助性或者替代性的工作岗位进行了界定,临时性岗位是指存续时间不超过6个月的工作岗位,辅助性岗位是指非主营业务工作岗位,替代性岗位是指因原在岗劳动者脱产学习、休假临时不能上班需要他人顶替的工作岗位。同时,本条还规定了劳务派遣单位不得与被派遣劳动者约定试用期,这主要是考虑到被派遣劳动者并未实际在派遣单位提供劳动,双方属于一种"有关系没劳动"的特殊关系,约定试用期没有实际意义。

第三节 劳务派遣的分类

劳务派遣的分类在于根据不同的标准对劳务派遣进行不同的划分,最为理想的状态是形成层次目录,这是对劳务派遣进行细化研究的理论追求。

一、按派遣服务期限分类

一般来说,按照劳动者的派遣服务期限来划分,大致可将劳务派遣分为常雇

---

① 林振贤,"谈派遣公司的问题",《中国劳工》,1997年第965期。

型、登记型与置换型三种。

（一）常雇型派遣

所谓常雇型派遣是指派遣单位将与其签订劳动合同的员工[①]派遣到用工单位提供劳动。此种类型的特点是不论被派遣劳动者是否被派出，派遣单位都应给付工资和相关福利待遇、履行劳动法规定的雇主责任和义务。这种类型的劳动合同期限的特点为派遣协议期满以后，不会影响被派遣劳动者与派遣机构之间的劳动关系，不管被派遣劳动者是否接受派遣，派遣机构都有义务向其继续支付工资。虽然派遣机构有支付工资的义务，但是，在派遣协议存续期间，用工单位对被派遣劳动者具有指挥、监督和管理权。派遣机构与被派遣劳动者之间的这种劳动关系与传统的常态劳动关系十分类似，差别在于在传统的常态劳动关系中，劳动者提供劳动的对象和受领劳动给付的主体都是支付工资的用人单位；而在劳动力派遣的劳动关系中，劳动者提供劳动的对象和受领劳动给付的主体往往不是支付工资的用人单位，而是与派遣劳动者之间没有劳动关系的用工单位。这种形式的派遣劳动者同一般的劳动者一样也会受到解雇保护[②]。

（二）登记型派遣

所谓登记型派遣是指在派遣劳动者接受派遣之前，派遣机构与被派遣劳动者之间没有订立劳动合同、建立劳动关系，派遣劳动者只是事先在派遣机构那里登记，等到使用单位向派遣机构提出劳动力派遣需求的时候，派遣机构才和被派遣劳动者签订定期劳动合同。定期劳动合同的期限与派遣协议的派遣期间相同。被派遣劳动者与派遣公司的劳动关系仅在被派遣期间成立，所以当派遣协议期满的时候，派遣机构与被派遣劳动者之间的劳动合同也因为期满而终止，被派遣劳动者与派遣单位间的劳动关系随即终止，他又恢复到原登记时的状态。登记型劳动力派遣可能会产生用工不安定的结果，对被派遣劳动者不利。对登记型派遣劳动者来说，只能等到派遣机构有需要的时候才能获得工作，其他时间则处于无工作、无收入状态。我国的劳务派遣主要是登记型派遣。被派遣劳动者的合法权益，特别是有关劳动标准方面的最基本权利在很多时候都会受到损害。

---

① 在日本多指无固定期限劳动合同。
② 参见高梨昌《详解日本劳务派遣法》。

(三)置换型派遣

置换型派遣是我国劳务派遣的一种特殊形式。国家和地方推行企业改制改革政策,对公有制企业进行战略性结构调整,大力推行企业产权制度改革,企业在不确定的生产经营环境中发展,企业用工灵活化和科学化成为促进企业管理改革的必然选择,并成为企业生存和发展的科学人力资源管理战略。因此,企业大规模置换全民职工身份,买断全民职工工龄,鼓励正规就业岗位职工自谋职业,大规模裁减正式员工,大量使用临时性、季节性、非全日制及非正规就业人员,弹性化使用人力资源,以最大限度地降低生产成本,这便成为企业现阶段生存与发展的手段。同时,原来传统的国有优势行业、优势企业,随着计划经济体制转轨而来的一支庞大的非正式职工群体也在市场化的今天继续存在,这些职工没有正式职工身份,甚至没有劳动合同或只有一年一签的劳动合同,没有工资奖金以外的福利待遇,没有或很少有社会保险,超时加班却少有甚至没有加班工资,特别是不能在企业中与正式职工同工同酬。从企业生产经营角度看,这些职工短期内不能从生产经营环节剥离而被解雇,企业也不能用计划经济手段给他们转正。如果在经济待遇上完全与正式职工同工同酬,则企业不愿意支付提高的人工成本;但如果继续使用,上述问题一旦被劳动者提出,尤其是向执法机构举报或投诉,企业的法律风险几乎是100%。因此,寻找一种特别的用工组织形式,即能将这些职工从用工单位在劳动关系上剥离(双方不再存在劳动关系,双方不用再签订劳动合同、建立社会保险关系,不再存在法律意义上的同工同酬等),但这些职工可以实际在企业上岗,继续参与生产经营。相对而言,企业支付与当前一样或略高一点的人工成本,就能实现企业只用工资支付费用(费用不至于太多),而不用承担用工的劳动关系,让企业用工的劳动关系社会化、市场化。最重要的是,企业能够避免与这些职工在法律上的牵连,彻底解决法律上的风险。恰逢劳动力派遣用工制度在我国试行,两者一拍即合。这种将已经直接建立甚至存续多年的劳动关系,人为地置换为非劳动关系,将劳动关系劳务化,就是中国特有的劳动力派遣类型,成为公共职业介绍服务机构和公共人才流动服务机构从事劳动力派遣的主要客户。如何调整和规范这类劳动关系已经成为我国制定劳务派遣法律和政策时要考虑的重大问题。

二、按派遣的法律权限分类

按照用人单位采用的劳务派遣方式强制与否,可以将劳务派遣划分为义务型派遣和权利型派遣①。

(一) 义务型派遣

所谓义务型派遣指的是用人单位在其使用劳动者时，依法必须采用劳务派遣的方式。它具体包括两种方式：(1) 外事服务单位向外国企业(以及华侨和香港、澳门、台湾同胞在境外设立的公司、企业和其他经济组织)在华常驻代表机构派遣员工。(2) 外事服务单位向驻华外交机构及其他代表机构或个人派遣员工。根据有关规定，如北京市人民政府通告(京政发[1991]70号)，向各国驻华大使馆、欧洲共同体委员会驻华代表团、联合国系统组织驻华代表机构和外国驻京新闻机构提供工作人员，必须通过北京外交人员服务局介绍。

(二) 权利型派遣

权利型派遣指的是劳动者的使用单位在使用员工时，根据自身的需要，选择采取劳务派遣的方式。这不是其法定的义务，而是根据业务需要自主行使的权利。权利型劳务派遣又包括多种类型：(1) 母公司向子公司派遣员工。这种劳务派遣方式的特征是劳动者的使用单位与派出单位有资本上的连带关系，母公司为了加强对子公司的管理和控制而向子公司派遣员工。通常所派员工都是高级管理人员。(2) 境内用人单位向境外使用单位派遣员工。这种劳务派遣方式的特点是劳动者的派出单位在国内，而劳动服务在国外发生。用人单位为了开展对外工程或劳务合作而向境外的用人单位派出劳动者。(3) 派出单位向个人派出劳动者。这种劳务派遣方式的典型代表是家政服务，其特点是劳动者的派出单位是专门的劳务派遣企业，即以派遣劳动者提供劳动服务为经营业务的企业。另外，派出劳动者的使用单位是个人或家庭，不具备劳动法所规定的用工主体的资格。(4) 劳务派遣机构向其他派遣单位派出劳动者。这种劳务派遣方式的特征是劳动者的派出机构和用工机构都是专业的劳务派遣机构，双方进行劳务派遣是基于经济利益的需要。严格来说，前三种用工形式都不属于我国法定的劳务派遣形式，只能算是岗位或职位的变动而已，或者说是劳动合同的变更。

三、其他分类

除了以上两种分类方法之外，劳务派遣还可分为预定介绍派遣和招聘制方式

---

① 沈水生，"对劳务派遣立法的探讨"，《中国劳动保障》，2005年第12期，第32页。

派遣。所谓预定介绍派遣是指派遣公司与派遣员工预定在派遣结束后,通过职业介绍的方式介绍该员工在用人单位就业的制度,也称为"寻找工作型派遣"。所谓招聘制方式派遣[①]是派遣机构应用工单位的需求发布招工信息,对应聘人员进行甄选,有的时候甚至联合用工单位对应聘人员进行笔试、面试、考察等。最后,根据用工单位的需求将录用后的员工派遣出去。在我国这种方式的派遣居多,也是我国劳务派遣的主要特征之一。

从内容上来说,还可以把劳务派遣分为技能性派遣、公益性派遣;从地域上分为境内派遣、境外派遣;从期限上分为长期派遣、临时派遣、全日制派遣、非全日制派遣等。

此外,有学者根据劳务派遣的不同标准对其进行了分类,可通过图2-2进行简单描述。

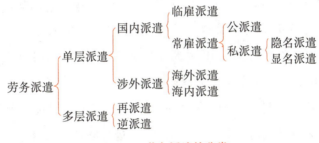

图 2-2 劳务派遣的分类

在图2-2中,根据是否只有一种单一的派遣行为,劳务派遣可分为单层派遣和多层派遣。多层派遣最典型的情形是用工单位接收被派劳动者之后把劳动者再派遣到另一个用工单位,而多层派遣中还有一种情形被称为逆派遣。逆派遣是指用工单位把其原本所有的劳动者解雇并安排在派遣单位之中后,又通过派遣的方式派遣回来工作,这是目前极为常见的一种劳务派遣类型。根据劳务派遣是否具有涉外因素,可以把单层劳务派遣分为涉外派遣与国内派遣。在涉外派遣中,把劳动者派遣至在国内的外交使馆、外国机构等,是我国较早的具备派遣形式的劳动关系。而海外派遣则是随着国际劳动力流动的发达,把劳动者派遣至国外就业的形式。根据被派遣劳动者与派遣单位之间的关系,可把劳务派遣分为临雇派遣与常雇派遣,这是一些国家立法中确认的劳务派遣的分类。根据用人单位或用工单位

---

① 参见董宝华、杨杰,"依法、合理选择用工形式",《中国劳动》,2007年第9期,第19页。

是否为公权力机关或单位乃至国有企业,可以把劳务派遣分为公派遣和私派遣。目前,公派遣现象逐步蔓延,反而私派遣的发展面临着诸多的瓶颈。根据劳务派遣过程中是否冠以派遣之名,可以把劳务派遣分为隐名派遣和显名派遣,随着劳务派遣法律制度的完善,隐名派遣理论则会越来越受到关注。

讨 论

本单位职工变身派遣员工

1999年4月,梁某进入某食品公司担任促销员,双方未签订劳动合同。2002年10月7日,食品公司与广州市黄埔区东区人力资源有限公司(以下简称"广州东区公司")签订《劳务协议》,约定由广州东区公司向食品公司派遣服务人员等事宜。2002年11月1日,广州东区公司与梁某签订劳动合同。梁某以广州东区公司劳务派遣员工的身份在食品公司担任促销员。2003年6月30日,广州东区公司将梁某借到通用公司。食品公司与通用公司之间为投资关系,其员工可以相互调动。2004年4月4日,通用公司与上海华业人力资源有限公司(以下简称"上海华业公司")签订《派遣协议》,约定由上海华业公司向通用公司派遣服务人员等事宜。2005年7月1日,上海华业公司与梁某签订一年期限的《劳动合同》。当日,梁某与通用公司签订上岗协议,以上海华业公司劳务派遣员工的身份继续在食品公司担任促销员。

在计算2005年9月销售提成时,梁某多计算销售货物12箱,使任务达成率为100%。2005年11月16日,食品公司发出"关于促销人员梁××违纪说明",指出:鉴于梁某如此严重的违纪行为,对其予以解雇。随后,上海华业公司向梁某发出"辞退通知",告知梁某"接服务单位的通知,现提前与您解除劳动合同。您的最后工作日是2005年11月9日,社保费停缴月为12月"。

2006年2月1日,梁某向劳动争议仲裁委员会申请仲裁,要求食品公司与通用公司支付解除劳动关系的经济补偿金8 890元及赔偿金4 445元。2006年4月17日,仲裁委以梁某是上海华业公司的派遣员工,与被申诉人无劳动关系为由,裁定驳回梁某的仲裁请求。

梁某不服,向法院提起诉讼。食品公司抗辩:梁某是自愿与派遣公司签订劳动合同的,根据《劳动法》第十六条的规定,劳动合同是劳动者与用人单位确立劳动关系、明确双方权利和义务的协议,梁某以自己的行为确认了其与派遣公司的劳动关系。那么,梁某与派遣公司签订的劳动合同是否合法有效呢?

资料来源:戴叶群、邓丹云,"'逆向劳务派遣'的司法认定",《中国社会保障》,2008年第2期。

第四节 劳务派遣与人力资源相关概念的辨析

企业人力资源管理中用工方式的使用是多种多样的,劳务派遣只是其中的一种。目前在我国的人力资源市场上,主要的劳动用工模式是以劳动合同工为主,辅以劳务用工、非全日制用工,并且零星使用内退人员、返聘离退休职工等。其中,与劳务派遣一样涉及三方面劳动主体的人力资源使用方式主要有职业介绍、劳务承包、人力资源外包、企业借调等。这些用工方式虽然也涉及了三个方面的劳动主体,但是劳务派遣与这些用工方式之间有着根本的不同。

一、劳务派遣与职业介绍的区别

职业介绍是指职业介绍机构在接到招聘方(企业)和应聘方(求职者)的申请之后,在两者之间进行斡旋,最终使两者的雇佣与被雇佣关系成立的过程。与劳务派遣最大的不同是,职业介绍机构和求职者没有雇佣和被雇佣的关系,仅仅是通过斡旋让用人方和求职方的雇佣和被雇佣关系成立,两者的雇佣关系一旦成立,职业介绍机构的工作即宣告结束。

具体来说,劳务派遣是劳务派遣单位把所雇员工派遣到用人单位去,且该员工在用人单位内接受其生产指令、监督管理。从事劳务派遣业务的公司称为劳务派遣公司。在劳务派遣中,劳务派遣公司履行雇主的法定义务,直接支付被派遣劳动者的工资、福利和社会保险费用;而实际用工单位则是将这些费用转到派遣单位。

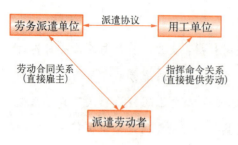

图 2-3 劳务派遣中三方的关系

因此,派遣公司与劳动者存在法定的劳动关系,而用人单位与劳动者只有使用和被使用的关系。三者的关系可以简单地用图2-3来表示。

就职业介绍而言,可分为公共(免费)职业介绍和有偿职业介绍。一般来说,政府部门从事的职业介绍活动为公共职业介绍,为劳动者提供免费服务;其他的职业介绍机构均为营利性的。职业介绍也涉及三方主体,分别是求职者、用人单位和职业介绍机构。职业介绍机构行为的本质是一种居间行为①。职业介绍机构和求职者之间的关系只是简单的介绍服务关系,而用人单位和劳动者之间则存在着法定的劳动关系。劳务派遣公司为用工单位和派遣员工提供的服务中,虽然也含有职业介绍部分,但是并没有随职业介绍行为终结而终止,其他劳动管理服务的比重大于职业介绍服务的比重。这是职业介绍与劳务派遣的区别之一,否则,劳务派遣机构就会回归到职业介绍中去。这也是在现实当中,登记型劳务派遣极易与职业介绍相混淆的重要原因之一。图2-4为职业介绍的三方关系示意图。

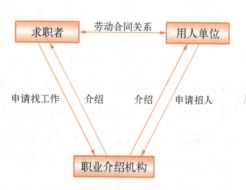

图 2-4 职业介绍三方关系示意图

总的来说,职业介绍作为一种居间行为,其与劳务派遣有以下区别:

(1) 职业介绍与劳务派遣最大的区别是,职业介绍所与劳动者之间没有建立劳动关系,劳动者是与用工单位建立劳动关系,职业介绍所只起到居间的作用;而在劳务派遣中,派遣机构与劳动者建立劳动关系,然后将劳动者派到用工单位从事劳动,劳动者与用工单位之间不存在形式上的劳动关系。

(2) 在劳务派遣关系中,劳动者自派遣机构受领提供劳务对价之工资;反之,于职业介绍关系中,除约定无偿外,劳动者须依约定给付居间报酬给职业介绍

---

① 所谓居间是指居间人向委托人报告订立合同的机会或者提供订立合同的媒介服务,委托人支付报酬的行为。

机构。

（3）在劳务派遣关系中，派遣机构与用工单位间成立劳务派遣合同，约定由派遣机构提供劳动力供用工单位使用，用工单位支付相应的报酬给派遣机构；反之，于职业介绍关系中，同样是劳动力的使用机构给付居间报酬给职业介绍机构。

（4）在劳务派遣关系中，用工单位不能将受派之劳动者再派遣出去（再派遣之禁止）；反之，于职业介绍关系中，使用单位可以是以从事派遣为业的机构，将职业介绍机构所中介的劳动者派遣出去，乃极其自然且不违法的。要强调的是，两者关于此点之差别，并非两者性质上之必然，而是立法上对再派遣之限制使然。

二、劳务派遣与劳务承包的区别

劳务承包合同是民事合同。根据民法原理，劳务承包合同是指劳务承包人与定作人相互约定，劳务承包人为定作人完成一定的工作，定作人待工作完成后给付劳务报酬的合同。劳务承包与劳务派遣最大的区别在于对劳动者的指挥命令权上。在劳务派遣关系中，派遣劳动者不具有独立性，其一般以用工单位的设备、技术为依托来进行工作，且在其履行劳务时必须听从用工单位的指挥命令。用工单位拥有从派遣单位受让来的指挥命令权。但是，在劳务承包关系中，劳务承包人的工作具有独立性，劳务承包人以自己拥有的设备、技术和劳动力完成主要工作，对其劳动者的指挥命令权仍保留在劳务承包人身上，不受定作人的指挥管理①。劳务承包人与自己所使用的劳动力是直接雇佣的关系。图 2-5 是劳务承包的三方关系示意图。

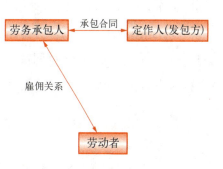

图 2-5　劳务承包三方关系示意图

总的来说，劳务派遣与劳务承包的差异体现在以下七个方面。

（1）出发点不同。劳务承包是从企业的生产经营战略出发而产生的劳务经济；而劳务派遣完全以满足企业的用工需求为出发点和立足点。

（2）劳务供给的主体不同。在劳务承包中，有关劳务之提供，在承揽契约时必

---

① 杨通轩，"台湾劳动派遣法立法之当议——机会与风险的平衡"，《万国法律》，2004 年第 138 期，第 41 页。

须全部由承揽人完成,实际履行劳务的劳动者其劳务供给对象是承揽人而非定作人;在劳务派遣中,用工单位根据企业的需要,组织派遣劳动者的工作,派遣机构供给派遣劳动者,派遣劳务供给对象是用工单位而非派遣机构。

(3) 指挥监督权不同。在劳务派遣中,被派遣劳动者在要派企业提供劳务,给付劳务时必须服从使用单位或其代理人之指挥监督,且指挥监督权范围包括每一工作的细节;相反的,在承揽合同时,对于履行劳务的劳动者的指示权由承揽人行使,劳动者只接受承揽人完成特定工作的指示,定作人要对劳动者进行指示须通过承揽人来进行。

(4) 从业资质要求不同。劳务承包一般是由具有承包资质的企业进行的,其具有承担相应的业务的资格,像建筑行业就是如此;而劳务派遣则没有特别的约定,只要符合《劳动合同法》关于劳务派遣的规定就可以。

(5) 风险承担责任不同。劳务承包人在定作人受领劳动成果前,负风险责任;在劳务派遣中,派遣机构只负责提供劳务派遣人员,不再承担产品及成果的风险责任,生产过程中的风险由用工单位承担。

(6) 报酬的计算和给付方式不同。劳务派遣协议以工作时数为基础,以被派遣劳动者工作的时数计算报酬,一般是按工资支付周期发放劳动报酬;劳务承包合同以工作成果来计算报酬,一般是在工作完成以后支付报酬。

(7) 适用的法律不同。劳务承包涉及的仅仅是企业和劳动者之间的法律关系,其适用的是民法中的《合同法》;而劳务派遣涉及的是劳务派遣单位、实际用工单位和劳动者三方之间的法律关系,其适用的是《劳动合同法》。

三、劳务派遣与人力资源外包的区别

在西方发达国家,人力资源外包已经发展成为一种比较成熟的管理模式。人力资源管理外包是指企业将人力资源管理的工作全部或部分委托给人力资源服务专业机构。美国经济学家玛丽·库克将人力资源外包定义为:"让第三方服务商或服务出售商连续提供人力资源活动管理服务,这种管理活动过去通常是由企业内部有关部门进行的。服务商将签订合约,管理某项特定人力资源活动,提供预定的服务并收取既定的服务费用。"

国外学者一般都用经济学或管理学理论来阐释人力资源外包的原因。这些理论可以分为劳动分工理论、核心竞争理论、比较优势理论、企业生态竞争理论、委托

代理理论、协同理论、战略管理理论等,但无论是用什么理论来分析,都是与社会分工的细化与专业化分不开的。我国一般将人力资源管理外包从外包的范围上来区分,可以分为完全人力资源外包和部分人力资源外包。完全人力资源外包是指企业将全部人力资源管理工作外包给专业的人力资源管理公司,包括员工招聘、培训、薪酬、绩效管理、法律事务以及日常员工管理工作等。部分人力资源外包是指企业将人力资源管理的部分业务或部分流程外包出去,以使企业的人力资源管理更加专业化。人力资源管理外包是人力资源管理领域进行专业化分工的一种新形式。从服务内容看,人力资源管理外包比劳务派遣广泛,与劳务派遣应是一种包含关系。人力资源外包不仅包含劳务派遣,而且还包括人事代理、管理咨询、员工培训、人员招聘、薪酬管理等。

四、劳务派遣与企业借调的区别

借调关系是指雇主将受雇人于一定期间内借调给他人雇主,在此期间受雇人接受其指示之法律关系,须得受雇人同意,通常见于关系企业[①]。与劳务派遣相似,借调关系也有三方当事人,即借出单位、借入单位和被借调的职工本人。一般是由借入和借出单位双方通过平等协商达成协议,双方单位签订借调合同,在征得劳动者本人同意的情况下在借入单位的指挥监督下从事劳动。被借调的职工与借入单位不建立劳动关系。借调合同一般适用于借入单位急需并且是临时性的情况,这种合同中一般由借入单位支付借调人员劳动报酬和福利待遇[②]。

在企业用工实务中,常常出现这样一种情况:A 企业将其员工在一定期间内,借调给 B 企业,在约定的期间内,该员工接受 B 企业指挥监督,进行劳动。同时,劳动关系仅存在于 A 企业与该员工之间,由 A 企业向该员工支付劳动报酬和福利待遇,该员工与 B 企业之间没有劳动关系。这种现象被称为借调。对企业间借调的法律关系,我国大陆研究尚少,在日本和我国台湾地区企业借调被称为在籍出向。对于在籍出向(借调)与劳动力派遣的区别,在实务上认为有以下三点:

(1) 劳动力派遣是为了满足企业发展有必要将特定的服务业或高度专门、技术性的业务予以外部化的实施者;反之,出向系出于其基本企业间之业务合作、人

---

① 黄越钦,《劳动法新论》,中国政法大学出版社,2003 年,第 87 页。
② 薛孝东,"劳动力派遣中的实务问题",载董保华主编,《劳动合同研究》,中国劳动社会保障出版社,2005 年。

事交流、研修、雇佣调整等目的的实施者。

（2）劳动力派遣的对象劳动者，通常都是没有意愿在特定企业里永续服务之人；反之，出向劳动者通常都是预定在特定企业里继续工作至退休之人。

（3）劳动力派遣大部分都是以派遣为主要业务之机构所为；反之，出向几乎没有所谓的出向业务机构。

基于以上三点劳动力派遣与出向之实质差异，派遣劳动力与出向在劳动条件内容及决定方法、劳动者管理方式上有所差异。

劳动力派遣的本质特征在于雇佣（招用）与使用的分离，用工单位对派遣劳动者有事实上的支配关系，派遣劳动者要听从用工单位的指挥监督，从事劳动。而在借调关系中，借调的员工在借入单位工作，也要遵从借入单位的指挥监督，从事劳动。可见，借调与劳动力派遣极具相似性，仅仅凭借以上三点差异要对借调与劳动力派遣进行区别仍有很多困难，而且这三点差异本身过于笼统，不够明确。日本的一些学者提出，视其有无营业之目的，作为区别在籍出向与派遣劳动的标准，亦即在籍出向（借调）是基于：

（1）调派劳动者至关系企业就业，以确保雇佣机会；

（2）经营指导、技术指导的交流；

（3）作为职业能力开发的一环；

（4）作为企业集团内人事交流的一环等。虽形式上反复为之，但经判断不以营利为目的则是在籍出向；反之，虽名义上称为在籍出向，但将自己雇佣的劳动者以营利为目的，反复继续地出向，基于该出向获得的利益，超越通常用工权行使的范围，应属派遣劳动。

综上所述，借调与劳务派遣的主要区别有以下五个方面：

（1）在相关人员方面，企业借调一般涉及相互间的业务合作、人事交流、学习研修等目的；而劳务派遣则主要涉及临时性、辅助性、替代性岗位或特定的服务业和高度专门及技术性的业务。

（2）在主营业务方面，企业借调的出借方一般都有自己所在的行业，并不以出借业务为主营业务；而劳务派遣单位的主业即人力资源的派遣。

（3）在使用频率方面，企业借调并非经常性行为；而劳务派遣则以派遣劳动者为其经营的常态。

（4）在专业机构方面，企业借调通常只以企业双方共同意愿为基础，没有所谓的专门从事借调业务的机构;而劳务派遣则以派遣公司为其业务运作的前提。

（5）在是否营利上,企业借调通常均是基于人员互动或调剂,不以获取经济利益为目的;而劳务派遣则以派遣营利为基本目标。

《关于贯彻执行〈中华人民共和国劳动法〉若干问题的意见》第14条规定,派出到合资、参股单位的职工如果与原单位仍保持着劳动关系,应当与原单位签订劳动合同,原单位可就劳动合同的有关内容在与合资、参股单位订立劳务合同时,明确职工的工资、保险、福利、休假等有关待遇。这是我国最高劳动保障行政部门颁布的政策文件中唯一一次提到劳务合同,实际上就是典型的最狭义的劳务合同,劳务合同（派出单位与派出单位的合资、参股单位之间）与劳动合同（派出单位与派出到派出单位的合资、参股单位的劳动者）并存,法律关系一目了然,只不过没有引起人们足够的重视而已。

五、劳务派遣与人事代理的区别

人事代理（Personnel Agency）有狭义、广义之分。狭义的人事代理是政府主管部门所核定的人才服务机构,运用社会化服务方式,接受用人单位或个人的委托,为其提供系列的人事管理服务。人事代理既负责保管人事关系档案,办理转正定级,考评技术职称,调整档案工资,核定工龄,认证身份,考研、出国（境）政审,接转党团组织关系,也负责办理养老保险、五大毕业生录（聘）用手续,接纳家庭生活基础不在市区的大中专毕业生落户。人事代理是我国人事制度改革的产物,人事部最早于1995年开始推行,主要是为了降低用人单位的人力资源成本。简单来说就是将"单位人"变成"社会人",实现人事关系管理与人员使用相分离,用人单位只管使用人,而将与人事相关的管理工作,如档案管理、职称评定、社会保险等委托给合法设立的人才中介机构处理。人事代理首先是在高校以及事业单位和没有人事权的外资企业中推行,随后慢慢地扩展到国有企业和其他单位。

自1995年以来,虽然在国家层面没有制定统一的人事代理法律或者行政法规,但是各地为了规范人事代理这一制度,陆续制定了一些地方法规和规章,主要有《北京市人事代理暂行规定》、《黑龙江省人事代理规定》、《哈尔滨事业单位人事代理暂行办法》、《湖北省人事代理暂行办法》、《江苏省人事代理暂行办法》等。在这些地方规章中,对人事代理作出了大体相同或相似的定义,即人事代理是指依法经批准成立的人事代理服务机构,在规定的业务范围内,接受单位或者个人的委

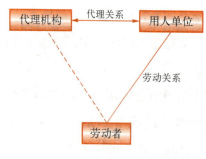

图2-6 人事代理三方关系示意图

托,依法代理有关人事管理、服务工作。从对人事代理的定义中可以看出,人事代理实质上是一个民事代理合同,人事代理的双方为依法成立的人事代理机构和用人单位或者个人,当事人双方并不存在行政隶属关系而是平等的民事法律关系。图2-6是人事代理的三方关系示意图。

劳务派遣与狭义上的人事代理从表面上来看都涉及劳动者、用人单位及这两者之外的第三方,而且劳务派遣单位和人事代理机构都需要给劳动者缴纳社会保险费等,在很多方面有一定的相似性,但实质上这是两种性质完全不同的制度,其具体的区别有如下五个方面。

(1) 劳动者与人事代理中介机构或者劳务派遣单位的法律关系不同。在劳务派遣法律关系中,劳动者与派遣单位之间是劳动关系,他们订立劳动合同,受劳动法的调整和规范;而在人事代理关系中,劳动者与人事代理中介机构之间的关系则要具体分析。在劳动者委托进行人事代理的情况下,两者是委托和受托的关系,受合同法等民事法律规范的调整;在用人单位委托进行人事代理的情况下,劳动者与人事代理中介机构之间并不存在法律关系。

(2) 劳动者与实际用人单位的关系不同。在人事代理关系中,劳动者与实际用人单位之间是劳动法上规定的劳动关系,用人单位负有劳动法规定的义务;而在劳务派遣中,劳动者与实际用人单位之间则没有形式上的劳动关系,实际用人单位对劳动者的管理和使用权是基于其与劳务派遣单位的劳务派遣合同以及劳务派遣单位与被派遣劳动者的劳动合同。

(3) 两者所适用的法律规范不同,劳务派遣受劳动法以及相关劳动法律规范的调整;而人事代理则是受民事法律规范的调整,两者分别受不同的法律部门调整。

(4) 两者提供的服务内容不同。劳务派遣是以派遣单位与劳动者之间的劳动合同为基础,其内容是劳动法上规定的权利和义务;人事代理的内容则是委托方与受托方在相关法律规章规定下由双方协商确定。一些地方的政府规章对人事代理的项目都作了明确的规定,如《北京市人事代理暂行规定》中规定:"经许可的人才市场中介服务机构可分别开展以下人事代理项目:① 代理人事政策咨询与人事规划；②代理人才招聘、人才素质测评和组织人才培训；③代办人才招聘启事的审批事宜；④按照国家有关规定，代理人事档案管理；⑤依据国家有关规定，代理用人单位办理接受高校应届毕业生有关人事手续；⑥经国家和本市有关部门批准，代办社会保险；⑦经国家和本市有关部门批准，代办住房公积金；⑧代办聘用合同鉴证；⑨代理当事人参加人才流动争议仲裁事宜；⑩其他人事管理事项。"其他地方规章也作出了类似的规定。

（5）实际用人单位所承担的义务和责任不同。在人事代理关系下，实际用人单位是劳动法上劳动关系的用人单位主体，不仅负有对劳动者的管理使用权，而且负有劳动法上规定的义务；而在劳务派遣关系下，劳动法上规定的用人单位的义务是由派遣单位来承担的，实际用工单位所承担的义务是基于其与派遣单位之间的劳务派遣合同和《劳动合同法》来确定的，是一种连带责任。

综上所述，人事代理与劳务派遣是两种完全不同的制度，我们不能因为其具有一定的相似性而否认两者的区别，如果把劳务派遣当作人事代理而进行调整势必侵害劳动者的合法权益。

广义人事代理与人力资源服务或人力资源管理外包是同义词，全方位的人事代理服务包括人事政策咨询、人事档案管理、人事派遣、办理户口关系、办理录用（退工）手续以及社会保险等。例如，北京市人事代理不仅包括代理五项社会保险及住房公积金缴纳、转移、支取，人事档案，北京工作居住证，人才引进等事务，还包括劳动争议仲裁事务。可见，广义人事代理与劳务派遣是包含关系，既包括劳务派遣，也包括其他服务。

六、劳务派遣与业务外包的区别

业务外包（Outsourcing），指企业为了适应环境的需要，获得比单纯利用内部资源更多的竞争优势，将本该由自己完成的业务通过签订合同的形式，转为由外部供应商提供的一种经营战略。业务外包是近几年发展起来的一种新的经营策略，其实质是企业重新定位，重新配置企业的各种资源，将资源集中于最能反映企业相对优势的领域，塑造和发挥企业自己独特的、难以被其他企业模仿或替代的核心业务，构筑自己的竞争优势，获得使企业持续发展的能力。劳动密集型业务外包，主要是指外包的业务是劳动密集型业务，这种外包活动主要出现在生产制造业。

劳务派遣与业务外包都是由非企业内部人员完成企业工作任务的生产活动过

程,但是两者也有一定的区别:(1)劳务派遣是企业为了满足其用工需求而采用的用工方式;业务外包是企业为了完成经营战略,最大化内部资源而选择的经营战略。(2)劳务派遣合同属于劳动合同的一种;而业务外包合同属于民事承包合同的一种。(3)员工管理关系不同。劳务派遣中,劳动者与用工单位虽然不存在劳动关系,但由用工单位管理,要遵守用工单位的规章制度;而在业务外包中,劳动者由承包公司自行管理,各项工作制度和用人制度也由承包公司自行制定。(4)法律关系不同。业务外包适用于民法中的《合同法》,主要是发包方和承包方的法律关系;而劳务派遣适用于《劳动法》和《劳动合同法》,是劳务派遣单位、实际用工单位和劳动者三方之间的法律关系。

企业在实施业务外包时,应该注意以下四个方面,以确保外包工作的顺利实施、企业资源的合理使用和企业利益的最大化。

1. 准确界定外包业务

企业在决定实施业务外包之前,要准确选择需要外包的业务。这些业务应该是不利于公司内部完成、非核心的、现有的公司资源不能很好完成的、适合组织发展战略的。

2. 选择合适的外包服务商

合适的外包服务商是实施外包的良好保障。具有外包服务资质,并且信誉良好的公司是首选的外包服务商。在此过程中,首先应该圈定备选名单,然后由相应备选公司出具外包实施方案、计划书或者标书等,并根据企业的业务要求和发展需要,对各公司的资料进行评价和筛选,最终选择合适的外包服务商。

3. 建立完善的外包服务管理体系

实施外包工作并不是指签约以后就结束了,而要在签约以后,成立相应的管理机构和评估机构。一方面要对外包业务的实施进行有效管理;另一方面要对外包实施过程和实施成果进行有效评估以保证外包业务的顺利完成,并要总结经验,对其后的外包工作进行有效指导。

4. 强化外包服务意识,提升组织认同程度

业务外包是企业为达成经营战略所选择的经营方式,这种经营方式势必使原来由企业内部进行的工作转到外部,员工很可能产生误解。此时,应该将业务外包的原因等情况及时传达给员工,让全体员工能够理解公司的经营战略,以此提升对业务外包的认同程度。

本 章 小 结

本章通过论述劳务派遣的概念、特征以及相关的劳务派遣分类等,介绍了劳务派遣的理论基础。而且,对劳务派遣与其他相关的人力资源概念进行比较,厘清了劳务派遣作为特殊的三方劳动关系的运行特点。在此基础上,我们对于劳务派遣是如何产生并发展的,我国劳务派遣的情况如何,各个国家和地区的相关经验是否对我国有借鉴意义等还需要作进一步的了解。

本 章 复 习 题

1. 什么是劳务派遣？它的特征是什么？
2. 劳务派遣可以分为几种类别？
3. 请结合现实谈一谈劳务派遣与人事外包的异同。

讨 论 案 例

谁来对被派遣劳动者负责？

周某为惠民县某劳务合作公司(以下简称"劳务合作公司")于2000年3月15日派往天津经济技术开发区某电子公司(以下简称"电子公司")的农民工,双方没有签订劳动合同,电子公司也一直没有为其缴纳养老保险金。2004年5月份,电子公司向劳务合作公司提出,要求周某以劳务派遣的形式在电子公司工作,劳务合作公司同意了电子公司的要求,并于5月19日与周某签订了劳动合同书,期限一年。合同约定,周某系劳务合作公司员工,派遣到电子公司工作,与劳务合作公司存在劳动关系。劳务合作公司与电子公司系毫无合作关系,电子公司不承担周某的社会保险等义务。同时约定,因履行该合同发生的纠纷,由惠民县劳动争议仲裁机构处理。合同到期后,劳务合作公司与周某既没有续订合同也没有办理终止手续,周某继续在电子公司工作,直到2005年9月份。2005年10月1日,周某突然向电子公司提出要为其缴纳2003年3月至2005年9月的社会保险,并提出终止劳动关系的要求。而且,周某认为由于自已是被迫终止劳动关系,电子公司还应支付其6个月的工资作为经济补偿,并表示电子公司如不履行上述义务,就会到电子公司所在地的劳动仲裁部门申诉。电子公司随即派人与劳务合作公司取得联系,协商该案的处理。

劳务合作公司就周某提出的要求,咨询了惠民县劳动争议仲裁机构。当地仲裁机构认为,要确定周某要求的社会保险费和经济补偿金的问题,应该首先明确劳务合作公司与周某的劳动合同到期后周某的劳动关系归属问题。

对此仲裁机构委员会有两种不同的意见。一种意见认为,周某与电子公司之间存在着劳动关系。理由是周某于2000年3月到电子公司工作,双方虽然没有签订劳动合同,但是存在事实上的劳动关系。劳务合作公司虽然于2004年5月19日与周某签订了劳动合同书,明确周某是劳务合作公司的员工,但是2005年5月18日该合同到期后,双方没有办理续订手续,在法理上周某与劳务合作公司的劳动关系则即行终止。因为周某继续在电子公司工作,双方实际上又形成了事实上的劳动关系,因此电子公司应该成为义务主体。另一种意见认为,周某与劳务合作公司存在劳动关系。理由是劳务合作公司与周某签订劳动合同后,即确定了周某与劳务合作公司的劳动关系,虽然周某在电子公司工作,但是属于一种"有关系无劳动"的派遣性质,且该合同到期后没有办理终止手续。根据现行有关法律规定,周某与劳务合作公司之间仍然存在事实的劳动关系。而且该合同约定,电子公司不承担周某的社会保险等义务,因此此义务的主体应该是劳务合作公司,而不是电子公司。

惠民县劳动争议仲裁委员会采纳了第二种意见,并受理此案,确定劳务合作公司为此案的当事人。经过审理,因劳务合作公司与周某在2004年5月19日签订了劳动合同,确立劳动关系,所以劳务合作公司只应该承担周某2004年5月至2005年9月之间的社会保险,并支付周某2个月的工资作为经济补偿,自此双方的劳动关系终止。周某所请求的2000年3月至2004年4月的社会保险及其间的经济补偿,超出了仲裁时效,且不属于惠民县劳动争议仲裁委管辖,因此不予受理。

本案最终达成调解意见,周某部分胜诉。

资料来源:高德建,"一起劳务派遣案的处理",《山东劳动保障》,2006年第1期。

请分组就以下问题展开头脑风暴：

1. 谁该对周某负责？案例中的劳务派遣模式属于何种类别？
2. 周某提出的申请是否正当？劳动争议仲裁委员会作出的判决是否合理？
3. 结合案例谈一谈现实中劳务派遣可能引发的劳动争议。

第三章 劳务派遣法律关系

 **本章要点**

通过对本章内容的学习,你应了解和掌握如下问题:
- 劳务派遣法律关系的主体是什么?
- 劳务派遣各方之间的权利与义务有哪些?
- 被派遣劳动者的资格怎样确定?

 **导读案例**

劳务派遣和人事代理的区分和解决

【案例一】

张某是上海某工业大学2002届的高职毕业生,毕业后通过应聘进入了某银行上海分行工作,同其他进入该银行的同学不一样的是,他并不是同该银行签订劳动合同,而是同某人才中介公司签订劳动合同,作为该公司的派出人员在该银行上海分行工作。由该人才中介公司负责管理张某的人事档案,缴纳医疗、养老等社会统筹费用,并协调确定工资报酬。许多业内人士将这种新型的就业方式称为"人事代理"。

【案例二】

小刘是北京某大学2003届的应届毕业生,毕业后通过应聘进入了北京某大型国企工作,并同企业签订了三方协议。进入该企业并同企业签订劳动合同之后发现,单位竟将自己的档案关系、人事关系等交由当地的人才交流中心进行管理,自己的医疗、养老等社会统筹费用也是由该人才交流中心代为缴纳。小刘对此有一种上当受骗的感觉,认为人才交流中心在未经自己许可的情况下将档案委托其他机构进行管理是不符合法律规定的,因此,小刘特向法律专家咨询。

以上两个案例反映了我国目前就业市场上存在的两项新的制度——人事代理和劳务派遣。

【专家支招】

对于上述两个案例,我们可以很容易地得出结论:第一个案例中的张某、某人才中介公司以及某银行上海分行之间其实是劳务派遣关系,并不是某些人所谓的"人事代理"。第二个案例中的小刘、工作单位以及人才交流中心的关系其实是人事代理。

由于在"人事代理"和"劳务派遣"两种关系下,用人单位对劳动者所承担的责任并不相同,再加上现在大学生就业压力越来越大,有些用人单位在招聘之后,对大学生假借"人事代理"的名义,诱骗大学生必须先同人才中介公司签订劳动合同,然后许诺经过多少年或者在满足某种条件之下再同大学生签订正式的劳动合同,成为用人单位的正式员工,但是用人单位并不同劳动者签订任何的协议。在大学生辛辛苦苦工作并满足了可以同实际用人单位签订劳动合同之时,却被人才中介公司解除劳动合同。

因此,大学生在毕业签订三方协议之时,一定要注意是不是同招聘单位签订。如果不是同招聘单位而是同其他所谓的人才中介公司签订三方协议,那么很可能就是招聘单位同该人才中介公司达成协议,希望通过劳务派遣的形式来达到目的。因为,如果用人单位同人事代理机构存在人事代理关系,用人单位完全可以通过其与人事代理机构之间的协议,将大学生的档案、户口等人事关系转移至该人事代理机构。

涉世未深的大学生一定要擦亮自己的眼睛,明辨"人事代理"同"劳务派遣"的区别,以保护自己合法的权利和义务。由于"人事代理"和"劳务派遣"对人才中介公司的要求不一样,所承担的责任也不同,所以在实践中,有些人才中介公司却故意打着"人事代理"的旗帜从事"劳务派遣"业务,故意混淆两者的界限,侵害劳动者的利益。

资料来源:中国人力资源开发网,http://www.chinahrd.net/。

第一节 劳务派遣法律关系

劳务派遣关系,就是劳动力所有者(劳动者)与劳务派遣单位(法律上的用人单位)以及实际用工单位之间,为实现劳动过程而发生的社会关系。劳务派遣关系是劳动关系的一种特殊表现形式。劳务派遣关系经过法律规范调整,就形成为法律上的权利义务关系,即劳务派遣法律关系。

一、劳务派遣法律关系的概念

在现代市场经济中,劳动关系的一般特征主要表现在以下五个方面。

(1) 它的当事人一方固定为劳动力所有者和支出者,称为劳动者;另一方固定为生产资料占有者和劳动力使用者,称为用人单位(或雇主)。其中,劳动者在劳动过程中及其前后都是劳动力所有者,并且在劳动过程中还是劳动力支出者;用人单位以占有生产资料即劳动力吸收器,作为其成为劳动力使用者的必要条件。

(2) 它的内容以劳动力所有权与使用权相分离为核心。在劳动关系中,劳动力所有权以依法能够自由支配劳动力并且获得劳动力再生产保障为基本标志;劳动力使用权则只限于依法将劳动力用于同生产资料相结合。一方面,劳动者将其劳动力使用权让渡给用人单位,由用人单位对劳动力进行分配和安排,以同其生产资料相结合;另一方面,劳动者仍然享有劳动力所有权,用人单位在使用劳动力的过程中应当为劳动者提供保障劳动力再生产所需要的时间、物质、技术、学习等方面的条件,不得损害劳动力本身及其再生产机制,也不得侵犯劳动者转让劳动力使用权的自由和在劳动力被合法使用之外支配劳动力的自由。

(3) 它是人身关系属性和财产关系属性结合的社会关系。由于劳动力的存在和支出与劳动者人身不可须臾分离,劳动者向用人单位提供劳动力,实际上就是劳动者将其人身在一定限度内交给用人单位,因而劳动关系就其本来意义说是一种人身关系。由于劳动者是以让渡劳动力使用权来换取生活资料,用人单位要向劳动者支付工资等项物质待遇,这是一种通行着商品等价物交换原则的等量劳动相交换。就此意义而言,劳动关系又同时是一种财产关系。

(4) 它是平等性质与不平等性质兼有的社会关系。劳动者与用人单位之间通过相互选择和平等协商,以合同形式确立劳动关系,并可以通过协议来延续、变更、中止、终止劳动关系。这表明劳动关系是一种平等关系,即平等主体间的合同关系。然而,劳动关系当事人双方在劳动力市场上处于实质不平等状态,即劳动者处于弱者地位;并且,劳动关系一经缔结,劳动者就成为用人单位的职工,用人单位就成为劳动力的支配者和劳动者的管理者和指挥者,这使得劳动关系又具有隶属性质,即成为一种隶属主体间的以指挥和服从为特征的管理关系。

(5) 它是对抗性质与非对抗性质兼有的社会关系。劳动者与用人单位在利益目标上存在冲突,前者追求工资福利最大化,后者追求利润最大化,这在一定意义上是成本与利润的矛盾。因而,双方之间的对抗性非常明显,这种对抗性在一定条件下还会酿成社会危机。但是,双方之间也是一种利益伙伴关系,彼此利益处于相互依存的共生状态,甚至有的利益目标,如劳动者的就业保障目标与用人单位的发展目标之间,具有相对一致性。在劳动关系中,对抗性与非对抗性处于此消彼长的不断变动状态,对抗性表明协调劳动关系的必要性,非对抗性表明协调劳动关系的可行性。上述特征表明,劳动关系呈现出双重属性(如人身性与财产性、平等性与不平等性、对抗性与非对抗性)相融合的现象,各种属性都有各自不同的法律需求。因而,应当研究不同法律需求之间的对立统一关系,进而研究劳动法满足各种法律需求的结构性问题,特别是劳动法满足劳动关系的结构性法律需求的对策。

劳务派遣,是指依法设立的劳务派遣单位出于营利之目的,依据与用工单位签订的劳务派遣协议,将与之建立劳动关系的劳动者派往用工单位工作的一种特殊的劳动用工方式。劳务派遣关系作为劳动关系的一种特殊表现形式,除了具有劳动关系的一般特点外,还有自己独有的特点。其特点主要表现在它的当事人为三方,而不是标准劳动关系的两方结构。也就是说,一方固定为劳动力所有者和支出者,称为劳动者;另一方除了名义上或法定意义上的用人单位(或雇主)外,还有实际上的用工单位。其劳动过程的实现不是在用人单位完成的,而是转了一道程序,由用人单位在征得劳动者同意的情况下派往用工单位工作,在用工单位实现和完成劳动力的支付。因此,劳务派遣关系比传统的劳动关系更为复杂。

劳务派遣法律关系就是劳动法调整劳务派遣关系所形成的权利义务关系,是被派遣劳动者、派遣单位、用工单位之间,依据劳动法律规范所形成的实现劳动过程的权利义务关系。它同民事法律关系一样,属于意志关系的范畴。首先,表现在劳务派遣法律关系是符合法定模式的劳动关系,是按照劳动法律法规的具体要求而形成的。劳动法律法规对劳务派遣关系的调整,是以法律规范的形式对客观存在的劳务派遣关系作出抽象的、原则的规定,使劳务派遣关系形成固定的模式,并以国家强制力的形式对这种模式的运行予以保障,将这种模式以外的其他行为或事实排除在外。只有符合这种模式的劳务派遣关系才会形成劳务派遣法律关系。因此,劳务派遣法律关系体现了国家的强制力,也就体现了国家意志。其次,劳务派遣法律关系是当事人协商的结果,其运行过程由当事人的行为构成,体现了当事人意思自治的原则,表达了当事人的共同意志。

二、劳务派遣法律关系的构成要素

(一)劳务派遣法律关系的主体

劳务派遣法律关系的主体,是依据劳动法律规范参与劳务派遣法律关系,并享有权利和承担义务的当事人。劳务派遣法律关系主体包括三方当事人:一方是被派遣劳动者;一方是派遣单位,即法律上的用人单位;第三方是通过派遣协议与派遣单位联系在一起,在法律上承担对被派遣劳动者连带责任的实际用工单位,也就是我们所说的连带责任主体。也有的学者将劳务派遣法律关系的主体分为两方:一方是派遣劳动者,另一方为派遣单位和用工单位,派遣单位和用工单位是两个层次的用人单位[①]。也有学者认为,劳务派遣单位和用工单位是"联合雇主"[②],共同作为用人单位一方,共同行使用人单位的权利,承担用人单位的义务。无论学者们用何种理论来阐释劳务派遣法律关系的主体,都试图将劳务派遣法律关系纳入传统的劳动法律关系的结构。也就是说,纳入传统的"劳—资"的双方结构:它的当事人一方固定为劳动力所有者和支出者,另一方固定为生产资料占有者和劳动力使用者[③]。

这些理论和论述虽然在一定程度上说明了劳务派遣法律关系主体之间的关系,但还不能完全满足现实劳务派遣法律关系的主体的需要。劳务派遣法律关系应明确地划分为三方主体,即被派遣劳动者、派遣单位和用工单位。被派遣劳动者作为劳动者一方,既享有对派遣单位的权利,也享有对用工单位的权利,同时也必须履行相应的义务。派遣单位作为法律上的用人单位,则享有用人单位的全部权

[①] 王全兴、侯玲玲,"劳动关系双层运行的法律思考",《中国劳动》,2004年第4期。
[②] 董保华,《劳动力派遣》,中国劳动社会保障出版社,2007年。
[③] 王全兴,《劳动法》(第三版),法律出版社,2008年。

利,履行用人单位的全部义务。用工单位作为用工及连带责任主体,除了享有劳务派遣协议让渡的对派遣劳动者的部分用人单位的管理和使用权利外,还要履行法律规定和劳务派遣合同约定的对被派遣劳动者应当履行的义务。

(二)劳务派遣法律关系的内容

劳务派遣法律关系的内容是指被派遣劳动者、派遣单位、用工单位之间的相互权利和义务。由劳动法律规范、集体合同、劳动合同围绕派遣劳动者与生产资料相结合而具体规定。劳务派遣中雇佣与使用相分离,雇佣中强调的是劳务派遣法律关系的主体特点,使用中强调的是劳务派遣法律关系的内容特点。派遣单位承担的是与劳动合同订立、终止、解除相联系的权利义务,如合法招聘、社会保险、劳动报酬、解除合同的经济补偿金等,即派遣机构承担与劳动力雇佣相联系的义务。被派遣劳动者由劳务派遣单位长期(两年以上)雇佣,享受劳务派遣单位的一切福利待遇。当用工单位需要用人时,再将其派遣到用工单位工作。这样,即便派遣工与派遣机构签订了劳动合同之后,并没有被派到用工单位去劳动,派遣机构依然拥有对派遣工的控制权,可以对派遣工进行雇佣、解雇、分配劳动任务、支付工资待遇等各项管理工作,承担雇主责任。因此,在劳务派遣中,劳务派遣单位能够雇佣、管理、指挥派遣工,在具体派遣事务方面也是由派遣机构决定,包括给派遣工支付工资和福利待遇等,在劳务派遣单位与被派遣劳动者之间体现出管理和服从的劳动关系的本质特征。用工单位承担与被派遣劳动者使用相联系的义务,由于劳动力使用发生在与劳动力市场不联系的生产过程,即劳动者需要出卖劳动力给用工单位,用工单位此时需要消耗劳动者的劳动力,从而强调的是劳动关系中的隶属性与人身性,因此劳务派遣法律关系中与人身关系联系较为紧密的内容应该分配给用工单位,如遵守纪律、劳动保护、工作时间、竞业限制等。

(三)劳务派遣法律关系的客体

劳务派遣法律关系的客体是指派遣劳动者、派遣单位和用工单位的权利义务所共同指向的对象。在劳务派遣法律关系中,客体作为权利义务的承载体,实际体现了三方当事人的权利与义务。同时,劳务派遣法律关系的客体作为劳务派遣三方当事人所支配的共同对象和标的,是当事人之间相互权利义务关系的媒介和连接点,贯穿于劳务派遣法律关系的始终,是劳务派遣法律关系产生和存在的基础。

劳务派遣法律关系的客体,在实践中主要体现为派遣劳动者在与生产资料相结合过程中的劳动行为。劳动行为是劳动者行使劳动力的具体表现形式。在劳务派遣法律关系中,派遣劳动者的劳动行为具体表现为在派遣单位和用工单位的规章制度下,依据派遣单位主要是用工单位的管理和指令,完成一定的工作。它在劳务派遣法律关系存续期间连续存在于劳动过程之中。从劳务派遣法律关系的构成要素之间的关系来看,劳动行为的形式、数量和质量都具有重要的法律意义。就劳动行为的形式来说,根据劳务派遣法律规范的要求和劳动合同的约定,赋予派遣单位和用工单位管理和指挥劳动者的权利,要求劳动者服从管理和指挥,遵守劳动规则,并同时要求派遣单位和用工单位提供合法的劳动条件的具体义务,与劳动行为的形式相适应;劳动行为的数量,不仅是确定劳动报酬的法定依据,而且是表明劳动任务完成的主要的法定指标;劳动行为的质量,是对劳动者职业技能、劳动规则严密程度、劳动报酬分配标准等方面所提出的要求,是确定劳动者价值的重要指标。劳动行为直接体现了劳务派遣法律关系的内容。

第二节 劳务派遣法律关系的主体

一、劳务派遣单位

劳务派遣单位是与被派遣劳动者建立劳动关系,并将其派往用工单位工作的营利性组织。在传统的劳动法律关系中,用人单位是使用劳动力的主体,而劳务派遣单位以用人单位的名义与劳动者订立劳动合同,但不使用被派遣劳动者的劳动力。被派遣劳动者的劳动力的使用是由与派遣单位紧密联系的用工单位来实施。鉴于这种三角结构容易使派遣劳动者的权益受到侵害,因此法律规定劳务派遣单位以特殊的要求。只有符合法定要求的用人单位才能成为劳务派遣单位。

(一)劳务派遣单位设立必须符合法定要求

《劳动合同法》第五十七条规定,劳务派遣单位应当依照《公司法》的有关规定设立,注册资本不得少于50万元。明确了劳务派遣单位设立的特别规定,即劳务派遣单位的设立除了满足《公司法》关于企业法人设立的基本条件外,还须符合特别规定,即注册资本不得少于50万元。

劳务派遣的社会风险很大,在整个劳务派遣过程中劳务派遣机构是劳务派遣的主体,派遣机构的实力和信誉对劳务派遣的秩序和效果至关重要,而且,派遣机构是法定雇主,必须负担全部的法律责任,必要时还要和要派公司厘清事件发生的原因,索取赔偿,同时也有可能还要承担连带责任,这都要求派遣机构具备相当的财力和实力。因此,应当对派遣机构的资格实行较之一般企业法人更严格的管理。规定50万元的注册资金可以提高派遣机构的设立门槛,一定程度上把不具备实力的企业排除在外,这样才能更好地保障劳动者的利益。

当然,为了从根本上杜绝劳务派遣单位推卸其雇主责任或者无力承担雇主责任的现象,在一些国家还规定了更加严格的资格要求,包括须取得劳务派遣许可证、具有一定数量的专业技能达到一定等级的从业人员、有健全的管理制度、有不低于法定数额的风险担保金等,这样可以更好地规范劳务派遣市场,更好地保护派遣工权益。除了注册资本之外,我国《劳动合同法》未作其他特别要求。

虽然《劳动合同法》取消了劳务派遣机构设立的行政许可,但是,有许多地方性法规还是规定,劳务派遣机构的创办也必须办理行政许可。例如,《北京市人民政府〈关于印发本市实施的国家设定的行政许可事项目录〉的通知》(京政法制秘字[2004]26号)中提出,本市对从事劳务派遣活动的职业介绍机构实施行政许可制度管理。此外,许多地区还对劳务派遣机构从业许可作了进一步的规定,例如,湖南省2006年10月25日颁布实施的《关于进一步规范劳务派遣机构从业许可行为的通知》中提出了对劳务派遣机构许可的几个具体问题的要求,并且,还进一步加强对劳务派遣机构的监督检查力度。要将劳务派遣机构纳入劳动保障监察范围,加强对劳务派遣机构的日常监督检查;监督检查按照"谁许可谁监督"的原则进行。要加强对劳务派遣机构注册资本的动态监督。在监督检查中,强调必须由劳务派遣机构提供注册资本在账的银行凭证,侧重监督劳务派遣机构是否转移注册资本,一经发现注册资本被转移,就吊销劳务派遣许可证。出现禁止性行为或几次诚信污点的劳务派遣机构,被注销劳务派遣许可证后,其法定代表人或者主要负责人在10年内不得申请重新开办劳务派遣机构。

(二)禁止自设派遣单位

《劳动合同法》第六十七条规定:"用人单位不得设立劳务派遣单位向本单位或者所属单位派遣劳动者。"这是明确禁止用人单位自设劳务派遣单位自行派遣。主要针对的是,一些用人单位为了降低用工成本,规避用人风险,自行设立劳务派遣公司,或者将内设的劳动管理机构挂上劳务派遣公司的牌子,将招用的员工以劳务派遣公司的名义派遣到本单位或者所属单位;更有甚者,一些用人单位将本单位原本正常用工的劳动者，强行分流到本单位设立的劳务派遣公司，而这些所谓的劳务派遣公司就是本单位的三产企业，很多劳动者在面临下岗失业的威胁或转化为"派遣工"之间，不得已选择了后者。特别是一些国有大中型企业成立自己的劳务派遣公司，专门为母公司或其他子公司提供被派遣劳动者。这些企业集团内或者所属系统内的相互派遣，使一个完整的劳动关系分割开来，将正常的用工转化为复杂的劳务派遣关系。特别是在这种情形下，派遣单位受用工单位的控制，更容易导致两者合谋向被派遣劳动者转嫁用工成本和风险，进一步加剧了劳务派遣行业的混乱和无序，既给劳动者权益维护带来了不利影响，也给劳务派遣的发展造成了不利影响。因此，《劳动合同法》明确规定，用人单位不得自行设立劳务派遣单位向本单位或者所属单位派遣劳动者。

为了进一步明确《劳动合同法》关于禁止自设派遣的规定，《劳动合同法实施条例》作了更具体的细化规定。

(1) 明确规定"用人单位或者其所属单位"不得设立劳务派遣单位。关于所属单位，从形式上一般可以理解为用人单位的分支机构或者下属单位，包括：① 企业集团公司的下属子公司、分公司等；② 国家机关、事业单位、社会团体的直属单位、分支机构或者代表机构；③ 律师事务所、会计师事务所等其他组织设立的分支机构，等等。从判断标准上看，这些所属单位虽然具有独立(或者相对独立)的法律人格，但用人单位对其有资本上的控制(如股权控制)，或者是实际管理上的控制(如人事控制或者财务控制)，因而用人单位能够实际上控制或者影响其所属单位的行为。在实践中，有意见提出，对"所属单位"应当根据财政部1997年颁布的《企业会计准则——关联方关系及其交易的披露》中关于关联方关系的认定标准进行认定，包括直接或者间接地控制其他企业或者受其他企业控制，以及同受某一企业控制的两个或者多个企业(如母公司、子公司、受同一母公司控制的子公司之间)；合营企业；联营企业；主要投资者个人、关键管理人员或者与其关系密切的家庭成员；受主要投资者个人、关键管理人员或者与其关系密切的家庭成员直接控制的其他企业，等等。也有意见提出，可以参照《公司法》中的实际控制人概念(即指虽不是公司的股东，但通过投资关系、协议或者其他安排，能够实际支配公司行为的人)进行认定，严格禁止用人单位与劳务派遣单位存在任何关联关系，防止损害劳动者利益。

(2) 进一步明确了"自行设立"的具体方式，主要包括出资或者合伙方式设立劳务派遣单位。

- 关于"出资"的理解，按照《公司法》第二十七条的规定主要有下列方式："股东可以用货币出资，也可以用实物、知识产权、土地使用权等可以用货币估价并可以依法转让的非货币财产作价出资；但是，法律、行政法规规定不得作为出资的财产除外。"这体现了法律对股东出资形式作出开放性的规定。具体来说，主要分为以下几种基本形式：① 货币出资，即现金出资。这是指股份认购人直接以法定货币单位出资以换取将成立的公司或已成立的公司股份的一种出资形式。② 现物出资。这是指公司设立时的发起人或新股发行时的新股认股人向公司支付金钱以外的可以转让的财产，并以此作为对价换取该公司股权的出资方式，包括两种：一是物权出资，即出资人以自己享有的属于物权性质的财产进行的出资。既有自物权出资，又有他物权出资，包括实物、土地使用权、采矿权等出资；二是无形财产权出资，即出资人以自己享有的无形财产进行的出资，包括著作权（版权）、商标权、专利权、商誉权、商号权、特许经营许可权等出资。

- 关于"合伙"的理解，按照《合伙企业法》第十六条的规定主要是指："合伙人可以用货币、实物、知识产权、土地使用权或者其他财产权利出资，也可以用劳务出资。合伙人以实物、知识产权、土地使用权或者其他财产权利出资，需要评估作价的，可以由全体合伙人协商确定，也可以由全体合伙人委托法定评估机构评估。合伙人以劳务出资的，其评估办法由全体合伙人协商确定，并在合伙协议中载明。"用人单位及其所属单位根据《合伙企业法》的规定，以合伙方式设立的劳务派遣单位，受《劳动合同法实施条例》调整。

因此，根据《劳动合同法》第六十七条和《劳动合同法实施条例》的规定，用人单位或者其所属单位以出资或者合伙等方式设立的劳务派遣单位，不得向本单位或者所属单位进行系统内派遣，而只能向本集团或者本系统以外的、无利益关联的单位从事社会化派遣。这对进一步规范劳务派遣的健康有序发展，具有重要的作用。

二、用工单位

用工单位是接受派遣劳动者用工的单位，是使用派遣劳动者的主体。用工单位虽然不是劳动合同的缔约人，却是派遣劳动力的使用人和劳动合同的履约人。因此，用工单位必须符合法定用人单位的要求。

(一)用工单位必须符合劳动法律、法规对用人单位的要求

《劳动合同法》相比于《劳动法》，扩大了用人单位的法律适用范围，将更多的劳动者纳入法律保护范围。除列举增加民办非企业单位外，又采取概括的方式，增加了"等组织"的规定。《劳动合同法》第二条规定：中华人民共和国境内的企业、个体经济组织、民办非企业单位等组织(以下称"用人单位")与劳动者建立劳动关系，订立、履行、变更、解除或者终止劳动合同，适用本法。国家机关、事业单位、社会团体和与其建立劳动关系的劳动者，订立、履行、变更、解除或者终止劳动合同，依照本法执行。也就是说，《劳动合同法》确定的用人单位的适用范围包括两方面：一是企业、个体经济组织、民办非企业单位等组织；二是国家机关、事业单位、社会团体。

(1) 企业包括国有企业、集体企业、乡村集体企业、外商投资企业、私营企业等依法成立、进行生产经营活动的各类经济组织。个体经济组织是指雇工7人以下的个体工商户。民办非企业单位是指企业事业单位、社会团体和其他社会力量以及公民个人利用非国有资产举办的，从事非营利性社会服务活动的社会组织，如民办小学、中学、学院、大学，民办康复、保健、卫生、疗养院(所)，民办艺术表演团体、文化馆、博物馆等。民办非企业单位由民政部门管理。

(2) 国家机关包括国家权力机关、国家行政机关、司法机关等。其招用的与之建立劳动关系的劳动者适用《劳动合同法》。事业单位招用的与之建立劳动关系的劳动者适用《劳动合同法》。事业单位，是指为了社会公益目的，由国家机关举办或者其他组织利用国有资产举办的，从事教育、科技、文化、卫生等活动的社会服务组织。对事业单位实行聘用制的工作人员如何规范，《劳动合同法》在附则中专门作出规定：事业单位与实行聘用制的工作人员订立、履行、变更、解除或者终止劳动合同，法律、行政法规或者国务院另有规定的，依照其规定；未作规定的，依照本法有关规定执行。目前，事业单位用工比较复杂，有参照公务员管理的人员，有列入编制的人员、有编制之外人员，有签订了聘用合同的人员、也有签订劳动合同人员，等等，发生争议适用人事争议仲裁还是劳动争议仲裁，都需要从制度上尽快予以规范，减少法律适用上的混乱。为此，人力资源和社会保障部正在会同国务院法制办研究论证修改《事业单位人事管理条例(草案)》，拟对事业单位聘用制作出规范。社会团体，按照《社会团体登记管理条例》的规定，是指中国公民自愿组成，为实现会员共同意愿、按照其章程开展活动的非营利性社会组织，如党派团体、妇联、共青

团、工会、工商联、各类社会经济和文化艺术体育团体等。社会团体与其建立劳动关系的劳动者也要依照《劳动合同法》执行。

（3）除了以上6类用人单位外，《劳动合同法》在第二条中还规定了"等组织"，如何理解"等组织"，是法律实施后实践中反映较突出的问题之一。《劳动合同法实施条例》对此予以明确，其第三条规定，依法成立的会计师事务所、律师事务所等合伙组织和基金会，属于《劳动合同法》规定的用人单位。按照《注册会计师法》的规定，会计师事务所是依法设立并承办注册会计师业务的机构。会计师事务所主要分为两类：一是由注册会计师合伙设立；二是负有限责任的法人。依据新修订的《律师法》，律师事务所主要分为合伙律师事务所、个人律师事务所以及国家出资设立的律师事务所三类。根据《基金会管理条例》的规定，基金会是指利用自然人、法人或者其他组织捐赠的财产，以从事公益事业为目的的非营利性法人。基金会分为面向公众募捐的基金会和不得面向公众募捐的基金会。以上三类单位招用劳动者都应签订劳动合同，适用《劳动合同法》。

（二）几种特殊形式的用工单位

1. 用人单位在异地设立分支机构

随着社会主义市场经济的发展和我国现代企业制度的推行，用人单位的设置发生了一些新的变化，出现大量的分支机构，如分公司、分行、分厂、分店、代表处、办事处等。为此，《劳动合同法实施条例》规定，《劳动合同法》规定的用人单位设立的分支机构，依法取得营业执照或者登记证书的，可以作为用人单位。

对于依法取得营业执照或者登记证书的分支机构，赋予其用工主体资格，允许其作为用人单位与劳动者订立劳动合同，不仅能解决以上提到的实践中存在的问题，而且还具有其他必要性和可行性。一方面，这类分支机构具有一定的资产和经营能力，且具有相对独立的法律地位。《民事诉讼法》第四十九条规定："公民、法人和其他组织可以作为民事诉讼的当事人。"最高人民法院《关于适用〈中华人民共和国民事诉讼法〉若干问题的处理意见》第四十条又进一步规定，法人依法设立并领取营业执照的分支机构，可以作为民事诉讼主体。当劳动者与此类分支机构产生劳动争议时，可以直接以分支机构为仲裁、诉讼主体，通过法律途径维护自身合法权益。另一方面，分支机构通常异地设立，赋予此类分支机构用工单位主体资格，与当前社会保险的地方统筹现状对接，便于操作和管理，也有利于保护派遣劳动者的合法权益。

要指出的是，依法取得营业执照或者登记证书的分支机构，在法律上也不具备完全独立的法律地位。例如，《公司法》第十四条第一款规定："分公司不具有法人资格，其民事责任由公司承担。"《社会团体分支机构代表机构登记办法》第十二条规定："社会团体的分支机构、代表机构是社会团体的组成部门，不具有法人资格，其法律责任由设立该分支机构、代表机构的社会团体承担。"因此，当用人单位依法取得营业执照或者登记证书的分支机构无力承担由劳动关系产生的法律责任时，由用人单位承担。

2. 外国企业在华常驻代表机构、大使馆、国际组织

外商代表处又称外国企业在华常驻代表机构，外国企业在中国注册的代表处或办事处是一个代表母公司在国内的业务联络机构，所以，办事处并不是一个独立的法人实体，不可以进行直接的营利性质的商业活动。按照业务性质，报当地商务局或国务院相关主管委、部、局批准，取得《批准证书》；但外国广告企业、医药类企业、贸易企业、制造企业、货运代理企业、承包企业、咨询企业、投资企业、租赁企业、教育机构、铁路运输企业等不需报经有关部门审批，应直接到当地市工商行政管理局办理登记注册。办事处的经营范围最初应当在向登记机关提交的文件中写明，由工商行政管理机关确认后（特殊行业须审批），该经营范围将被规定在常驻代表机构登记证上。外国企业的在华常驻代表机构只能在其登记证规定的范围内从事活动。

国务院办公厅转发外国投资管理委员会《关于执行〈中华人民共和国国务院关于管理外国企业常驻代表机构的暂行规定〉中若干问题的说明的通知》第十条规定："外国企业常驻代表机构聘请工作人员，应按1981年4月6日公安部、外交部、工商行政管理总局、进出口管理委员会、外贸部联合签发的［81］公发（政）48号文件规定办理，原则上不得雇佣第三国人员和在华没有正式户口的中国人。但如遇特殊情况，经征得当地外事服务部门或劳动部门的同意，也可以聘用第三国公民或港澳地区人员。"

一般情况下，由于办事处不是工商局注册的企业法人，因此不具备招工的资格，需要通过人才派遣公司一类的机构或其他中国政府指定的机构招工后再输送至办事处工作，其劳动关系与派遣公司建立，"五金"也由派遣公司缴纳。当然，由此产生的费用是由办事处支付给派遣公司，再由派遣公司缴至相关机构（如社保中心、公积金中心等）。

如果劳动者不是通过涉外劳务机构进入中国代表处工作,则双方之间是雇佣关系,不是劳动关系,当然不受劳动法调整,签订劳动合同和办理社会保险之事不受法律保护。但是,有关报酬等事项可以依照我国民法有关雇佣等法规来追偿。

大使馆、国际组织招用劳动者也有相类似的规定。

● 外国企业(以及华侨和香港、澳门、台湾同胞在境外设立的公司、企业和其他经济组织)(以下简称"外国企业等")常驻代表机构招用员工,应该由外事服务单位向外国企业常驻代表机构派遣员工。《国务院关于管理外国企业常驻代表机构的暂行规定》第十一条规定:"常驻代表机构租用房屋、聘请工作人员,应当委托当地外事服务单位或者中国政府指定的其他单位办理。"《北京市人民政府关于外国企业常驻代表机构聘用中国雇员的管理规定》规定,外国企业等常驻代表机构招聘中国雇员,必须委托外事服务单位办理,不得私自或者委托其他单位、个人招聘中国雇员。中国公民必须通过外事服务单位向外国企业等常驻代表机构求职应聘,不得私自或者通过其他单位、个人到外国企业常驻代表机构求职应聘。外事服务单位应当按照劳动法律、法规的规定与中国雇员签订劳动合同,并依法为中国雇员缴纳社会保险费用。外事服务单位与中国雇员发生劳动争议,应当按照有关劳动法律、法规的规定处理。

● 驻华外交机构及其他代表机构、国际组织招用员工,由外事服务单位向驻华外交机构及其他代表机构、国际组织派遣员工。根据有关规定,如北京市人民政府通告(京政发[1991]70号),向各国驻华大使馆、欧洲共同体委员会驻华代表团、联合国系统组织驻华代表机构和外国驻京新闻机构(或个人)提供工作人员,必须通过北京外交人员服务局介绍。

三、被派遣劳动者

被派遣劳动者是与派遣单位订立劳动合同,被派往用工单位工作的劳动者。被派遣劳动者作为劳动者,必须是法律上具有劳动权利能力和劳动行为能力的合法的劳动者。

(一)派遣劳动者必须是合法的劳动者

合法劳动者的标准散见于《劳动法》、《劳动合同法》及其配套规定中。

(1)劳动者的年龄标准。一般来说,劳动者必须是达到法定就业年龄,即年满16周岁,具有劳动能力,且未达到法定退休年龄的人。《劳动法》规定16周岁为劳动者的就业年龄,文艺、体育和特种工艺单位,确需招用未满16周岁的文艺工作者、运动员和艺徒时,须报劳动行政部门批准。除此之外,招用不满16周岁的未成年人属于使用童工,是违法的。退休年龄是劳动者退出工作岗位休养的年龄。目前,我国规定的正常退休年龄为男年满60周岁、女工人年满50周岁、女干部年满55周岁。从事井下、高空、高温、特别繁重体力劳动或其他有害身体健康工作的,退休年龄为男年满55周岁、女年满45周岁;因病或非因工致残,由医院证明并经劳动鉴定委员会确认完全丧失劳动能力的,退休年龄为男年满50周岁、女年满45周岁。《劳动合同法实施条例》第二十一条规定,劳动者达到法定退休年龄的,劳动合同终止。

(2)身份标准。某些具有特殊身份的劳动者虽然具有劳动能力,也符合就业年龄,但由于其身份具有特殊性,因此也不受《劳动合同法》的调整。要注意的是,1995年施行的《劳动法》主要是以传统的全日制用工形式为调整对象的,调整的劳动关系为单一性的关系。原劳动部《关于实行劳动合同制度若干问题的通知》(劳部发[1996]354号)规定,用人单位招用职工时应查验终止、解除劳动合同证明,以及其他能证明该职工与任何用人单位不存在劳动关系的凭证,方可与其签订劳动合同。也就是说,劳动者一方只能同时与一个用人单位建立劳动关系。随着形势的发展,由于用工形式的多样化以及转型时期的复杂性,出现了大量的下岗职工和内退职工隐性就业的问题。为了保护这部分职工的合法权益,《劳动合同法》承认了多重劳动关系,要求用人单位在招用其他单位职工时,也必须与其签订劳动合同。因此,这部分职工被纳入了《劳动合同法》的调整范围。而劳务派遣人员与这部分职工的性质不同,他们是与劳务派遣公司建立劳动关系,被劳务派遣公司派遣到用工单位工作,与用工单位之间不形成劳动关系。另外,根据《关于贯彻执行〈中华人民共和国劳动法〉若干问题的意见》的规定,公务员、比照公务员制度的事业单位和社会团体的工作人员,以及农村劳动者(乡镇企业职工和进城务工、经商的农民除外)、现役军人和家庭保姆等不适用《劳动法》。同样,这部分人员也不适用《劳动合同法》。还有要注意的是,用人单位招用在校学生也不属于《劳动合同法》的调整范围。

(二)不适格的派遣劳动者

(1)公务员和参照公务员管理的人员。公务员依法行使国家职权的行为,并不是履行合同约定的义务,而国家职权也不能作为合同的对象。因此,这部分人员属于《公务员法》的调整范围。目前,世界各国也普遍将公务员排除在劳动法律的调整范围之外。

（2）现役军人。现役军人承担着保护国家安危和人民安全的重任，依法服兵役是符合条件的公民应尽的义务。目前，世界各国均将现役军人排除在劳动法律的调整范围之外。

（3）家庭保姆。《劳动法》和《劳动合同法》并未将自然人作为用人单位纳入法律调整范围。直接雇佣保姆的家庭不是《劳动法》和《劳动合同法》所指的用人单位，不能承担法律规定用人单位必须承担的义务，因此，家庭直接雇佣的保姆不受《劳动法》和《劳动合同法》的调整。对由家政公司招用的保姆，家政公司应按照《劳动法》、《劳动合同法》及相关法律法规的规定，与其签订劳动合同，按照不低于当地最低工资标准向其支付劳动报酬，参加各项社会保险。

（4）在校学生。从招用在校学生的身份来看，其身份首先是学生，在学校的统一管理和教育下进行学习或从事研究工作，学习是学生的主要任务，其身份与劳动法律、法规中的劳动者存在不同，尚未进入劳动力市场，因此用人单位招用在校学生不受《劳动合同法》调整。

（5）达到法定退休年龄的人员。退休年龄是劳动者退出工作岗位休养的年龄。《劳动合同法》第44条规定，劳动者开始依法享受基本养老保险待遇的，劳动合同终止。由于退出劳动力市场的劳动者的基本生活已经通过养老保险制度得到保障，劳动者不再具备劳动合同法意义上的主体资格，因此劳动合同自然终止。法律颁布后，一些用人单位提出，对于已达到退休年龄却无法享受养老保险待遇的职工，如果劳动合同不能终止，则用人单位将一直保持与其的劳动关系，直到符合法定解除条件或者用人单位或劳动者自然消亡。这对用人单位是不公平的。为解决实际操作中的问题，《劳动合同法实施条例》第二十一条规定，劳动者达到法定退休年龄的，劳动合同终止。达到法定退休年龄的劳动者不再具备劳动合同法意义上的主体资格，因此，不适用《劳动合同法》。

第三节 劳务派遣法律关系的内容

劳务派遣法律关系的内容是指劳务派遣法律关系主体的权利和义务，可以分为法定义务和约定义务。法定义务是由劳动法律法规所规定的强制性义务；约定义务是劳务派遣法律关系主体之间由劳务派遣协议和劳动合同以及其他相关协议、集体合同和规章制度所约定的义务。其中，法定义务优于约定义务，约定义务的内容不能与法定义务相冲突。

（一）劳务派遣单位的权利和义务

《劳动合同法》第五十八条明确规定，劳务派遣单位是本法所称用人单位，应当履行用人单位对劳动者的全部义务。因此，对派遣工而言，劳务派遣单位的法律地位是雇主，劳务派遣单位与派遣工形成劳动关系，承担对派遣工的雇主责任。

依据《劳动合同法》第五十八条第二款的规定可知，由于本法并不认可"登记型"劳务派遣，而在本法所承认的"雇佣型"劳务派遣中，"雇佣型"派遣工由劳务派遣单位长期（两年以上）雇佣，享受劳务派遣单位的一切福利待遇。当用工单位需要用人时，再将其派遣到用工单位工作。这样，即便派遣工与派遣机构签订了劳动合同之后，并没有被派到用工单位去劳动，但派遣机构依然拥有对派遣工的控制权，可以对派遣工进行雇佣、解雇、分配劳动任务、发工资待遇等各项管理工作，承担雇主责任。因此，在劳务派遣中，劳务派遣单位能够雇佣、管理、指挥派遣工，在具体派遣事务方面也是由派遣机构决定，包括给派遣工发工资和福利待遇等，在劳务派遣单位与派遣工之间体现出管理和服从的劳动关系的本质特征。

从世界各国劳动立法的现状看，在劳动关系中，国家立法常常将保护的重点放在劳动者方面，从而对劳动关系中的雇主一方课以较重的义务。

- 《劳动合同法》第六十条第一款规定：劳务派遣单位应当将劳务派遣协议的内容告知被派遣劳动者。
- 第二款规定：劳务派遣单位不得克扣用工单位按照劳务派遣协议支付给被派遣劳动者的劳动报酬。
- 第三款规定：劳务派遣单位和用工单位不得向被派遣劳动者收取费用。
- 第六十一条规定：劳务派遣单位跨地区派遣劳动者的，被派遣劳动者享有的劳动条件和劳动报酬，应当按照用工单位所在地的标准执行。

由此，《劳动合同法》对劳务派遣单位对被派遣劳动者的义务规范分散在各条款中，不过，大致轮廓比较清晰。不同于传统的劳动关系，派遣劳动中劳动者的权益最终是通过派遣单位和用工单位的义务和责任共同实现的。由于劳务派遣中雇佣与使用相分离，雇佣中强调的是劳动关系的主体特点，使用中强调的是劳动关系的内容特点。基于此，派遣单位承担的应当是与劳动合同订立、终止、解除相联系的权利义务,如合法招聘、社会保险、劳动报酬、解除合同的经济补偿金等。

作为被派遣劳动者的雇主,派遣单位的最主要义务显然是向被派遣劳动者支付报酬(包括工资、奖金、津贴等)的义务。在被派遣劳动者被派出的实际工作期间,派遣单位有支付报酬的义务,但在被派遣劳动者未被派遣的等待期间,派遣单位也有义务支付报酬。《劳动合同法》第五十八条第二款明确规定:被派遣劳动者在无工作期间,劳务派遣单位应当按照所在地人民政府规定的最低工资标准,向其按月支付报酬。据此规定,我们不难看出:即使在无工作期间(等待期间),被派遣劳动者虽然对派遣单位并无任何生产性,他仍可以依法请求报酬,这是因为被派遣劳动者能否被派遣出去工作,完全是派遣单位应独自负担的经营风险。规定劳务派遣单位在被派遣劳动者无工作期间支付劳动报酬,既是对劳务派遣单位应尽义务的严格限定,也是确认劳务派遣关系属于劳动关系的明证,有力地保护了被派遣劳动者的权益。

具体而言,派遣单位通常负责劳动者的雇佣、岗前培训、工资支付、社会保险、人事档案等非生产性的管理。此外,劳务派遣单位必须将其与用工单位之间订立的劳务派遣协议及约定的义务分担方式告知被派遣的劳动者。

基于《劳务派遣协议》,派遣单位对被派遣劳动者还应承担一些附随义务,主要是照顾义务和保护义务等。其中,保护义务主要有保护雇员生命和健康的义务、保护雇员人格的义务(如保护雇员在工作场合免受性骚扰)等。

此外,《实施条例》还明确规定,劳务派遣单位不得以非全日制用工形式招用被派遣劳动者。

(二) 用工单位的权利和义务

1. 用工单位的权利

用工单位对被派遣劳动者的权利也可理解为被派遣劳动者对用工单位的义务,《劳动合同法》虽然未在第五章的"劳务派遣"一节中专门规定用工单位对被派遣劳动者的权利,但我们可以从《劳动法》和《劳动合同法》中将其提炼出来。

《劳动法》第三条第二款规定:劳动者应当完成劳动任务,提高职业技能,执行劳动安全卫生规程,遵守劳动纪律和职业道德。因此,不难理解,劳务派遣中用工单位对被派遣劳动者的主要权利便是要求其依法履行劳动义务。此外,用工单位对被派遣劳动者的其他一些权利,如"保守用工单位商业秘密"等也容易推断出,不言自明。

当然,劳务派遣关系终止后,沉默义务随之而消减。若要使沉默义务在派遣劳动关系消灭后仍继续存在,则必须有被派遣劳动者和用工单位之间的明文约定。

用工单位还有一项权利——用工单位退回权。《劳动合同法》第六十五条第二款明确规定:被派遣劳动者有本法第三十九条和第四十条第一项、第二项规定情形的,用工单位可以将劳动者退回劳务派遣单位,劳务派遣单位依照本法有关规定,可以与劳动者解除劳动合同。根据这条规定,用工单位也可以依法退回派遣工。本条第二款规定了退回派遣工的情形,即在试用期间以及派遣工有过错的情况下,用工单位可以退回派遣工。根据《劳动合同法》第三十九条的规定,派遣工的过错主要包括:严重违反用人单位的规章制度;严重失职,营私舞弊,给用人单位的利益造成重大损害;劳动者同时与其他用人单位建立劳动关系,对完成工作任务造成严重影响,或者经用人单位提出,拒不改正;因本法第二十六条第一项规定的情形致使劳动合同无效;被依法追究刑事责任等。

但是,《劳动合同法》没有规定用工单位可以依照该法第四十条第三项的规定将劳动者退回劳务派遣单位。第四十条第三项的具体内容为:"劳动合同订立时所依据的客观情况发生重大变化,致使劳动合同无法履行,经用人单位与劳动者协商,未能就变更劳动合同内容达成协议的。"可见,除依照《劳动合同法》第六十五条第二款的规定将被派遣劳动者退回劳务派遣单位外,用工单位不得将派遣期限未满的被派遣劳动者退回劳务派遣单位。如果派遣合同订立时所依据的客观情况发生重大变化,或者用工单位裁员时,用工单位退回派遣期限未满的被派遣劳动者,必须与劳务派遣单位协商解决,不得单方退回。

2. 用工单位的义务

关于用工单位对被派遣劳动者的义务,争论较多。有观点认为:派遣单位转让的是权利,并不转让义务,用工单位取得劳务给付请求权后,有权使用劳动力,指挥其劳动,而无需向被派遣劳动者承担包括安全生产在内的保护义务,劳动法上的各种保护义务仍只能由作为雇主的派遣单位承担。也有观点认为:用工单位一般不参与派遣单位和被派遣劳动者劳动合同的签订,而且,当派遣单位与被派遣劳动者签订合同时,常常不知用工单位是谁,也不可能获得用工单位的同意。由此,推卸用工单位的义务。《劳动合同法》为了切实保护被派遣劳动者的合法权益,防止用工单位推诿责任,对用工单位的义务作了强制性规定:

- 执行国家劳动标准,提供相应的劳动条件和劳动保护;
- 告知被派遣劳动者的工作要求和劳动报酬;

- 支付加班费、绩效奖金,提供与工作岗位相关的福利待遇;
- 对在岗被派遣劳动者进行工作岗位所必需的培训;
- 连续用工的,实行正常的工资调整机制。

用工单位应当按照劳务派遣协议使用被派遣劳动者,不得将被派遣劳动者再派遣到其他用工单位。

以上义务主要来源于《劳动法》第三条第一款对劳动者权利的规定:劳动者享有平等就业和选择职业的权利、取得劳动报酬的权利、休息休假的权利、获得劳动安全卫生保护的权利、接受职业技能培训的权利、享受社会保险和福利的权利、提请劳动争议处理的权利以及法律规定的其他劳动权利。

但是,用工单位的义务并不局限于上述规定,其对被派遣劳动者的义务还散见于《劳动合同法》的其他条款,例如,该法第五十九条第二款规定:用工单位应当根据工作岗位的实际需要与劳务派遣单位确定派遣期限,不得将连续用工期限分割订立数个短期劳务派遣协议;第六十条第三款规定:劳务派遣单位和用工单位不得向被派遣劳动者收取费用。这里,"收取费用"包括收取介绍费、上岗费等一次性费用,也包括收取定金、保证金(物)或抵押金(物)等。1995年劳动部在《关于贯彻执行〈中华人民共和国劳动法〉若干问题的意见》的文件中规定,用人单位不得以任何形式向员工收取抵押金、抵押物、保证金、定金及其他费用,也不得扣押劳动者的身份证及其他证明。如果担心被派遣劳动者会给单位造成损失,不承担赔偿责任就离职的情况,用工单位应通过加强内部管理来解决,而不能简单地采用收取抵押金(物)的错误方式。

不难看出,支付劳动报酬是用工单位承担的最主要义务。这是因为:(1)被派遣劳动者是为用工单位而不是为派遣单位履行劳动义务;(2)用工单位从被派遣劳动者的劳动中所得的收益一般大于派遣单位;(3)从社会风险预防机制来看,派遣单位和用工单位都面临着责任能力的危机,尤其是劳动力再生产费用负担或支付不能的信用危机,以派遣单位承担责任为主就意味着社会风险的集中化,以用工单位承担责任为主则意味着社会风险的分散化。因此,出于社会安全的考虑,应当选择社会风险机制,强调用工单位支付劳动报酬的义务。

如前所述,劳务派遣中被派遣劳动者的权益最终是通过派遣单位和用工单位的义务和责任共同实现的。由于劳务派遣中雇佣与使用相分离,因此,除支付劳动报酬以外,用工单位还应承担与劳动力使用相联系的义务,如遵守纪律、劳动保护、工作时间等。

由此,用工单位承担的另一主要义务无疑是提供相应的劳动条件和劳动保护,对用工单位课以劳动安全和卫生义务,这在世界大多数国家和地区的立法中已有体现。我国原有的劳务派遣地方立法中也多有这样的规定,无须赘述。

探讨用工单位对被派遣劳动者的义务时,有一个问题争议较大,即被派遣劳动者同工同酬的权利。如果依同工同酬的法理,主张平等待遇只能以派遣单位的从事同一岗位的员工为比较对象,而不能以用工单位的正式员工作为比较对象。但目前,各国讨论被派遣劳动者是否能获得平等待遇时,仍以用工单位的正式员工作为比较对象,因为劳务派遣单位不从事生产,被派遣劳动者之间缺乏可比性,这种现象是因劳务派遣雇佣与使用分离所致。显然,以用工单位的正式员工作为比较对象是出于公共政策和实践的需要,不再局限于法律上的逻辑性。各国在被派遣劳动者平等待遇的立法上,实际上分成两派:有的主张努力促进被派遣劳动者平等待遇的实现,主要是欧盟的一些国家,如法国、德国等,它们主张在某些情况下实现被派遣劳动者的平等待遇;但更多的国家和地区目前并没有以立法的形式主张平等待遇,如日本、美国等。

当前,我国应该采取哪种主张呢?有人认为,应当正视国情,对于我们这样一个劳动力大国,就业压力巨大,同时大多数的被派遣劳动者是没有特别技能的一般劳动力,他们能够被用工单位接受的优势本身就是低成本。如果要求用工单位对从事同一或类似工作的正式职工在工资福利等待遇方面等同于被派遣劳动者,那么劳务派遣的需求量肯定会大大削减,从而减少大量的就业机会,这与我国就业压力巨大的现实状况不符。

在劳务派遣实践中,同工不同酬非常普遍,同工不同酬实际也是劳务派遣泛滥的最主要动因。在一些劳务派遣中,被派遣的劳动者比用工单位的正式职工干得多,但拿的工资只有正式职工的1/5或1/3。由于《劳动合同法》第六十三条规定了被派遣劳动者享有与用工单位的劳动者同工同酬的权利,因此,在具体实施中如何执行这一条款,是一个值得研究和探讨的问题。

(三)派遣劳动者的权利和义务

1. 参加工会的权利

我国《劳动法》第七条规定,劳动者有权依法参加和组织工会。我国《工会法》第十条规定,企业、事业单位、机关有会员25人以上的,应当建立基层工会委员会。

因此,派遣单位雇佣了25人以上的,应当建立基层工会委员会。派遣工有权组织并参加该基层工会委员会。

虽然被派遣劳动者可以在派遣单位组织和参加工会,但劳务派遣的雇佣、使用分离的特征决定了劳务派遣单位工会的特殊性。其特殊性突出表现在派遣单位工会的组建难和作用发挥难。

(1) 派遣单位工会组建难。由于被派遣劳动者的流动性大,其工作具有短期性,而且,被派遣劳动者的工作场所不确定,分散在各处,彼此难有凝聚力,组建工会的难度相当大。

(2) 派遣单位工会作用发挥难。派遣单位工会的作用难以发挥的原因主要在于,被派遣劳动者的劳动条件与劳动保护、劳动报酬甚至是否有工可做,都是由用工单位决定的,而派遣单位与用工单位只是一般的民事合同关系,派遣单位的工会难以据此对用工单位的内部事务进行干预。而且,派遣工与派遣单位缺乏长期与紧密的雇佣关系,两者的关系由于提供劳务的对象和地点的原因非常疏离,派遣单位工会为派遣工维权的动力不足。同一派遣单位属下的派遣工各不相同,从无特殊技能的蓝领工人到有专业技能的白领阶层都有,这些劳动者之间区别很大,缺乏共同的利益诉求,很难形成团体力量与派遣单位进行集体协商[①]。工会的重要作用是改善劳动者的工作条件和工作环境,由于派遣单位工会的局限性,以及工作条件和工作环境都是用工单位提供的,因此,被派遣劳动者加入用工单位工会其的作用会更加大。

派遣工既可以在与之有劳动关系的派遣单位参加和组织工会,也可以在其从事生产劳动的用工单位处参加和组织工会。由于《劳动合同法》对用工单位的法律地位界定不清,所以在用工单位处参加和组织工会的法理依据在法律中还欠缺。实践中,对比较规范的派遣单位,可建立工会,吸收派遣工入会,并将派遣到用工单位的会员组成一个工会小组或分工会,作为团体会员委托用工单位工会统一管理。对不具备建立工会条件的派遣单位,用工单位工会应当积极主动吸收派遣工入会。2004年底,中华全国总工会发出《关于组织各种所有制企业、事业单位及机关的劳务工加入工会的通知》,明确要求"凡在各种所有制企业、事业单位及机关从业,与用人单位建立劳动关系(含事实劳动关系)的劳务工,不论户籍关系在哪里、用工形式如何、就业时间长短,都要依法把他们组织到工会中来"。《通知》还明确了劳务

---

① 成之约,"派遣劳动及其发展的探讨:工会观点",《万国法律》,2004年第12期。

工人会的三种操作方式：① 劳务工与企业、事业单位及机关直接签订劳动合同的，由用人单位工会将他们组织到工会中来，其会籍由用人单位工会管理。② 劳务工与劳务公司签订劳动合同，且劳务公司已经成立工会的，劳务工可参加其工会组织，并由劳务公司工会把这部分劳务工会籍关系转接到用工单位，委托用工单位工会代管。劳务公司尚未建立工会组织的，用工单位工会要依据事实劳动关系，吸收劳务工加入工会组织。③ 跨省劳务输出地（单位）工会已把劳务工组织到工会的，由输出地（单位）工会向用工单位转接会员组织关系。

劳动者组织起来形成团体力量，通过与用人单位进行集体谈判，以改善劳动条件，是劳动者改变与用人单位地位不平等，防止其处于任人宰割的弱势地位，保护其权益的重要手段。因此，加入工会对维护派遣工权益有不可或缺的作用。然而，派遣单位工会具有一定局限性，被派遣劳动者加入用工单位工会，将对其利益维护有显著作用。而且，由于用工关系和劳动关系分离，为防止被派遣劳动者在加入工会问题上遭遇派遣单位和用工单位的互相扯皮，赋予被派遣劳动者加入工会的选择权就具有了较大的现实意义。当被派遣劳动者的合法权益受到侵害时，不论是用工单位工会还是派遣单位工会，均有权也有义务出面维护被派遣劳动者的合法权益。

2. 同工同酬的权利

同工同酬从理论上来说，是指用人单位对于从事相同工作，付出等量劳动且取得相同劳动业绩的劳动者，实行同一工资支付制度。同工同酬的分配原则，包含两层意思：一方面，同工同酬是为了进一步贯彻按劳分配原则，体现出提供同等价值的劳动者实行同一工资支付制度；另一方面，是为了防止工资分配中的歧视性行为，保护不同性别、不同年龄、不同身份的劳动者公平获得劳动报酬。可以看出，同工同酬需要具备三个条件：一是劳动者的工作岗位、工作内容相同；二是在相同的工作岗位上付出了与别人同样的劳动工作量；三是同样的工作量取得了相同的工作业绩。

同工同酬的内容包括以下几个方面：（1）不同性别的同工同酬；（2）不同种族、民族、身份的人同工同酬；（3）地区、行业、部门间的同工同酬；（4）企业内部的同工同酬。

《劳动合同法》第六十三条规定："被派遣劳动者享有与用工单位招用的劳动者同工同酬的权利。用工单位无同类岗位劳动者的，参照用工单位所在地相同或者相近岗位劳动者的劳动报酬确定。"目前劳务派遣领域中的问题比较集中体现为劳务派遣工与正式工虽从事相同的工作但工资待遇相差较大。在缴纳社会保险方面,劳务派遣工与正式工也有差别：正式工的社会保险是按照公司上年度平均工资的标准缴纳的,而劳务派遣工的社会保险是按照当地最低工资标准缴纳的。有的用工单位是将劳务派遣工的工资待遇和劳务派遣单位的管理费一并交给劳务派遣单位,再由劳务派遣单位根据自己的薪酬制度确定劳务派遣工的工资待遇,因此对于用工单位而言,无法做到劳务派遣工与正式工的同工同酬。同工同酬的权利是劳动者的宪法权利,必须贯彻执行。这不仅是一个法律问题,也是一个社会问题。用工单位应当保证劳务派遣工和正式工做到同工同酬。

要解决劳务派遣人员的同工同酬问题,应该注意以下五点。

(1) 同工同酬作为一个法律概念,它不是一个可量化的概念,而是一个法律原则,一个立法理念。它贯穿于法律的每一个条文之中。它的原本的意义在于不歧视。其要求主要是在同一用工单位不能对不同的劳动者区别对待、适用不同的规章制度,特别是工资制度。

(2) 明确劳务派遣同工同酬的概念。对于在与用工单位招用的劳动者相同岗位上工作、取得了相同劳动成果的被派遣劳动者,用工单位应当通过劳务派遣单位向该被派遣劳动者支付与本用工单位招用的劳动者相同的劳动报酬。若被派遣的劳动者在工作单位无同类岗位的,则应参照用工单位所在地相同或者相近岗位劳动者的劳动报酬确定。

(3) 明确用工单位的义务。同工同酬的权利是劳动者的宪法权利,用工单位必须贯彻执行。根据《劳动法》第四十六条和《劳动合同法》第五章第二节的相关规定,用工单位应该按照相关要求,向劳务派遣员工提供同工同酬,支付加班费、绩效奖金,提供与工作岗位相关的福利待遇,履行用工单位的义务,避免不必要的劳动纠纷。

(4) 明确劳务派遣员工岗位职责。按照《劳动合同法》的相关要求,应当明确派遣员工的岗位职责。对于承担相同岗位职责的派遣员工,应给予相同的工资待遇。对于在企业内没有相近岗位的,派遣员工的劳动报酬应按照用工单位所在地相同或者相近岗位劳动者的劳动报酬确定。

(5) 订立完善的劳动合同和派遣协议。根据《劳动合同法》的规定,派遣公司应与派遣员工签订劳动合同,在合同中明确规定劳动报酬条款,并按月支付。在劳务派遣协议中也应当约定派遣员工的劳动报酬和社会保险费数额与支付方式以及违反协议的责任,同时,劳务派遣单位不得克扣用工单位按照劳务派遣协议支付给被派遣劳动者的劳动报酬。在这种情况下,薪酬成了劳务派遣单位、用工单位与职工的三方约定,可以更好地约束各方行为,从而有效解决劳务派遣员工的同工同酬问题,保护劳动者的利益。

当然,同工同酬问题很复杂,劳务派遣员工的同工同酬问题更复杂,它关系到社会经济生活的许多方面,需要我们在理论和实践方面探索解决办法。

本章小结

本章主要介绍了劳务派遣法律关系的概念、构成要素,主、客体及其权利义务关系。在此基础上,读者可了解设立派遣单位须满足的资质;一般的以及特殊形式的用工单位在招用被派遣劳动者时须满足的条件、履行的义务和享受的权利;被派遣劳动者的年龄标准和身份标准,以及哪些人为不适格的派遣劳动者。值得注意的是,劳务派遣法律关系可以分为法定义务和约定义务。法定义务是由劳动法律法规所规定的强制性义务;约定义务是劳务派遣法律关系主体之间由劳务派遣协议和劳动合同以及其他相关协议、集体合同和规章制度所约定的义务。其中,法定优于约定,约定的内容不能与法定义务相冲突。

本章复习题

1. 劳务派遣法律关系与传统劳动法律关系的联系和区别表现在哪些地方?
2. 劳务派遣法律关系的内容主要有哪些?

讨论案例

工伤责任的认定

2006年4月4日,年仅18岁的陕西女工范某与江苏省苏州市A人力资源有限公司(以下简称"A公司",系人力资源中介公司)签订了一份劳动合同,双方约定:由A公司安排范某到B(苏州)有限公司(以下简称"B公司")工作,工资为每月690元。合同签订后,范某即按约被派遣至B公司工作。4月28日,B公司作为甲方、A公司作为乙方签订了劳务派遣协议一份,双方约定:"乙方根据甲方要求和条件,向甲方提供合格的劳务人员;乙方委托甲方向劳务人员代为发放工资,并按照国家规定为劳务人员缴纳当地的农村基本养老保险;甲方向乙方支付劳务人员的工资、意外伤害保险费、农保费用和管理费;乙方劳务人员在甲方工作期间,因工伤事故造成劳务人员受伤时,甲方应及时采取救助措施并通知乙方,由乙方按国家、当地劳动部门的政策规定,办理申报工伤、劳动鉴定申报以及办理工伤待遇的申请手续,甲方提供协助,超出保险理赔范围的经济补偿,甲方应予相应适当补偿。"

2006年8月24日,范某在工作中发生机械伤害事故,造成其左手受伤,住院治疗26天,B公司为范某支付了医疗费15 000元。2006年12月31日,苏州市劳动和社会保障局向A公司作出《工伤认定决定书》,认定范某所受伤害为工伤。2007年3月31日,苏州市劳动鉴定委员会向A公司作出《苏州市劳动鉴定结论通知书》,认定范某符合《职工工伤与职业病致残程度鉴定标准》7级。由于三方未能就工伤赔偿达成一致,范某于2007年5月14日向苏州市高新区、虎丘区劳动争议仲裁委员会提出仲裁申请,要求A公司和B公司赔偿其住院伙食补助费、护理费、一次性伤残补助金、一次性工伤医疗补助金等,共计183 933.42元。2007年7月,劳动争议仲裁委员会裁决A公司支付范某住院伙食补助费、停工期间工资、一次性伤残就业补助金等共计65 794元;B公司支付范某一次性工伤医疗补助金120 419元。B公司对此不服,遂将范某与A公司一同告上法庭。

法庭上,B公司与A公司就范某到底是谁的员工展开了激烈的辩论。

B公司认为,范某是与A公司签订的劳动合同,由A公司劳务派遣至B公司的,范某并没有与B公司签订劳动合同,所以不属于公司的员工,在发生工伤事故后公司无须承担工伤赔偿责任。要求法院判令B公司与范某之间不存在劳动合同关系,不承担对范某工伤赔偿的责任。

A公司则认为,范某虽与A公司有劳动合同,但A公司不是实际用人单位,对范某的使用、支配和收益都属于B公司。A公司的主要责任是为企业介绍劳动人员,代为缴纳劳动者一定的费用。B公司只缴纳给A公司每人每月60元,不足以支付公司的成本,根据权利与义务相一致的原则,理应由B公司承担工伤赔偿费用。劳动保障部门的合同范本都规定了由实际用工单位承担工伤事故责任,该合同范本是对劳务工作的经验总结,具有借鉴意义。而B公司在与 A 公司签订的合同中对工伤的约定进行了修改,只约定其承担"相应适当补偿",逃避了对工伤事故的赔偿责任,违反了合同法中的公平原则。工伤事故是在 B 公司发生的,其有不可推脱的责任。B 公司向 A 公司支付的费用中包含了工伤保险,既然已缴纳了保险,所以应当由 B 公司承担全部工伤赔偿。

请分组就以下问题展开头脑风暴:
1. 劳务派遣中三方当事人之间工伤责任主体应如何认定?
2. 本案例中,A 和 B 公司应各负何种责任?

延伸阅读

劳务派遣与职员雇佣服务的区别

职员雇佣服务(Staffing Service)、员工统筹服务或人力资源配置服务包括职业介绍(Placement)、临时工派遣(Temporary Help)和试用性派遣(Temporary to Hire)。职业介绍指职员雇佣事务所(Staffing Firm)或职员雇佣公司(Staffing Company)将试图建立长期雇佣关系(Permanent Employment Relationship)的求职者与潜在的雇主撮合在一起。临时工派遣指职员雇佣服务事务所雇佣自己的员工,派遣他们维持或补充客户在雇员缺席、临时性技能短缺、季节性工作量和特别项目时的劳动力不足。试用性派遣指职员雇佣服务事务所的雇员在用工企业进行短期试用,目的是使派遣员工和用工企业之间最终建立长期的派遣关系。在美国,美国职员雇佣协会(或译全国临时人员协会)、美国短工供应协会(American Staffing Association,ASA)是该行业的同业组织①。

可见,职员雇佣服务既包括部分劳动者派遣,又包括中介服务;职员雇佣服务与劳务派遣是交叉关系。

---

① 参见 website of American Staffing Association,http://www.americanstaffing.net。

劳务派遣与联合雇佣的区别

联合雇佣(Joint Employment)是指多个雇主对相同雇员实施重要控制的雇佣,包括雇员派遣、紧密关联企业之于雇员的雇佣和雇佣同一雇员的多个企业之于雇员的雇佣。联合雇佣中,一方成为直接雇主(Direct Employer)、一般雇主(General Employer),另一方成为联合雇主(Joint Employer)、特别雇主(Special Employer)。

联合雇佣还指雇主联合体(形成一个雇主)对雇员的雇佣行为。如中小出版商联合雇佣销售代表,多家小企业联合雇佣一个长期的法律顾问提供法律服务。某些外国大公司为进入我国市场也有类似行为,如媒介方面的一些外资企业尝试与我国媒介联合雇佣本地媒介人才,制作本地内容,满足本地市场,分销媒介产品和服务等,开始了它们在其他国家行之有效的"全球本土化"和"外包"的过程,这正是全球化进程中国际劳动分工状况在我国媒介产业中的体现[①]。

可见,联合雇佣不同于劳务派遣。对于劳务派遣行为,不宜使用联合雇佣表述,而应该使用共同雇佣表述。联合雇佣中既有复合的劳动关系,即劳务派遣关系;也有多重劳动关系,即非全日制工作中同时为多个雇主工作;还连带劳动关系,即紧密关联企业中的劳动关系。联合雇佣与劳务派遣是包含关系。

---

① 胡正荣,"后WTO时代我国媒介产业重组及其资本化结果",载《新闻大学》,复旦大学出版社,2003年秋季号。

第四章 劳务派遣的产生与发展

本章要点

通过对本章内容的学习,你应了解和掌握如下问题:
- 劳务派遣是如何兴起的?兴起的成因主要有哪些?
- 制度经济学理论的核心是什么?它对于劳务派遣的分析有何意义?
- 劳务派遣的选择动机主要分为哪几个方面?
- 劳务派遣的一般发展历史是怎样的?

因错被单位"打回"劳务派遣公司

　　袁某与上海某劳务派遣公司于2008年4月16日签订了两年期劳动合同,其中约定:派遣袁某至某软件公司上海代表处(以下简称"代表处")工作,劳务派遣公司与代表处签订的劳务派遣协议终止或解除,以及代表处终止或解除与袁某之间的用工关系的,本合同也随之终止。并且,最终商定袁某的工资由袁某与代表处协商确定,每月工资以代表处实际支付的社会保险基数为准计算,为人民币6 000元。

　　2009年8月13日,代表处向袁某发出书面解除用工通知书,理由是:袁某把代表处电子邮箱内的电子邮件发送至其私人的电子邮箱,严重违反用工单位规章制度,将其退回劳务派遣单位,劳务派遣公司收到通知后当天解除了与袁某之间的劳动合同。袁某承认把代表处电子邮箱内的电子邮件发送至其私人的电子邮箱,但强调代表处没有任何规定禁止此行为,更不用说严重违反用工单位规章制度。

袁某无奈向劳务派遣公司所在地劳动争议仲裁委员会申请仲裁,要求恢复与劳务派遣公司的劳动关系,并要求劳务派遣单位按照6 000元/月的标准支付自劳动关系解除至恢复期间的工资。

[案例解析]

分析本案例,首先要解决"劳务派遣公司是否属于合法解除与袁某的劳动合同"的问题。根据《劳动合同法》的相关规定,劳动者严重违反用人单位规章制度的,用人单位可以解除劳动合同。因此,本案例的首要关键是,袁某是否严重违反了劳务派遣公司及用工单位的规章制度。本案例中,劳务派遣公司和代表处均主张,袁某被"退回"及解除劳动关系的理由在于袁某在工作期间把代表处的电子邮件发送至其私人的电子邮箱,严重违反了代表处的规章制度。但事实上,代表处的规章制度中并没有把"把公司邮件发送至私人邮箱"的行为界定为"严重违纪"行为,亦无履行任何的告知手续,从根本上欠缺法律依据。基于此,代表处以"严重违纪"为由将袁某退回劳务派遣公司的行为属违法,而劳务派遣公司同样以此为由解除袁某劳动合同的行为亦是违法解除。

既然解除合同属违法解除,其次要分析的就是派遣员工"无工作期间"的界定,以及无工作期间工资的支付标准。根据《劳动合同法》相关规定,劳务派遣单位应当与被派遣劳动者订立两年以上的固定期限劳动合同,按月支付劳动报酬;被派遣劳动者在无工作期间,劳务派遣单位应当按照所在地人民政府规定的最低工资标准,向其支付报酬。

资料来源:"劳务派遣人员发生劳动纠纷该找谁",中国人力资源开发网,http://www.chinahrd.net/law/info/156687。

第一节 劳务派遣产生的社会背景

劳务派遣的产生是与经济社会环境的变化紧密结合的。特定的市场经济发展背景也决定了其中构成劳动力市场各要素的变迁,因此了解劳务派遣产生的社会背景,对于我们认识和理解这一用工方式是十分必要的。

一、劳务派遣的兴起

自20世纪70年代起,为适应全球经济的结构性改变,欧美各国的传统雇佣关系发生了相当程度的转型。在国际资本与商品的快速流动,以及各国的竞争压力之下,原本由雇员为单一雇主提供有偿劳动,在雇主指定的场所从事全日制工作,并维持不定期的就业期限为特征的工作形态,逐渐发生了改变。在人力资源弹性化的需求下,雇主开始运用所谓"暂时劳工"(Contingent Wokers)来应对市场结构性和循环性的变化[1]。

依据欧洲法院检察总长(Generalanwalt) Alain Dutheilet de Lamonthe 的观点,派出单位似乎起源于英国,时间介于两次世界大战之间。约在同一时期,第一家"业务急救"(Business Aid)公司于1926年在法国成立,派遣业务涉及文书写作、电话接线等;至1967—1968年,法国已有150家派出单位,其中117家加入了派遣同业工会;1967年所有的派出单位年营业额已达4.5亿法郎,其雇佣的员工约占整个法国劳动力的0.6%—0.7%。以当时最大的Manpower公司为例,1967年其雇佣的劳动者已逾13 000人[2]。到了20世纪90年代,劳务派遣经过漫长的发展之后,欧洲大多数国家只设定少数的限制性条件,允许派遣单位从事此类经营行为。只有希腊、意大利、西班牙仍然采取禁止的态度。如参考最近的相关文献,所提及的禁止劳务派遣的国家仅有希腊一国而已。

美国的"暂时劳工"工作形态自1980年开始蓬勃发展,在1982—1992年,受派遣劳动者由17 000人增加至140万人。过去美国的汽车制造业一直被认为是美国"最大的雇主"(Largest Employer),但是由于暂时性劳动的蓬勃发展,美国最大的私人雇主已变为从事劳务派遣服务的"万宝华公司"(Manpower, Inc)。

日本从1965年开始出现了劳动派出单位,当时的劳务派遣公司在其他企业需要的时候派遣被其雇佣的劳动者到其他企业从事一定时间的工作。到了1975年后,因企业对此类派遣的劳动者需求量大增,劳务派遣公司的数量也迅速增长起

---

[1] 焦兴铠,"论劳动派遣之国际劳动标准",《辅仁法学》,2002年第19期。
[2] 杨通轩,"欧洲联盟劳动派遣法制之研究——兼论德国之劳动派遣法制",《中原财经法学》,2003年第10期,第253页。

来。由于《日本职业安定法》第 44 条明文禁止业者从事劳动供给业务,也明文禁止任何人使用劳动供给业务所提供的劳动力,因此,日本的劳务派遣一开始是在违法状态下运营的。在 1985 年 7 月 5 日对劳务派遣进行立法规制并于 1986 年 7 月实施后(经过多次修订),日本业界逐渐放松了对劳务派遣的规制①。

二、劳务派遣的成因

要了解劳务派遣用工产生与发展的实践背景,首先要从分析推动其发展的诸多制度因素入手。其中,制度环境、产业结构、劳动力供求关系等因素的变化与调整,正逐渐改变着劳动力市场中的诸多固有模式,并将某些新模式有选择地纳入相关传统体系中。

(一)制度环境

市场自由化程度的提升与相关就业和社会保障政策的调整,推动了劳务派遣用工在不同发达程度市场中的形成和发展(Oisen & Kalleberg, 2004; Peck, Theodore & Ward, 2005)。市场自由化集中体现在市场开放和整合程度的提升以及资源配置市场化的深入上。工业化在从发达国家向发展中国家转移后,产品市场的开放性和一体化程度带动了资本与劳动力的市场化配置,资源流动的制度障碍在逐渐地弱化或消失,而市场供求关系和价格的波动性在显著增强。

以美国和西欧等经济民主化程度较高的发达国家为例,开放性经济政策、移民政策、放松市场管制及企业的自主用工政策等从供给和需求两个方面分别增加了劳动力与雇主的内部竞争压力和自由选择空间,从而为劳务派遣的发展创造了必要的制度条件。20 世纪六七十年代美国的派遣用工主要发生在芝加哥、密尔沃基等自由经济较为发达的地区。产业资本的聚集推动了工业与服务业的共同发展,并引发了企业用工需求的结构性或数量变化;以来自非洲和拉丁美洲地区为主的移民,成为了派遣员工中的主要群体(Peck & Theodore, 2001)。

另外,积极就业与配套性社会保障政策能够与市场自由化政策形成有机互补,为市场进入者提供多元化的制度通路和资源供给,并在一定程度上降低了市场经济主体的社会性职能压力。积极就业政策包括:公共就业服务职能市场化;建立多层次人才开发体系,鼓励女性、老龄、残疾和有色人种等弱势群体就业;通过立法

---

① 邱骏彦,"劳工派遣法制之研究",《辅仁法学》,2000 年第 19 期,第 261—262 页。

等途径鼓励多种形式的灵活就业等内容。例如,西班牙等国家在承认了劳务派遣的合法性地位后,从事派遣用工的劳动力规模在短时间内得到了快速提升,并显著地超过了正式雇佣的增长速度。

同时,社会保障政策的完备性可以体现在保障程度和享有者的范围上,这将直接影响到企业使用劳务派遣用工的经济性成本,以及劳动者选择工作模式的机会成本。例如,在北欧和新加坡等高福利国家,拥有正式公民身份的劳动者退出正式的雇佣体系的成本很低,健全的社保体系在很大程度上承担了其退出风险。企业经常依赖于派遣用工等非正式雇佣模式,以弥补正式员工退出所造成的空缺,而劳动者则普遍反映出参与非正式就业的主动意愿(Van Dyne & Ang,1998)。然而,在美国等社会保障职能相对虚化的制度环境中,企业选择劳务派遣的动机可能是出于降低员工的长期福利;相应地,以从事临时性、辅助性或替代性工作为主的边缘化劳动力群体,对劳务派遣则体现出更多地被动接受(Olsen & Kalleberg,2004)。

(二)产业结构

产业分工的延伸,以及产业集群的形成和拓展,促进了制度的衍化和资源的整合,从而共同推动了雇佣模式向多元化的方向转变,促进了劳务派遣用工的发展。

(1)产业分工的变化主要反映在传统制造业的变革和新型服务业的发展方面。

首先,产品开发、技术升级和产能转移,正在驱动着传统制造业从劳动密集型向技术密集型、从单纯的规模经济向兼顾规模与范围,以及从集中性向分散性产能的过渡。雇主对劳动力需求的结构一致性、数量稳定性及契约长期性在逐渐发生改变,并更加注重通过相关渠道获取雇佣弹性。例如,制造行业的生产职能在技术标准化和操作模块化的背景下,向派遣用工和外包等非正式用工模式的转移。

其次,新型服务业的发展由于其轻资产的特征而体现出了对技术、流程和劳动力资源的非线性依赖,并导致了其盈利模式、内部分工和外部环境的复杂性和不确定性。在此条件下,劳务派遣形式能够在欠缺稳定的产业环境中,应用于某些基础性或增值性业务。例如,金融企业会在前台服务等常规性业务岗位,以及衍生品市场推广等探索性业务岗位上,使用派遣用工或非全日制等灵活用工形式。

(2)产业集群作为产业分工的一种专业性和区域性表现形式,有利于促进劳动力资源的汇聚和整合、任务需要与技术流程的标准化,以及专业化配套体系的形成和延伸。存在于相关产业组织间的资源依赖和制度场域,能够推动职业劳动力市场的形成、劳动力资源的组织间分享,以及专业化人力资源服务组织的产生。在美国硅谷地区、日本中心城市周围的制造工业区,以及我国苏州和天津经济技术开发区等产业集群中,非正式雇佣成了与当地产业环境相匹配的用工形式。

(三) 劳动力供给

在劳动力供给方面,促进劳务派遣等非正式就业模式发展的因素较为复杂,并存在着地区、时间和群体等条件下的不确定性。

(1) 以人口学因素为基础,特定劳动力群体的价值观和社会身份在发生相应的变化,其权变性特征逐渐凸显。性别、年龄、种族和宗教信仰等个人因素与家庭、学校、政府和市场等社会性因素相互作用,正在改变特定人群的生存和就业偏好,以及其在特定制度或组织环境中的行为路径。女性和农业劳动力的职能转化、有色人种社会权利的提升,以及年轻和老龄就业人口的工作价值观变化,都在不同程度上影响着劳动力市场供求关系的均衡状态。从市场自我调整的角度考虑,多样化的雇佣形式能够缓冲单一用工形式的局限性,拓宽劳动力进入或者退出雇佣关系的选择路径。

(2) 就业人口对特定雇主和就业安全的依赖性,正逐渐让位于针对特定区域或产业的职业生涯与可雇佣性开发(Sulhvan,1999;Gallagher & Sverke,2005);员工在传统雇佣关系中的雇佣和组织承诺,开始向家庭、职业和社会关系等承诺对象转移。因此,劳务派遣用工能够在职业化发展、时间安排的自主性,以及社会网络的形成和延伸等方面,满足劳动者的现实需求。

(3) 人力资源开发和价值实现的途径在发生变化,单一雇主和内部雇佣的传统方式已经很难适应劳动者的权变性职业需求。劳动力群体在组织和市场中的分化,对相对稳定的传统人力资源实践和劳动关系制度提出了挑战;相应地,组织的离职率,以及产业和区域内的人员流动率都在显著提升。在此条件下,劳务派遣就业模式能够为人力资源的流动与累积创造条件,并为劳动者的市场产出提供多方面的衡量和比较指标。例如,年轻的劳动力可以在劳务派遣的过程中,选择适合自身发展的职业通路和最佳雇主。

(四) 劳动力需求

在劳动力需求方面,外部环境的权变性与组织边界的刚性,可能造成企业在战略形成和执行间的脱节,并且企业内部的雇佣关系需要在既有形式、内容和价值判断上进行相应的补充或调整。劳务派遣可以弱化企业的组织边界,促进其与外部环境的有机互动,并将市场化机制引入到相对稳定的组织内部制度和资源体系中,使其在流程调整和技术研发等活动中获得更多的弹性空间。

由于时代的变迁,现代劳动者的工作价值观与职业生涯规划已经逐渐突破了传统工作价值观的约束,越来越多的青年一代劳动者不愿意选择约束较多的"典型劳动模式",而劳务派遣的多样化工作弹性时间模式正符合他们的需求;此外,对一些需要兼顾家庭与工作的特殊劳动者,如妇女劳动者来说,"派遣劳动"可以使其在照顾家庭之余,得以在其时间容许的范围内从事工作。

(五) 其他原因

劳务派遣的形成与企业对技术与经济条件改变的反应也有密不可分的关系。许多企业对市场上日益增加的竞争采取所谓的"静态弹性"(Static Flexibility)的策略,即通过追求廉价的劳动力来应对市场变化。当市场条件发生变化时立即对劳动力生产成本进行调整以及调整工时等,从而使企业更具有弹性[1]。劳务派遣形成的原因在各国几乎是大同小异,大致可以归纳为以下几点[2]:

(1) 劳动保护法规增多,造成雇主经营成本的增加。为了减少此种成本的支出,以获取更大的利润,越来越多的雇主希望减少长期的雇佣劳动者,改以劳务派遣的方式获取所需的劳动力。雇主希望一方面可以此种方式获得所需要的劳动力,另一方面又可以不用承担劳动法赋予雇主的责任。

(2) 对雇主而言,当有些工作并非经常需要时,"派遣劳动"即成为一个具有弹性而且更加便利的雇佣模式。例如,当一个药厂推出新药时,现有的业务人员编制不够使用,此时若因此雇佣(以订立不定期劳动合同的方式)更多的业务人员,一旦当新药推广完成以后,这些新聘的业务人员将无事可做,但若要将其解雇,则需要给予一定数量的遣散费(我国劳动法中称为"解除劳动合同补偿金")。即使是签订了有固定期限的合同,劳动关系到期自然终止,不用支付劳动者遣散费,但是雇主仍然不能提前终止该合同,而且要承担各种保险费用,办理各种用工手续,对于雇主来说,使用劳务派遣的用工模式相对而言就非常便利。

(3) 在一些用工单位中,有些工作不需要由全职工作人员负责,雇佣全职工作人员从事该项工作会造成人力资源雇佣成本上的浪费,但直接雇佣非全职的工作

---

[1] 邱骏彦,"日本劳工派遣法之现状",《就业与训练》,1998年第16期。
[2] 郑津津,"派遣劳动之法律关系与相关法律问题研究",《中正大学法学集刊》,1999年第2期,第239页。

人员,雇主仍然需要承担劳动法赋予其的用人单位所须负担的责任。在这种情况下,"派遣劳动"即成为雇主的最佳选择。例如,一家大型超市,需要在营业结束后有10名清洁人员在3个小时内完成清洁工作,对于雇主来说,通过派遣单位派遣清洁工来完成此项工作,既可以满足其经营方面的需要,又不需要承担劳动法赋予其的多项义务,故而具有很大的吸引力。

(4)当用人单位面临劳动者因私人原因无法按时到岗,如请长假等,或因职业灾害住院治疗而无法正常工作时,如果因此而雇佣(以订立不定期劳动合同的方式)另一名员工以取代该项职位空缺,一旦劳动者恢复工作能力和时间重新上班以后,雇主往往需要将新聘用的员工解雇,此时就需要依法给付高额的遣散费;或因无法有效使用新雇佣的员工而造成人力资源浪费。雇主若与该新聘用员工签订定期合同,也仍然需要承担雇主责任。因此,对于雇主而言,以劳务派遣用工模式应对此类状况是最便捷和最节约成本的有效方式。

此外,出于社会就业方面的考虑(如我国20世纪90年代国有企业改革产生的大量下岗职工就业问题等),以及其他非经营性的目的(如我国早期外商代表处等机构的劳务派遣人员)等对非正式用工模式的需求,也会促进劳务派遣的产生与发展。本书之后会对我国劳务派遣的产生做详细的讨论,在此不作赘述。

第二节 劳务派遣产生的制度经济学分析

劳务派遣作为一种新兴的企业用人方面的制度安排,既满足了企业效率最大化和成本最小化的需要,又有利于在宏观上扩大就业规模。因此,在就业压力日益加大的今天,这一制度安排对于促进下岗职工和失业人员再就业无疑具有非常重要的推动作用。在分析了其产生的社会背景之后,我们要进一步通过制度经济学的相关理论来对它产生的现实意义进行分析。

一、制度经济学相关理论

(一)制度经济学的相关理论基础

新制度经济学的核心理论之一是认为交易涉及资源的使用,即产生所谓的交易成本,而制度的发生和演变即为了节约交易成本。新制度经济学理论认为:首先,现实中人并非绝对理性,是有限理性的;其次,人的行为是机会主义的,即指人们会在规则允许的范围内寻求各种手段实现自我的利益。

由于人是有限理性、机会主义的,因此在经济行为的过程中要想实现利益最大化,就必须防止机会主义的发生和由于信息不完全而导致的资源浪费。新制度经济学认为,交易成本是指使用市场的成本,包括准备合同的成本、达成合同的成本以及监督和实施合同的成本(Dahlman,1979)。交易成本经济学的目的在于,通过在事前设计相应的治理结构,来防止和弱化冲突,进而降低风险,减少损失,使交易成本最小化。

新制度经济学针对不同专用程度资产的交易过程设计了两种成本最小化的治理结构:

(1)对于专用性资产的交易应采取"一体化"的内部组织治理结构,用于解决资产专用性程度提高所导致的市场组织生产成本、治理成本上升的问题。

(2)对于非专用性资产的交易,应当通过"市场组织"的制度安排去解决由于内部组织造成的生产和治理成本的提高问题。这里所说的专用性资产,是指为了支持某项特殊交易而进行的耐久性投资。

新制度经济学建议,对于由于资产专用性程度提高所导致的市场组织生产成本和治理成本上升的问题,应当通过"垂直一体化"或内部组织的制度安排去解决。

(二)人力资源的交易过程及特点

人力资源交易的成本构成包括:信息搜寻成本、培训成本、合同履行成本和合同监督成本等。信息搜寻成本主要受人力资源部门对不同专业的人力资源市场的了解程度影响,长期从事某一专业交易的人力资源部门,往往对其他专业的市场了解不够,一旦进入需要花费更多的成本。培训成本包括脱产培训和在职培训等,由于培训和人力资源的积淀是一个长期的过程,所以一旦流失,产生的直接成本、机会成本和间接成本将会远远超过其他成本。

因此,可以将人力资源分为专用性人力资源和非专用性人力资源。专用性人力资源的基本特征主要有:

(1)同专用性资产一样,在交易之初停止人力资源交易,转入其他人力资源投资的机会成本较低;在交易过程中停止交易,转向其他投资的机会成本非常高。

(2)人力资源的专用程度,从根本上取决于劳动者素质、技术、技能以及与雇主专营业务的关系(关系紧密的则属于专用性人力资源)。

人力资源的交易也面临不确定性和交易规模的问题。人力资源交易的不确定性主要有信息不对称、"套牢"和"道德风险"等,而不确定性带来的风险大小取决于人力资源的专用程度,专用程度越大风险越大,专用程度越小风险越小。同时,专用性人力资源的交易成本也会受到交易规模的影响。交易规模是指一个企业对不同专业人力资源使用的次数、规模和频率。交易规模越大,专用性越高,采用内部组织的治理结构越有效率,采用市场组织的治理结构就面临越高的交易成本。

(三) 劳务派遣的交易成本优势

针对不同人力资源特征采取不同的治理模式的确可以有效地降低企业的交易成本,提高企业效率。事实上,企业对于非专用人力资源的使用是以牺牲劳动者个人的效率和提高劳动者的个人风险为代价的。当企业对非专用人力资源实施市场组织的方式时,就意味着劳动者面临着随时被解雇的危险,面对着来自企业更大的不确定性和道德风险,甚至还会面临着合法权益被侵害的危险。

因此,企业往往采用非正式用工的方式在使用非专用人力资源的同时来避免此类风险,其中较为有效的方式之一就是劳务派遣。采用劳务派遣这一用工模式可以有效提高企业的经营效率,这是基于以下两个方面的因素。

(1) 人力资源向专用性的转化,即非专用人力资源的专用性转化。劳务派遣可以将被单个企业看作非专用人力资源的工作业务转化为自己的专营业务,人力资源随着业务的转化而转化为劳务派遣企业的专用性人力资源。人力资源专用性的转化,是以社会分工为基础的,社会分工和专业化是劳务派遣效率的源泉。

(2) 实现汇总经济。这一功能是劳务派遣可以有效扩大就业的基础。劳务派遣可以将单个的、分散的、小规模的市场交易汇总起来,实现规模效益。既可以降低企业的成本,又可以提高劳务派遣专用人力资源的使用效率。

由于劳务派遣的存在,人力资源市场上原有的二元结构变成了三元结构。一方为需要招用人力资源的企业;另一方为派遣企业;第三方为已经被劳务派遣企业全部转化为专用性的人力资源。

二、劳务派遣用工的选择动机

在特定的外部环境下,劳务派遣的一般性制度特征和资源构成,与用工组织内的制度结构和资源基础会形成一定的参照或比较效应。根据对制度合理性和资源效用的整体预期,以及外部环境特征和组织内部的系统性差异,我们可以从制度经济学的角度分析企业对劳务派遣用工模式的选择动机。

(一)基于减少成本的动机

1. 可以降低人力资源的吸引成本

人力资源的吸引成本一般表现为劳动力从外部市场进入用工组织的过程,可以分为劳动力搜寻、劳动力甄选和劳动力招聘三个阶段。

(1)在劳动力的搜寻阶段,劳务派遣企业可以利用自身所掌握的劳动力储备,以及在职业结构、区域市场等方面的不同搜寻渠道,保证用工单位对人员搜寻的需求,节省用工单位自身进入劳动力市场进行搜寻的时间和资源成本,从而满足用工单位降低劳动力搜寻成本的需求。

(2)在劳动力的甄选方面,由于劳务派遣企业具备标准化和专业化的组织能力,在劳务派遣服务的过程中,可以参照各个不同用工单位的用工需求,对所拥有的劳动力资源进行整合,形成标准化的劳动力甄选体系,从而替代用工单位的相关操作流程,达到节省成本的目的。

(3)在劳动力的招聘环节,由于劳务派遣自身的特点,一方面,派遣企业与用工单位通过一系列劳务合约的约定,在遵守具体的用工单位相关人员选聘标准的情况下,替代用工单位进行人员招聘。另一方面,劳务派遣企业通过与单个劳动者签订劳动合同,再将之派往用工单位进行工作,可以弥补用工企业正式员工辞职所造成的职位空缺,减少用工单位寻找替代员工的机会成本和风险。

另外,劳务派遣的治理结构通过汇总经济的功能,降低了劳动者个人的求职成本和不确定性风险,实现了规模经济。在古典即时交易模式下,当用工单位的交易成本大于交易收益时,就存在着用人需求的丧失问题;当劳动者个人的就业交易成本大于就业后的收益时,就存在着就业需求的丧失问题。劳务派遣通过将分散的用人需求和零散的就业需求汇总起来,有效地提高了规模经济效益,降低了供求双方的交易成本,使得潜在的需求变成现实。

2. 可以降低人力资源的开发成本

劳务派遣企业通过对那些在企业看来是非专用性的劳动者进行专用性转换,可以大大降低企业的人力资源开发成本。劳务派遣企业为提高其所拥有的劳动力的就业率,不得不对其进行通用性技术和专业技术的培训,使其满足大多数用工单位的人员使用要求,将处于待业状态的签约派遣劳动者派往有需求的用工单位,从而达到了节省用工单位人力开发成本和提高派遣企业派遣率的目的。

此外,受派遣的劳动者在劳动力市场中的不断流动,也可以增加其必要的工作技能和经验,达到节省用工单位人力资源开发与培训的目的。同时,某部分具有高技能的派遣员工自身已经具备了相当高的技能水平,他们参与劳务派遣,也在很大程度上减少了企业的人力开发成本。

3. 可以降低人力资源的管理成本

管理成本主要是对员工劳动关系的管理方面的成本。用工单位为了降低这些方面的成本,将一些未涉及企业核心利益的员工交给更加专业化的劳务派遣公司进行管理,对用工单位而言更加有利。

随着经济社会的发展,企业正逐渐推行扁平化的组织结构,不断削减内部的管理职能和岗位,以期降低其管理成本。劳务派遣用工模式可以缩短企业的管理流程,将原有的企业管理流程转化为交易成本和弹性交易过程。例如,企业在劳务派遣的过程中,将基于企业长期发展的系统的绩效管理转变为针对派遣用工的短期绩效评价,使用标准化的规范和流程,代替长期的人力资源沟通,从而节省企业的人力资源管理成本。

4. 可以提高劳务派遣组织的效率

劳务派遣通过非专用性人力资源的专用性转换,大大提高了劳务派遣企业的人力资源使用效率。劳务派遣高效的源泉不在于降低了用人企业的用人成本和个人就业的交易成本,而在于通过实现人力资源专用性在不同企业之间的转换,提高了交易和生产的效率,有效消化了用人企业向劳动者转嫁的各种交易成本。

(二)基于市场竞争能力的动机

1. 基于企业人力资源管理的专业化需求

对人力资源管理的专业化需求是劳务派遣发展的重要驱动力。各个国家和地区劳动法律法规的实施规范了劳动合同的用工秩序,促进了劳资关系的调整,提高了企业违法成本,这对企业的人力资源管理模式和管理能力提出了更高的要求。此外,劳动者的维权意识和维权能力大大增强,也给企业人力资源管理带来了很大压力。因此,很多企业希望将人力资源管理的一般业务,以及针对一般员工的管理转移给专业的外部机构,以便企业人力资源部能够专注于企业核心人力资源管理工作,例如,人力资源发展规划,以及企业核心员工的管理。

2. 可以使人事管理更加便捷

用工单位与劳务派遣公司签订劳务派遣协议,明确人数、条件、待遇等,通过劳务派遣公司组织招聘、筛选、测评,将候选人名单交给用人单位,用人单位确定人选。劳务派遣公司和被聘用人员签订劳动合同,被聘用人员到用人单位就职后,用人单位可根据被聘用人员的工作岗位和工作业绩确定工资福利待遇等。合同期满,劳务派遣协议续签或终止合同,对企业来讲手续简、见效快、风险少,也更规范。

用工单位不需要使用专门的人员、机构来对派遣人员进行管理。在使用劳务派遣人员时,只要作出相关的管理规定,按分配的工作任务进行管理、考核。与劳务派遣公司的合同终止以后,所使用的派遣劳动者就退出企业生产组织。因此,使用劳务派遣模式可以让用人单位在业务量增加时引进劳务派遣工,在业务量减少时减少派遣人员的使用,用工机制十分灵活,而且还可以很好地解决一些临时性、季节性用工岗位的"退工"问题。

3. 适应服务专业化发展的要求

随着社会经济的发展,科学技术水平的提高,社会分工的细化和专业化是社会发展的客观规律。企业的发展也遵循了这个规律。企业的竞争,主要在于其核心业务的竞争。因此,随着社会分工的细化和专业化,企业为了保持其核心竞争力,一般会把其非核心的业务外包。在企业员工管理方面也体现了这个规律。

从员工管理角度来看,劳务派遣将员工管理清晰地分为了"实体"与"程序"两个层面。用工单位对被派遣劳动者只进行工作考核等实体管理,而剩下的一切程序性管理工作,如薪酬发放,社会保险代收代缴,劳动合同的签订、续订、解除、终止等均由劳务派遣机构负责。这样,用工单位用人、派遣机构管人的这种模式就使得用工单位节省了许多精力,减少了大批因管理工作带来的工作量和相关的麻烦,同时可以使用工单位的经营者能够更专心于事业的发展和企业的生产经营,用工单位的人力资源管理部门因此可以更加专注于企业核心员工管理的相关事务。

4. 满足了用工单位跨区域经营的需要

目前,各国现行的劳动法律、法规要求企业管理水平应达到较高的要求,用工流程法律风险较大。而大多数企业都普遍存在着跨区域经营的现象,由于用工地域广泛,各个地方的劳动政策不相统一,加上现行的劳动法律、法规对企业用工的要求非常严格,必须满足时点、时限、期间等法定的要求,导致企业经常出现管理漏洞。而通过劳务派遣机构提供专业化、系统化的劳动服务,可以实现企业的规范化管理。

5. 有助于劳动者开拓就业渠道

在劳动力市场中,单个劳动者受限于自身拥有的渠道、资源及技术能力水平,往往无法顺利实现获得满意工作的需求,从而处于一种待业的状态,造成人力资源的极大浪费。因此,发展劳务派遣是适应市场经济发展对劳动用工形式多元化的需要。通过发展劳务派遣有利于开拓就业渠道,优化配置劳动力资源,帮助劳动者实现多渠道、多形式就业和灵活就业。

劳务派遣企业可以充分利用其就业平台和资源优势,为派遣员工提供更多的就业机会和更为广阔的职业选择;重视派遣员工的教育培训工作,有效提升派遣员工的职业素质和职业技能,提高派遣员工的职业选择能力。

(三) 基于劳动关系的选择动机

1. 可以有效避免劳务流失

在用工单位进行工作的受派遣劳动者,由于其劳动合同的签约方是劳务派遣企业,因此这些受派遣员工的相关人事档案、社会保险手续等都是由劳务派遣公司集中管理的。在劳务派遣的合同期内,对新聘用人员制定了具有法律效力的制约制度,这样完全可以保证被聘用人员尽心尽力地做好工作,用人单位不会担心劳务流失和"跳槽"。

2. 可以降低企业违规用工的几率

如何避免因对劳动法律法规的无知而造成的违规用工,是一部分用工单位所面临的难题之一,特别是在《劳动合同法》出台之后,如何准确把握和使用该法,对用工单位而言关系重大。通过劳务派遣机构的服务和管理,能够得到劳务派遣机构科学可靠的劳动法律、法规的咨询和指导,大大降低了用工单位不规范用工的几率。

3. 有助于在前期化解劳动争议及纠纷

劳动争议或纠纷在一家企业的产生在所难免,但有关纠纷和争议产生后的处理方式则千差万别。有些企业产生纠纷后,通过与员工的沟通往往能把争议化解在萌芽之中,而不会发展到诉诸劳动仲裁、诉讼等法律手段。但是,无可回避的一点是,一旦员工与企业产生争议,就会对企业的行为有一定抵触,无法静下心来与企业洽谈及沟通。在此种情况下,则需要一个相对客观和中立的第三方从中调停。

在设立有工会或劳动争议调解委员会的企业,工会、调解委员会通常担任这一角色,而在没有设立相关机构的企业,则可通过劳务派遣形式,使劳务派遣单位充分发挥在劳动纠纷中的调解作用。这样一来,通过沟通或与员工洽谈等方式解决争议,省去了企业与员工进行仲裁、诉讼的时间和精力,也使用工关系更加和谐。

4. 劳务派遣有助于保障被派遣员工的合法权益

由于种种原因,许多用工单位往往无法和劳动者建立直接的劳动关系,通过劳务派遣既可以较好地解决用人单位的实际用工需要,又可避免由于用人不规范带来的各种劳务纠纷;既保护了劳动者的合法权益,又免除了用人单位的后顾之忧。劳务派遣不仅保证了派遣员工的工资收入水平,而且还可以利用用工单位内部的岗位空间和岗位调整,提高派遣员工的工资收入。

由此可见,劳务派遣在促进就业方面所发挥的作用非常明显。无论低端、中端或是高端劳动者,都可以在劳务派遣机构找到适合自己的工作岗位。并且,在劳务派遣机构的组织、保障及推荐下,求职人员从"单兵作战"变为"集团军",在与用工单位的沟通中更加能够维护好自身的合法权益。

第三节　劳务派遣的发展历史

劳务派遣作为一种雇佣和使用分离的就业制度,最早起源于美国,成长在欧洲与日本,目前已经在许多国家得到了广泛的推行。

尽管不成熟的派遣单位在 19 世纪的欧洲就已经出现,但是现代派遣行业则产生于 20 世纪 40 年代晚期、50 年代早期的法国、英国、荷兰、美国等国家和地区。世界上最早的人力资源公司 Manpower 于 1948 年在美国成立,据称是世界上最大的私人雇主,目前该公司在全世界 54 个国家拥有 3 500 个办事处,主要在法国和英国。据统计,1999 年该公司有固定职员 20 100 人,临时劳动者 210 万人[①]。此外,2001 年欧盟的派遣单位雇佣的劳动者超过 700 万人,占欧盟总就业人口的 1.9%[②]。

---

① John Burgess and Julia Connell, *International Perspectives on Temporary Agency Employment Work*, New York: Routledge, August 25, 2004, p. 38.

② The EU Tem Trade, *Temporary Agency Work across the European Union*, 2002.

一、劳务派遣的形成阶段

劳务派遣起源于19世纪20年代的美国,当时由一家名叫Samuel Workman的公司创立了人力租赁的业务模式(Rented Help)。当时这家公司雇佣一批已婚妇女,在夜间处理盘点的工作,之后又训练她们使用计算器,然后将她们租赁给企业,让企业可以应付临时或短期的人力需求[①]。另一种说法是,劳务派遣的雏形最早出现于20世纪50年代的美国,当时在美国飞机制造业中就出现了借用共享劳动者的情况,还有塑料配件制造商与汉堡王快餐所采用的跨行业劳动力共享等[②]。

也有人认为,劳务派遣起源于欧洲,其中又包含了三种不同的说法。第一种认为,劳务派遣最早产生于第二次世界大战时期的荷兰。第二种说法是,根据欧洲法院检察总长Alain Dutheilet de Lamonthe的观点,劳务派遣单位似乎发源于英国,时间介于两次世界大战之间。第三种说法认为,1926年第一家"业务急救"(Business Aid)公司在法国成立,业务派遣的范围包括文书写作、电话接线员等。1967—1968年,法国已经有150家派遣单位,其中117家企业加入了派遣同业工会;1967年所有的派遣单位年营业额已经达到4.5亿法郎,其雇佣的员工占整个法国劳动力的0.6%—0.7%[③]。

到了20世纪50年代末至60年代初,新的劳务派遣组织开始出现。这一机构不再是单纯作为劳动力市场的中介从事招募和安置活动,而是实施了临时劳动者的正式雇主的职能,承担了与雇佣相关的责任。

此时的劳务派遣与传统就业服务的区别是:派遣单位为用工单位提供临时的劳动者,而不是无固定期限的雇佣劳动者;派遣单位作为临时劳动者的雇主,其服务行为持续到用工单位使用劳动者行为的终结,而不是在用工单位使用劳动者的同时从两者之间的关系中退出。在最初的阶段,劳务派遣单位主要在欧洲、北美等国家的办公室工作方面发挥着作用。

二、劳务派遣的发展阶段

由于经济结构的调整,产业结构和用工形式发生了巨大的变革,企业为了生存

---

① 成之约,"浅论'非典型聘雇关系'工作形态的发展与影响",《劳工行政》,1999年第139期。
② 张小明,"人才共享:集天下优才而用",《人才瞭望》,2002年第5期。
③ 杨通轩,"欧洲联盟劳动派遣法制之研究——兼论德国之劳动派遣法制",《中原财经法学》,2003年第6期。

和发展,不得不大规模地裁员。在被裁减的员工中有一些人具有专业的技能,拥有相当工作经验和能力的特殊劳动力群体成了劳务派遣的主要对象,劳务派遣业应运而生。

20世纪70年代,由于经济的不景气,企业为了求得生存,降低生产经营的各种成本,不得不进行大规模的裁员,由此导致了正式员工数量的不断下降,并因此推升了大量的临时性雇佣人员的批量涌现。随后,当用工单位面临越来越多的季节性、突发性或临时性的工作时,这种临时性的雇员就成了雇佣的首要选择,从而形成了现代意义上的劳务派遣雇佣。

到20世纪80—90年代,随着全球化的发展,特别是企业核心竞争力理论以及供应链管理理论的提出,越来越多的组织意识到要想在越来越激烈的市场上成为胜利者,就必须拥有弹性的人员雇佣体制和稳定的劳动力供给资源来提高企业对市场的响应速度并在一定程度上实现成本最优,从而加剧了对劳务派遣业发展的要求。

劳务派遣自从产生以来,发展速度迅猛,以从事劳务派遣业务的美国万宝华公司来说,截至2004年底,在全球61个国家和地区中,共雇佣派遣劳动力270多万名,成为全球最大的雇主企业。

自20世纪90年代以来,劳务派遣这一用工形式在世界各国都得到了持续的发展。在1991—1998年,欧盟国家劳务派遣的增长率估计为10%;被派遣劳动者的总数因为各国的概念上的差异,统计数据有所不同,目前有280万人左右,大约占总就业人口比例的2.1%。从绝对数量上来看,在欧盟各国中,被派遣劳动者数量居前四位的分别是法国、英国、荷兰和德国。在所占的总就业人口的比例上,英国的比例最高,达到了4.7%;其次是荷兰,达到了4.5%;处于最后两位的是丹麦和希腊,也分别达到了0.3%和0.2%[1]。其中,丹麦、西班牙、意大利、瑞典各国劳务派遣业均以20%的速度在迅猛增长。而在美国,劳务派遣业在过去的20年间发展较为不平衡,制造业、贸易业、建筑业、保险和金融行业是增长速度最快的几个行业[2]。

---

[1] Werner Nienhuser and Wenzel Matiaske, Effects of the "Principle of Nobdiscrimination" on Temporary Agency Work: Compensation and Working Conditions of Temporary Agency Workers in 15 European Counties, *Industrial Relations Journal*, 2006(37): 1.

[2] John Burgess and Julia Connell, International Aaspects of Ttemporary Aagency Eemployment, from John Burgess and Julia Connell, *International Perspectives on Temporary Agency Work*, New York: Routledge, August 25, 2004.

三、主要发达国家劳务派遣业的发展进程

总体来看,劳务派遣服务在世界各国都有非常明显的发展。其中,比利时、法国、卢森堡、荷兰、英国及美国等都已经拥有了十分成熟的劳务派遣市场,奥地利、丹麦、芬兰、德国、爱尔兰、意大利、日本、挪威、葡萄牙、西班牙、瑞典及瑞士等国的劳务派遣业尚在发展之中,东欧、亚洲、南美及南非则是新兴的劳务派遣市场。从全球来看,欧洲、美洲的劳务派遣市场占到了全球派遣市场的80%以上。从行业分布来看,在过去的十多年中,欧盟15国劳务派遣的发展在行业间的分布格局为制造业和服务业各占一半。其中,奥地利和比利时集中在制造业上,挪威集中在服务业的发展上,荷兰主要分布在加工业和农业行业,而英国则有35%的劳务派遣工作是在银行和金融服务业之间分布。从职业分布看,英国有1/3的企业使用了劳务派遣用工模式,被派遣人员主要从事着秘书和"蓝领"等类似岗位的工作。下面我们就各国劳务派遣的发展历程作简要的描述。

(一)美国

美国的劳务派遣业出现得比日本和德国要早,较为著名的劳务派遣公司多成立于1946—1951年,例如,凯利服务公司(Kelly Servies Inc.,1946)和万宝华(Manpower,1948)等。这些劳务派遣公司在20世纪末得到了迅速的发展,在1982—1998年,美国的非农劳务派遣行业所拥有的劳动者比重从0.5%增加到了2.3%[1]。目前,美国有些州已经开始用劳务派遣的方式安置领取失业保险和社会福利金的待业人员,由此可见,美国政府已经把劳务派遣业视为公共就业服务机构的合作伙伴[2]。在1999年的美国总统经济报告中指出,劳务派遣就业对于劳动者和雇主来说都是非常有益的。此外,美国还成立了"派遣协会",为劳务派遣企业提供相关的市场信息服务[3]。

美国的劳务派遣业虽然早已产生,但是真正得到迅速的发展却是在20世纪90年代。其中一个重要的原因就是在90年代后,美国有关劳动就业等相关的法律法规不断健全和完善,执法力度也不断增强,加上企业中工会组织的"分庭抗礼"作用

---

[1] 石美遐、刘昀、陈秀华,"我国现阶段劳务派遣的理论和实践合理性",载丁薛祥主编,《人才派遣理论规范与实务》,法律出版社,2006年,第7页。
[2] 魏艳绥,"国际人才派遣业的发展",《中国人才》,2003年第5期。
[3] 杨燕绥、赵建国,《灵活用工与弹性就业机制》,中国劳动社会保障出版社,2006年,第301—302页。

不断增强，由此驱使用工单位主动选择可以有效减少上述问题的劳务派遣用工模式。此外，美国有关雇佣关系的法律法规和行政命令也比较繁杂，规范和界定了雇佣关系的性质以及人力资源管理活动的合法范围，对劳资双方都有明确的权利和义务方面的界定，在执法方面更是加以严格的贯彻实施。劳务派遣中的劳动关系则是由公平雇佣委员会（EEOC）等专门的机构出面进行调解。此外，工会对于保障劳务派遣员工的生活，改善工资、工时、工作条件和福利等，也起到了一定程度上的帮助作用。另外，美国的法律诉讼费用非常高昂，一旦企业违法被告上法庭，则不仅需要耗费大量的时间、精力来应对，影响企业的正常运转，而且对企业的形象也有很大的损害。这使得用工方一方面不得不约束自己的行为；另一方面为了避免不小心违反法律或发生与工会的对抗带来的损失，转而寻求外部劳动力市场的劳务资源，从而催生了劳务派遣业的繁荣发展。根据美国全国雇主组织协会（Professional Employment Organization，PEO）的估计，目前有 70 000 多家小公司几乎全部的雇员均来自租赁，而在 20 世纪 80 年代末，这样的公司还不到 2 000 家；PEO 还估计，目前全美 2 300 家活跃的专业雇主组织，其从业人员估计有 300 万人，年工资总额达到了 1 800 万美元①。为什么这么多的中小企业将他们的雇佣人员托付给专业的劳务派遣组织呢？原因很简单，因为很多小企业主对处理人力资源问题越来越力不从心，例如，在应对越来越健全的劳动法律法规时，大公司可以使用一支由律师和会计师组成的团队去为自己的利益而战斗，而小公司则大多数无法独立承担，从而越来越认定将其薪酬管理等相对来说繁杂的事务工作托付出去就可以摆脱所有这些人力资源的问题。从很多方面看，劳务派遣服务正是在通过提供福利和薪酬等相关的服务来拉平小公司与大公司之间的活动领域，因为这些职能服务通常是小公司自己承担不起的。

1999 年，翰威特（Hewitt）公司调查发现，在美国有 93% 的大型企业（500 人以上）接受了不同程度的劳务派遣服务。全美雇主组织协会统计，美国有 400 万人提供劳务派遣服务，而且这种用工模式在美国以每年 35% 的比例在增长②。

在美国，临时性支援协会（National Association of Temporary and Staffing Services，NATSS）和人员安置协会（American Staffing Association，ASA）的相继

---

① 〔美〕玛丽·库克（Mary F. Cook），吴雯芳译，《人力资源外包策略》，中国人民大学出版社，2003 年，第 114 页。

② 黄昆，"合理选择劳动派遣规制事项"，《中国劳动》，2006 年第 3 期。

成立,标志着劳务派遣业已经成为美国劳动力市场举足轻重的组成部分。根据NATSS 1996年的调查,美国大约有90%的公司正在使用临时性服务员工。美国劳工统计局(Bureau of Labor Statistics,BLS)2001年2月调查美国的劳务派遣人数已经达到了116.9万人,平均的派遣期限为2周,劳务派遣人数占到就业人口总数的0.87%①。关于美国劳务派遣业的发展,日本学者论述道:"在一定程度上可以认为,劳务派遣是为劳动者提供寻找工作、交涉劳动条件,为劳务使用者提供劳动力和人事劳务管理的一项服务。可以预见,今后企业相关业务的外部委托,短、中、长期的派遣和人事管理服务业会得到长足的发展。美国'人才租赁革命'从1980年以后迅速发展,像这样承认劳动力转租赁形式的劳务派遣业,是继国际劳工组织第181号公约后的又一个重要发展,为劳动市场开辟了一个新的天地。"②

(二)德国

德国是欧洲国家当中较早对劳务派遣进行立法规范的国家。欧盟一向致力于维护劳动者的权利与社会保障,派遣员工与用工单位自身雇佣的员工享有相同的待遇、健康福利与职业训练机会。根据欧盟相关的法律规定,为鼓励并改进派遣员工的职业安全与卫生状况,劳务派遣员工应当享有和用工单位自身雇佣的劳动者相同的权益保障。另外,劳务派遣员工也应享有相同的社会安全条件与职业训练机会,且劳务派遣单位必须事前将用工单位的劳动条件与职业风险告知受派遣的员工。事实上,批准国际劳动组织所指定的私人就业机构公约的国家也主要是欧洲国家。目前欧盟提供给派遣员工的保障是最充分的,给派遣员工的待遇标准也可以说是最高的。

(三)荷兰

荷兰也是欧盟国家中使用劳务派遣比较多的国家。近年来,劳务派遣在荷兰的发展态势也非常地迅猛。劳务派遣公司所签订的劳动合同量占总的劳动合同量比例由20世纪90年代初期的20%增加到2001年的40%。现在,劳务派遣公司所签约的劳动者数量约代表了荷兰60%的灵活劳动力份额③。

荷兰的劳务派遣公司起始于20世纪40年代,第一个规范劳务派遣公司的法

---

① 朱达明、田培杰,"人力派遣法律保障制度建设及其路径选择",载丁薛祥主编,《人才派遣理论规范与实务》,法律出版社,2006年,第7页。
② 〔日〕马渡淳一郎著,田思路译,《劳动市场法的改革》,清华大学出版社,2006年,第188页。
③ Donald Storrie, *Temporary Agency Work in the European Union*, European Foundation for the Improvement of Living and Working Conditions, 2002, p. 28.

规在1965年开始实施,之后相关的法律法规也日益增加。法律规定劳动者只能为一个用工单位最长工作6个月,受雇者的社会福利受到很大的限制,也没有附加的福利,更不能与用工单位直接签订劳动合同。尽管有如此多限制,劳务派遣公司的规模还是在迅速地扩大,雇佣人数由1973年的24.45万人增加到了2000年的30万人。在相对紧张的劳动立法和高失业率的环境之中,劳务派遣公司与灵活就业者签订了大量的合同,而其中增长最快的时期则是在20世纪八九十年代。

实践证明,劳务派遣用工模式对雇主来说非常具有吸引力,因为雇主可以凭此避免因业务减少而与劳动者解约所须支付的解雇费,并且在生产高峰时期还可以通过劳务派遣的临时用工解决其对劳动力的暂时需要;劳务派遣方式对于受雇劳动者来说也大为有益,因为它减少了单个劳动者寻找工作的费用和成本,并且通过劳务派遣公司的服务可以自由地协调工作和生活之间的关系,以此获得工作经验。劳务派遣公司可以使那些在劳动力市场处于劣势的人们获得持续性的工作。根据调查的数字显示,通过与劳务派遣公司的合作,近半数的临时劳动者在一年之内成为具体用工单位的长期雇员,65%的临时劳动者在两年之内成为临时雇员[1]。

(四)日本

从20世纪70年代末开始,在国际化竞争的压力下,日本的产业界开始采取合理化的经营政策,把劳动力配置的合理化列为企业经营政策的中心,要求能够对现有严格的保护劳动者的法律规制进行适当的放松。政府应产业界的要求,实施了"劳动市场规制缓和政策"(又称"劳动市场弹性化政策")。在劳务派遣方面,产业界希望能对日本实行的《职业安定法》的禁止规定松绑,激活民间的劳动力调节体系,促进劳动力供需的均衡。

在这样的背景下,美国万宝华公司把现代的劳务派遣观念带入了日本。万宝华公司于1966年在日本设立了全资的子公司——日本万宝华,其当初是以服务日本的外资企业为主要目的开始营业的,约两年后才陆续有其他公司接受这种新型的劳动力供给服务。接下来,劳务派遣公司的数量逐渐增加,1969年第一家由日本人注册的劳务派遣公司成立,而现今日本最大的劳务派遣公司——保圣那(Pasona)公司则

---

[1] 杨燕绥、赵建国,《灵活用工与弹性就业机制》,中国劳动社会保障出版社,2006年,第301—302页。

是在1974年设立的。1975年以后,因为企业对此类劳动服务的需求量大增,劳务派遣公司迅速增长。到1984年,日本的劳务派遣公司已经达到50家①。

根据奈斯比特在《产业革命》一书中的介绍,日本在1983年时被派遣劳动者尚不到4 000人,而到1984年就增长到了5万—6万人,而且这种发展势头一直保持不减。日本1998年财政年度的劳务派遣营业额已经突破了1.182 7兆亿日元;1999年,日本的劳务派遣企业注册人数已经接近90万人,实际派遣人数达到40万人。根据日本厚生劳动省2003年1—3月的劳动调查显示,日本劳务派遣的总人数为50万人,占就业人口总数的0.79%②。

在日本从事劳务派遣的企业有4000多个,最大的劳务派遣公司有签约雇员20多万名,营业额达到几千亿日元。根据日本人才派遣协会2004年的劳动者派遣事业单位统计调查报告称,2004年日本在软件开发领域劳务派遣人员规模达到了5.68万人;市场营销领域派遣人员规模达到了12.76万人;财务管理领域派遣人员规模达到了14.70万人;交易文书制定领域派遣人员规模达到了39.36万人。这些新业务相比传统的一般性事务派遣,由于其技术含量相对较高,而且能为客户带来直接的经济收益,市场附加值得到了明显提高。特别是在日本劳务派遣市场的政府规制缓和之后,中年男性人才、大学毕业生、外国IT人才也纷纷加入这一市场,推动了劳务派遣服务价格的上升③。

日本于1984年成立了日本事务处理服务协会,该协会是日本劳动省批准的下属社团法人,1994年更名为日本人才派遣协会,到2004年底共有582家企业加入协会。该协会的主要职能有:为劳务派遣事业的有效运营与健康发展提供咨询、指导与援助,为派遣人员或考虑成为派遣人员的雇佣稳定和福利开展各种活动,开展有关劳务派遣的调研,举办专题报告会等;与有关的政府部门及团体加强联络沟通,通报劳务派遣业情况,提出政策建议;定期发放协会杂志,汇集会员企业的信息,编辑出版劳务派遣白皮书;支持设在各地的区域性协会,互换信息,以及其他为实现协会目的而需要进行的各项工作④。2002年,日本专门建立了针对派遣人员

---

① 王振,"从日本人才派遣业发展看上海的人才派遣",载王振主编,《上海人力资源发展报告(2005—2006)》,学林出版社,2006年,第219页。
② 朱达明、田培杰,"人力派遣法律保障制度建设及其路径选择",载丁薛祥主编,《人才派遣理论规范与实务》,法律出版社,2006年,第7页。
③ 王振,"从日本人才派遣业发展看上海的人才派遣",载王振主编,《上海人力资源发展报告(2005—2006)》,学林出版社,2006年,第219页。
④ 同上。

的劳务派遣健康保险组合。建立之初只有约 10.5 万人,133 家劳务派遣公司参与其中;而到 2005 年 3 月底,加入的人数超过了 30 万人,加入的劳务派遣公司数量也超过了 190 家,成为日本最大的健康保险组合。

第四节 劳务派遣的负效应探讨

作为一种用工方式,我们除了看到劳务派遣所具有的一些特有优点之外,仍然不能忽视其中所存在的一些弊端。本章的前几节着重介绍了劳务派遣产生的社会背景以及其对于人力资源管理和使用的积极意义,但劳务派遣也有其发展不够完善的方面,在运行中存在着一些负面的影响。

一、劳务派遣的负效应

有学者根据我国台湾地区 20 多年间的劳动派遣现象总结发现,劳动派遣的负面影响主要表现在以下四个方面。

(一)团体权利难以维护

在传统的直接雇佣劳动契约关系中,依据相关的法律法规,劳动者可以在工作单位内部组建工会组织,而工会组织有权进行集体谈判并缔结集体协议,从而为员工争取利益。但是,由于劳动派遣过程中劳动者的雇佣和使用发生了分离,受派遣劳动者的契约关系与工作管理关系并非发生在同一地点,劳动者无法依照常理组建工会组织,并且无法确定其团体权利的谈判主体是派遣单位还是用工单位。"尤其对于派遣劳工而言,工作地点所面临的只是名义上的雇主,参与工会组织和进行团体协商的动机与态度也相对受到影响。"[1]

劳动派遣用工模式对劳动者团体权利维护的制约主要表现在以下三个方面:

(1)由于派遣单位所派出的劳动者并不局限于某一个或几个固定的用工单位,劳动者之间的联系较为松散或根本不存在组织(如车间、班组、科室)之间的联系,无法建立有效的工会组织,因而无法有效维护其团体利益。同时,即便组建了

---

[1] 成之约,"'派遣劳动'及其发展的探讨:工会观点",《万国法律》,2004 年第 12 期。

工会组织进行集体谈判,也会因为劳动者所在的具体劳动环境和条件的不同而无法对谈判的条件和要求达成一致。

(2) 由于用工单位仅仅是派遣劳动者的用工管理者,与劳动者不存在劳动契约关系,因此劳动者在其内部成立工会并不符合法理。此外,即便可以在用工单位组建工会,由于被派遣劳工本身的工作岗位具有分散性、临时性等特点,如临时的工作关系结束以后,是否工会也该解散?

(3) 被派遣劳动者一般来说是劳动就业能力较弱的劳动者,权益维护意识不强。"就集体劳资关系影响而言,根据研究显示,非典型工作形态劳工多不具备劳工意识,在态度与行为上比较不具有参与公会组织的倾向。"[①]因此,劳动派遣用工对于团体交涉制度、工会制度而言,仍有许多值得深入研究的问题。

(二) 职业稳定性较差

在劳动者选择劳务派遣的方式从事工作的原因中,最主要、最客观的因素在于劳动者无法被用工单位直接雇佣。由于在劳务派遣活动的过程中,劳动者的雇佣和使用分离,虽然其劳动合同的缔约方是固定的劳务派遣单位,但是由于在用工单位的工作时间较短,且因为派遣单位与用工单位的商务关系变更而不断发生改变,因此对于劳动者来说,其具体的工作环境和条件是不断地在发生变化的。往往劳动者刚刚熟悉一个用工单位的工作环境就不得不面临着结束工作,前往另一个用工单位进行工作的局面。因此,劳动派遣造成的职业不稳定是客观存在的。

(三) 劳动者权利保障困难

这里所说的劳动者权利主要指其获得社会保险的权利。我国在20世纪90年代开始进行的社会保险制度改革,使越来越多的劳动者享受到了这方面的保障,并将我国的社会保险责任逐步从企业责任(雇主责任)转向社会保险经办机构的社会保险责任。在此前提下,劳动派遣关系增加了劳动者社会保险权利的落实难度。"由于社会保险的地方化,各地社会保险收费标准不完全相同,但基本在劳动者工资的30%左右。对于用人单位来说,这是一笔很大的费用。但是如果从其他单位借入劳动者,在目前的劳动法律制度下,用工单位就可以顺利地将劳动关系转化为劳动租赁关系。这样,不仅省了社会保险费,逃脱了社会保险责任,而且用工灵活,

---

① 成之约,"'派遣劳动'及其发展的探讨:工会观点",《万国法律》,2004年第12期。

能用就用,不能用就退,不受劳动合同期限的限制……"①正如多数人理解的那样,劳动派遣对于用工单位而言,大大节省了人力资源成本,但是这些人力成本是否会转嫁到派遣单位呢?答案显然不是。在劳务派遣的过程中,作为人力成本主要内容的社会保险成本,则随着派遣单位与用工单位双方责任的模糊不清而发生一定程度的消解和减少。

(四)相关监督制衡机制尚不规范

在现实的劳务派遣过程中,有的派遣单位和用工单位在所订立的《劳务派遣合同》中,并未将由用工单位应支付给劳务派遣单位的管理费用同由其承担但通过劳务派遣单位代收代付给员工的工资报酬、社会保险金及其他福利分清列明,而是捆绑在一起仅确定一个总额,由劳务使用单位支付给劳务派遣单位。这就为派遣单位克扣员工劳动报酬、少缴甚至不缴纳社会保险金、剥蚀其他福利等打开了方便之门。不但使用工单位而且也给员工个人甚至劳动保障部门,监督检查劳务派遣单位是否及时足额地代收代付员工的工资报酬、社会保险金及其他福利带来了困难。有的虽然在《劳务派遣合同》中规范了双方的权利和义务,明确了劳务派遣单位自身应得的管理费和代收代付员工的工资报酬、社会保险金及其他福利,但用工单位未能切实履行对劳务派遣单位代收代付情况进行必要的跟踪和监督的职责,从而给某些劳务派遣单位侵犯员工合法权益提供了便利。

在当前我国人力资源供大于求、劳动者求职愿望非常迫切,劳务派遣的法律法规有待健全规范,劳动保障部门监督检查力量和力度都不够的情况下,少数劳务派遣单位和劳务使用单位甚至为了各自利益而相互勾结,漠视法律责任和社会保障义务,肆意侵害员工的正当权益。所有这些都将损害员工的合法权益,也不利于劳务派遣的健康发展。

二、劳务派遣负效应的相关评价

(一)劳动者职业稳定且有保障

对于受派遣的劳动者来说,在劳务派遣活动过程中,尽管其在不同时间内所处

---

① 李坤刚,"我国的劳动派遣及法律规制初探",载《劳动法实施十周年理论研讨会论文集》,劳动法实施十周年理论研讨会,2004年12月。

的用工单位不同、具体的工作岗位不固定、所处的工作环境和享受的待遇不尽相同,看似工作稳定性较差,但是在劳务派遣过程中,受派遣劳动者的劳动合同缔约方并不是具体的用工单位,而是将他们派遣到用工单位的固定的派遣公司。相比于用工单位的多变化、差异化来说,受派遣劳动者签约的派遣单位是唯一且固定的,不会因为劳动者的具体工作发生变化而变化。

此外,根据我国《劳动合同法》的相关规定,劳务派遣单位需要与劳动者签订两年以上的劳动合同,这对于劳动者来说是多了一层法律的保障,确保其在签约之后的两年内享有法律上的工作稳定性,不必担心一时的派遣失败而带来生活和其他方面的压力。

(二)派遣单位对劳动者的权利保障负责

在劳务派遣活动过程中,由于劳动者的雇佣和使用发生了分离,劳动者与派遣单位签订劳动合同,是劳动契约关系;而与用工单位仅仅是用工管理关系。因此对于用工单位来说,他们只是需要在劳动者的具体工作当中进行必要的用工管理,负责基本的劳动安全保护和相关福利措施,而不对被派遣劳动者负有社会保障方面的义务。对于劳动者因在用工单位工作而需要支付的人力成本费用,用工单位则是基于与派遣单位的商务合同关系支付给劳务派遣单位,由劳务派遣单位支付给劳动者。

劳务派遣单位与被派遣劳动者签订了劳动合同,因为雇佣关系的特征,需要对被派遣劳动者的相关福利和保障措施负责。这就要求劳动者与派遣单位在签订劳动合同时明确约定双方的权利和义务划分,而劳动者的社会保障福利也应由劳动合同进行约定和保障。待派遣单位收到用工单位支付的人力资源成本费用之后,依据劳动合同的划分比例依约支付。而随着我国《劳动合同法》的进一步深入实施,劳动力市场上的劳动合同签约率正在稳步提升,劳务派遣单位与劳动者的劳动合同签约率也比较高,这在另一方面确保了被派遣劳动者的合法权利受到保障。

(三)劳动者团体权利维护

在劳务派遣活动过程中,被派遣劳动者由于工作的特殊性,需要在不同的用工单位之间转移,无法形成稳定的劳动用工关系。自身无法有效地组建维护团体利益的权利维护组织。

此外,根据我国《工会法》的有关规定,在我国基层组织中建立工会组织,需要由上一级工会组织批准。而目前我国劳务派遣活动市场化发展的历史尚不长久,各项活动正处在蓬勃发展的阶段,相关的高级别的工会组织也尚未建立。因此,在基层的劳务派遣组织、被派遣劳动者之间建立专门的工会组织条件还不成熟。

因此,要维护劳务派遣过程中劳动者的合法权益,确保劳务派遣劳动者的团体利益得到保障,不因派遣单位和用工单位经济效益方面的片面追求而受到损害,就必须加快相关法律法规的建设与完善,确保劳动者的合法权益得到妥善的保护。

(四)监督制衡机制尚待健全

在由劳动者和雇主双方组成的传统劳动关系中,对于劳动关系的监督和制衡由相关劳动保障部门和行政部门进行劳动监察。而在劳务派遣过程中,由于其自身特殊的三方关系,现有的监察管理体系未能十分有效地解决其特殊的劳动纠纷。加上有关劳务派遣的专门法律法规尚未规范成熟,因此对于劳务派遣来说尚未有成熟的监督制衡机制,这就要求我们加强这一方面的建设和规范,对劳务派遣进行合理监督,引导其健康有序发展。

本 章 小 结

本章对劳务派遣产生的社会背景、推动劳务派遣产生的成因进行了简要的介绍,并对劳务派遣这一用工模式进行了简要的制度经济学分析,揭示劳务派遣参与各方选择劳务派遣的动机;随后,对劳务派遣的一般发展历史做了简要的介绍。但是,目前世界上各个国家和地区的劳务派遣用工的发展现状如何、各国有无明显区别于他国的特征、别国发展劳务派遣的经验对我们有无借鉴意义,还需要我们做进一步的学习和了解。

本 章 复 习 题

1. 劳务派遣兴起的成因主要有哪些?
2. 用工单位选择劳务派遣用工模式的动机主要分为几个方面,分别有哪些?
3. 劳动者选择参与劳务派遣的原因有哪些?

讨论案例

双赢的劳务派遣

中专毕业的张春财,在私企工作过,做过药品推销。2006年底,当他得知宁德移动公司委托蕉城区劳务派遣公司招收员工时,他立即报了名,经过面试和培训,2007年3月,他在蕉城的一家移动营业厅上班了。和以往不同的是,他不仅可以按时领到工资,劳务派遣公司还替他缴纳养老、医疗和工伤保险费。

像张春财这样,2006年以来通过蕉城区劳务派遣公司走上就业岗位的员工已有4 000多人。劳务派遣,正成为大型企业的用人新形式。

企业有了人才库

蕉城区现有需转移的劳力和下岗失业人员5万余人。但是,许多农村劳动力缺乏从事非农产业的就业技能,不能适应用人单位需求;另外,由于信息不对称,村里人没能及时掌握劳动力市场信息。招工难和就业难依然是蕉城区就业市场的现实困境。

如何找到破解就业和招工两难问题的途径?2004年2月,蕉城区成立了劳务派遣公司,通过劳务派遣这种新型用工形式在"两头难"之间架起了就业桥。劳务派遣公司实行的是"登记型管理",公司对有求职愿望的劳动者登记在册,一有合适岗位,就按用人单位的要求与登记在册的员工签订劳动合同,把符合条件的人员指派到用工单位。2006年,宁德移动公司需要招收一批营业厅人员和话务人员。区劳务派遣公司将招工信息发布出去后,很快就有很多应聘者。经面试、培训合格后逐批到闽东各移动营业厅上岗。宁德移动公司人力资源部的一位负责同志说,他们与劳务派遣公司合作,委托他们招工和管理,职工权益得到了保障,也省却了企业在人力管理上的许多琐事。

职工有了"娘家人"

加班加点而没有加班费,医保、社保不关用工单位的事……在就业难的今天,为了稳住一份饭碗,员工对许多企业这样的用工环境也只是默认。作为企业,面对人员流动性大的局面,为职工做这些后勤保障,增加成本不说,而且也因耗时费力更不愿为。但是,集"派遣就业、技能培训、依法维权"为一体的劳务派遣让企业也让就业者尝到了甜头。据了解,蕉城区通过劳务派遣出去的员工工伤保险参保率达100%,生育、失业、养老及医疗保险参保率平均达90%以上。

何实德曾是通过劳务派遣到电力公司的一名员工。在电力公司干了一段时间后,他到劳务派遣公司反映电力公司所给的工资太低。区劳务派遣公司工作人员立即到电力公司了解情况。原来,电力公司给老何的工资并不低于工资标准,但与实际工作量相比少了些。经过协商,电力公司答应给老何每月工资提高60元。

从派遣员工的生育、工伤到养老、失业和医疗保险,派遣公司就像被派遣员工的"娘家人"一样,一管到底,用劳务派遣公司副经理林洪棋的话说,派遣员工的"生、老、病、死"都管。2007年正月,得知一名派遣到一通信企业的员工得病死亡,林洪棋帮助处理丧葬事宜,为处于悲恸中的员工家属争取到了困难补助、抚恤金和丧葬费等。

资料来源:"劳务派遣:就业招工双利",中国人力资源开发网,http://www.chinahrd.net/law/info/65163。

请分组就以下问题展开头脑风暴:

1. 案例中张春财的劳动关系是怎样的?
2. 如案例中所述,劳务派遣是如何做到使劳资双方互利的?
3. 案例中劳务派遣可能存在的问题有哪些?

第五章 劳务派遣的国际经验

本章要点

通过对本章内容的学习,你应了解和掌握如下问题:
- 发达市场经济国家实施劳务派遣的基本情况是怎样的?
- 各国对于劳务派遣的法律规制情况如何?
- 劳务派遣的国际经验对我国劳务派遣规制有什么借鉴作用和参考经验?

导读案例

"共同雇主"与权利义务的划分

帕克运输公司(以下简称"运输公司")是一家卡车运输公司,专门在密歇根州迪尔伯恩市运送石油及其产品,帕克为这家运输公司的股东。公司与"国际卡车司机工会"下属的"第285号工会"以及美国劳动联合会与产业联合会组织(AFL-CIO)签订了集体协议。他们所雇佣的卡车司机都来自这个工会。1995年,帕克由于健康状况欠佳决定将公司出售给麦克凯莱公司(以下简称"麦克凯莱")。

最初,麦克凯莱只希望取得运输公司的资产,而不愿意接收运输公司原有的卡车司机雇员。而帕克则希望麦克凯莱能够将运输公司统统买下,使得运输公司能够运作下去。对于帕克来说,一旦原来的公司无法再继续,他手下不少已经接近退休年龄的卡车司机就会失业,而他们就无法得到帕克曾经向工会承诺的退休金,帕克也将会因这一违约行为受到工会对他的高额罚款。经过帕克与麦克凯莱双方的协商,最后麦克凯莱建议双方签订一份劳务派遣协议,由原运输公司向麦克凯莱派遣这些卡车司机。这样一来,帕克和麦克凯莱签订了两份单独的协议:一份是麦克凯莱购买运输公司所有资产的协议,另一份是麦克凯莱同意接受运输公司派遣司机的协议。协议签署完毕之后,帕克告知了所有司机雇员他打算退休的意图,还告诉他们,为了使雇员们能继续工作以拿到退休金,他计划使他的公司成为一个"劳务派遣公司",并且将他的雇员们几乎全部派遣给麦克凯莱。此外,他还补充说,在公司易主的情况下"不会发生什么实质的改变",因为运输公司的副董事长和执行经理马迪斯将仍然负责运输公司原先劳动人事方面的工作。同年3月1日,麦克凯莱接手了该运输公司,和以往并没有区别,那些被派遣来的司机们仍然适用最初的集体协议。6月初,随着业务量的增加,麦克凯莱要求雇佣更多的司机,运输公司却希望尽可能减少自己的雇员,所以不打算出面雇佣更多的员工将其派遣给麦克凯莱。麦克凯莱于是在6月20日自己雇佣了一批卡车司机,这些司机取得的工资和津贴都与原本那些通过派遣来的司机不同。麦克凯莱希望新进来的司机在发车顺序以及换班制度上能够有一些优先,同时对运输公司原来派遣来的员工也作出了一些调整。

原告史蒂文正是在这种情况下面临失业危机的。1997年2月13日,运输公司解雇了司机史蒂文,他也是工会的会员。史蒂文因而依集体协议上的约定就此事进行了申诉。3月18日,密歇根州货运联盟委员会签署了命令,要求运输公司只要有可能的工作岗位就要让史蒂文重新回去工作。运输公司对此事的回应是,史蒂文将仍然按照公司惯常的安排送货,一旦有新的客户,史蒂文就可以重新被安排工作。然而,史蒂文并没有被重新安排工作,因为运输公司并没有新客户。事实上,运输公司唯一的客户就是麦克凯莱,而偏偏麦克凯莱认为史蒂文的驾驶记录不符合标准而不愿意录用。

本案比较复杂,也涉及了美国在雇佣员工方面的各种相关法律事项。对于劳务派遣而言,从中我们可以得到的启示是:首先,美国的劳务派遣市场已经发展得比较完备,劳务派遣也成为一种比较普遍和常用的方式为许多公司所采用。其次,通过本案的叙述,可以对美国劳务派遣的实际运作方式有一个大致的了解,对于其中所涉及的"共同雇主"问题,可以从一个比较新的角度对我国的立法设计有所借鉴。通过本案还能够了解美国法律对劳务派遣规避工会审查监督这一问题的控制。美国在通过"工会"的形式保护劳动者权益方面规定得比较详细,也比较严格,这对于我国也是一个良好的借鉴,为我国在未来建立一个良好的劳务派遣市场,完善关于劳务派遣的法律制度,提供了一个新的视角。

资料来源:徐冬根、陆婷婷,"美国劳务派遣的相关法律及案例分析",《中国劳动》,2006年第4期。

第一节 发达市场经济国家劳务派遣的基本情况

劳务派遣用工模式最早起源于20世纪五六十年代的美国。当代技术、产品和市场的加速衍化,要求企业更加强调组织内部各子系统间的运行和沟通效率,并通过灵活、多样的人力资源雇佣和配置模式来改善整体的用工效率。相应地,长期、稳定的正式雇佣关系在愈加灵活多变的组织和市场环境中,正补充以派遣用工、非全日制用工和临时用工等非正式雇佣模式;其中,尤以派遣用工的快速发展最为明显。20世纪六七十年代美国的派遣用工主要发生在芝加哥、密尔沃基等自由经济较发达地区。主要原因在于产业资本的聚集推动了工业与服务业的共同发展,并引发了企业用工需求的结构性或数量变化。另外,市场自由化程度的提升以及相关就业和社会保障政策的调整,也推动了非正式用工在不同发达程度市场中的形成和发展;以美国和西欧等经济较发达的国家为例,其开放性经济政策、移民政策、放松市场管制及企业的自主用工政策,从供给和需求两方面分别增加了劳动力与雇主的内部竞争压力和自由选择空间,从而为非正式用工的发展创造了必要的制度条件。

一、劳务派遣发展的基本情况

从世界范围来看,劳务派遣总体上是呈上升的发展趋势的。一些国家对于它的严格规制并没有影响其自身的旺盛生命力。这也是与世界经济的灵活发展趋势相适应的一个结果。

(一) 世界各国劳务派遣的使用情况

在世界多数国家,劳务派遣在全部就业中的比重正在呈不断上升的趋势。在欧盟国家中,劳务派遣员工比例最小的是丹麦、芬兰和意大利;劳务派遣使用比较多的国家包括英国、荷兰、法国和比利时。从20世纪90年代中后期开始,劳务派遣在几乎所有国家都得到了迅速扩展。在奥地利,从1996年到2004年的八年间,派遣机构和派遣工人的数量几乎翻了三倍。在爱尔兰,2002年到2003年之间每年5%的GDP增长促使劳务派遣就业增长了68%。在芬兰,从2001到2004年间劳务派遣就业翻了一番。

劳务派遣的快速扩张主要发生在劳务派遣使用规模比较小的国家;在劳务派遣使用较多的国家,劳务派遣的增速比较平稳。尽管在多数国家经历了比较快速的增长,劳务派遣在欧盟国家、日本和美国整个就业总所占的比例并不高,在3%以下(只有英国雇主组织的统计数字为5.1%);在那些劳务派遣规模高速增长的国家,其劳务派遣人数占全部就业的比例仍旧非常低(例如,尽管芬兰劳务派遣业经历了高速增长,但是其总规模仍然只占全部就业人口的0.6%)。这说明劳务派遣在这些国家均不属于主流的就业形式。此外,有观点认为,这也说明与其他用工形式相比,劳务派遣在增加用工需求方面并不具有特殊优势[①]。

从实际的用工时间来看,这些国家的劳务派遣用工基本属于短期和临时性用工。在欧盟国家中,派遣期限最长的是奥地利,2004年有近一半的白领员工的派遣期限在一年以上。此外,荷兰的平均派遣时间也比较长,达到平均113天。法国和芬兰的派遣工作绝对属于短期派遣,法国的平均派遣时间为9.5天,芬兰服务行业的派遣任务平均时间为19天。在德国,75%的派遣任务不到三个月。从整体来看,欧盟国家的劳务派遣仍然具有很强的短期性和临时性,这个特点是与这些国家企业使用劳务派遣原因密切相关的。根据民间职业介绍国际同盟(CIETT)在2000年进行的一项调查结果,企业使用劳务派遣的原因主要是代替休假员工(27%)和季节性波动(23%),以及计划外业务波动(21%);其他原因,包括招聘长

---

① Adaptability in a Global Context: Temporary Agency Work and Small and Medium-sized Enterprises, Industrial Relations in the EU, Japan, US and Other Global Economies, 2005－2006, European Foundation for the Improvement of Living and Working Conditions, p. 22.

期雇员(11%)、不确定增长(9%)、完成专业任务(4%)只占很小份额;尤其是因其他原因从事常规工作(3%)和以更低的成本从事常规工作(1%)的情况所占比例更少。美国人员安置协会(ASA)在2004年所做的一项调查也表明,企业使用劳务派遣的最主要理由为填补临时岗位空缺(80%)、满足旺季业务需求(72%)、完成短期项目(68%)、寻找长期雇员(59%)。

(二)各国对于劳务派遣的规制的演变

各国对于劳务派遣的态度大体可以通过相关法律法规的制定过程来判断。总体来说,目前国外关于劳务派遣的态度以及规制大致可分为两类[①]。一类国家的立法经历了从禁止到严格管制,再到逐步放松的过程。例如,日本1949年的《职业安定法》中明确禁止有偿职业介绍活动;在1985年的《劳动者派遣法》颁布之前,日本的派遣一直处于违法状态。德国在1967年前把劳务派遣作为违法的私营职业介绍而禁止,法国在1972年以前一直没有明确劳务派遣的法律地位。另一类是不以禁止与管制为特点,而是以维护劳动力市场秩序为主旨,对劳务派遣采取相对宽松的规制,典型的例如英国与美国。这些国家对劳务派遣规制方式的差异,也是与其对有偿职业介绍的态度直接相关的。

由于早期的私营职业介绍所经常被指控压榨求职者。因此,国际劳工组织通过1919年《失业公约》及《失业建议书》以及1933年《收费职业介绍所公约》提倡禁止有偿的私营职业介绍机构。对这一主张几个主要发达国家采取了不同的态度。日本紧跟国际劳工组织,严格禁止私营职业介绍所;德、法两国没有完全禁止,但采取了严格的管理制度;美、英两国一直拒绝废除或者严格限制私营职业介绍所。

国际劳工组织的主张随着20世纪60年代私营的职业介绍机构以及劳动力市场上其他类型就业服务机构(包括劳务派遣)的发展,促使国际劳工组织1997年通过《私营职业介绍所公约》承认了私营职业介绍所的合法地位。根据该《公约》的规定,私营职业介绍所包括职业中介、雇佣劳动者并提供给第三方使用的行业(劳务派遣),以及其他与求职相关的就业服务机构。《公约》还正式承认了劳务派遣机构在促进就业方面的积极作用,但是《公约》及与其配套的建议书也提出,各国政府部门应该对劳务派遣行为进行监管,以避免损害劳动者的合法权益。

近年来,欧盟国家和日本普遍放松了对劳务派遣的管制。这一现象的出现主

---

① 参见:董保华,《劳动力派遣》,中国劳动和社会保障出版社,2007年。

要基于两个原因。一是,劳务派遣适应了企业对员工数量灵活性的需求。在以长期合同为主要雇佣形式的欧盟国家,由于员工的带薪假期较长,加之企业常常会面临工作量的变化,以及雇员休产假和病假等情况,企业可以通过劳务派遣来及时填补临时性的岗位空缺、应对暂时的工作量变动,而不必增加长期雇员的数量。这种做法增加了企业用工的灵活性,降低了企业经营成本。二是,很多欧盟国家的政府都认识到,劳务派遣在为特定群体,例如长期失业者、青年人、残疾人等提供重返劳动力市场机会方面发挥了重要作用。因此,这些国家将劳务派遣作为劳动力市场政策工具。不过,这些国家对劳务派遣管制的放松,主要体现在对派遣原因、行业和派遣期限的限制上;在派遣员工与用工企业的直接雇员平等待遇,以及采取对派遣员工中的某些弱势群体的社会保护措施方面,各国政府加强了对派遣员工的保护。

二、世界典型国家劳务派遣情况

为了对世界各国劳务派遣的总体情况有更好的了解,这里有必要对一些典型国家的劳务派遣规模以及用工情况做一详细介绍[①]。

(一)法国

在法国,劳务派遣近年来的发展是比较平稳的。就劳务派遣的使用比例来说,从1999年到2007年,尽管有小幅度波动,但是总体变化不大。1999年,法国劳务派遣员工占全部从业人口的2.7%[②];2004年,劳务派遣员工总数为569 314人,占全部从业人员的2.1%[③];到2007年,这个比例上升为2.4%[④]。从派遣时间来看,2007年派遣任务的平均时间为1.9周,其中,能源行业的派遣任务持续时间为6.1周,建筑业派遣任务的时间为2.9周,制造业为2.3周。法国劳务派遣员工从事派遣工作的平均期限为7.5个月;在此期间,平均被2.7家派遣企业雇佣。

法国的被派遣劳动者以男性为主(2007年,男性占全部被派遣劳动者的72%,

[①] 统计数据的来源主要为人力资源和社会保障部劳动科学研究所的调研数据。
[②] Donald Storrie, Temporary Agency Work in the European Union, European Foundation for the Improvement of Living and Working Conditions, 2002, p. 28.
[③] *Adaptability in a Global Context: Temporary Agency Work and Small and Medium-sized Enterprises*, Industrial Relations in the EU, Japan, US and Other Global Economies, 2005 - 2006, European Foundation for the Improvement of Living and Working Conditions. p. 23.
[④] 2007年法国劳务派遣工总量来源于欧洲产业关系观察网站发布的2009年度报告,从业人员总量(Total Employment)数据来源于经济合作与发展组织网站。由于前者的报告并没有说明被派遣劳动者总量的统计口径,所以这两个数据的统计口径有所不同。因此,2007年法国被派遣劳动者占从业人员的比例只是大致数字。

女性为28%),绝大部分为体力劳动者(2004年,44%为低技能工人)。26岁以下人员占全部被派遣劳动者的31%。从派遣员工的行业结构来看,2004年派遣员工分布较多的行业是制造业和建筑业(分别占全部派遣员工总数的48%和32%)。

法国的派遣行业由为数不多的大型派遣企业和数量众多的小企业构成。大型企业通常建立了派遣职业跨度广、覆盖全国的派遣服务网络;而小企业通常独立运作,派遣对象多为技能水平较低的员工。2004年,法国派遣企业总数为1 000个,营业额为184亿欧元[1];2007年,派遣行业的营业额为217亿欧元,比2004年增长17.9%。

(二)德国

总体来看,德国劳务派遣用工数量出现逐步增长的态势,但是其占全部从业人员的总体比例并不高。从1999年到2004年,德国劳务派遣员工占全部就业人口的比例从0.7%上升到1.2%;2007年,德国劳务派遣工总量达到614 000人,比2004年增长了53.6%,但是仍然只占全部从业人员的1.6%[2]。2008年,德国派遣企业共雇佣了673 800名派遣员工,相当于10年前的3倍;但是受到金融危机的影响,到了2008年底仍然与派遣企业保持劳动关系的派遣工只有476 000人,远低于2007年同期的水平[3]。在德国,劳务派遣员工的数量可以说是其经济发展的晴雨表。当经济高速发展的时期,劳务派遣用工数量也随之增长;当经济危机来临时,劳务派遣用工也会首当其冲被裁员。金融危机除了对派遣员工的数量产生影响外,对派遣用工的行业结构也有明显影响。2004年,制造业(34.8%)是采用劳务派遣较多的行业,服务业的份额仅占15.5%[4];到了2008年,服务业使用劳务派遣的份额在上升,而金属和电子行业使用劳务派遣用工的比例有所下降。

2008年下半年,德国新建立起劳动关系的派遣工人有481 700人,终止劳动关系的却有667 400人。这说明,劳务派遣企业与被派遣员工之间劳动关系的持续时

---

[1] *Adaptability in a Global Context: Temporary Agency Work and Small and Medium-sized Enterprises*, Industrial Relations in the EU, Japan, US and Other Global Economies, 2005-2006, European Foundation for the Improvement of Living and Working Conditions. p.23.

[2] 2007年德国劳务派遣工总数来源于欧洲产业关系观察网站发布的2009年度报告,从业人员总量(Total Employment)数据来源于经济合作与发展组织网站。由于前者的报告并没有说明派遣劳动者总量的统计口径,所以这两个数据的统计口径可能并不相同。因此,2007年德国派遣劳动者占从业人员的比例只是大致数字。

[3] 2008年德国劳务派遣统计数据均由德国奥根巴赫市就业局提供。

[4] W. Mitlacher, The Role of temporary Agency Work in Different Industrial Relations Systems: a Comparison between Germany and the USA, *British Journal of Industrial Relations*, Vol.45, Iss.3, 2008, pp.581-606.

间是很短的。在2008年下半年结束派遣任务的人中,51%的人派遣工作时间不到3个月。这种临时性的用工模式表明,用工企业使用劳务派遣的主要目的是满足弹性用工的需求。而对员工来说,劳务派遣也常常被看作过渡性就业。2008年下半年新建立劳动关系的全部劳务派遣员工中,9%的人从未工作过,10%的人超过一年没有工作,42%的人在一年以下没有工作过,39%的人在从事劳务派遣工作前有其他工作。这说明,劳务派遣对失业者、有失业压力的人员和初次寻找工作的人来说,是获得工作经验的重要机会。

截至2008年12月底,德国由自由人或法人经营的、具有资质的派遣企业共有25 200家,比上一年增长了18%。总体来看,德国大部分劳务派遣企业的规模都不大。小型企业(派遣规模在20人以下)和中型企业(派遣规模为20—99人)的比例为44%,而派遣规模在100人以上的大型派遣企业的比例仅为12%[①]。

(三) 荷兰

荷兰也是欧盟国家中使用劳务派遣比较多的国家。不过,从1999年到2004年被劳务派遣者占全部从业人员的比重从4%下降到2.5%[②];此后,劳务派遣用工比例又逐渐上升。2007年的数据来源有两个,并且两者之间有较大差距。一个数据来源于欧洲产业关系观察(European Industrial Relations Observatory)网站公布的信息:2007年荷兰共有被派遣劳动者233 000人,约占其从业人员的2.7%[③];另外一个数据来源于劳动科学研究所2007年底访问荷兰国家就业收入中心所获得的信息[④]:2007年荷兰共有劳务派遣员工75万人,占全部从业人员的10.6%。

荷兰劳务派遣员工的性别比例比较均衡,在2007年的全部劳务派遣员工中男性占54%,女性为46%。16—25岁的劳务派遣工占全部劳务派遣工的34%。与法国等国相比,荷兰企业劳务派遣的时间明显偏长,2004年派遣任务的平均期限为113天;到了2007年,这个数字达到了153天。

(四) 英国

英国是欧盟国家中使用劳务派遣比较多的国家之一。不过,由于缺乏关于劳

[①] 2008年德国劳务派遣统计数据均由德国奥根巴赫市就业局提供。
[②] Donald Storrie, *Temporary Agency Work in the European Union*, European Foundation for the Improvement of Living and Working Conditions, 2002, p. 28.
[③] 2007年荷兰劳务派遣工总数来源于欧洲产业关系观察网站发布的2009年度报告,从业人员总量(Total Employment)数据来源于经济合作与发展组织网站。由于前者的报告并没有说明派遣劳动者总量的统计口径,所以这两个数据的统计口径可能有所差别。因此,这个比例不是精确数字。
[④] 戴平,《荷兰灵活就业劳动关系协调机制考察报告》,2007年。

务派遣的全国性的权威统计数据,相关机构和学者的估算差别较大,但是多数估算都不超过5%。1999年,英国劳务派遣人数占就业人口的比例据称为0.9%和2.1%①;2004年,根据英国贸易与工业局(DTI)的估算,英国被派遣劳动者为600 000人,占全部就业人口的2.6%;而根据雇主组织(REC)的统计,这两个数字分别为1 434 098人和5.1%②。2007年,欧洲产业关系观察网站公布的英国派遣员工数量为1 196 000人,约占全体从业人员的4%③。

2007年,英国的被派遣劳动者中男性占57%,女性为43%;30岁以下劳务派遣工占51%,其中,16—25岁劳务派遣工占全部劳务派遣工的34%。从行业分布来看,2004年大多数临时员工(包括劳务派遣者)都分布在服务业(占86%,其中政府部门、教育和卫生行业占43%,商业、餐饮和旅店业占17%,银行、金融和保险业占13%)④。使用劳务派遣者比较多的职业包括办事员、文秘、日常操作工、办公室文员、数据录入人员。从派遣期限来看,56%的派遣任务在6个月以下,20%在6—12个月,超过1年的为24%。从发展趋势来看,超过1年的劳务派遣有所增长。

近年来,私营招聘机构在英国获得了快速发展。2004年,英国有大约6 500家劳务派遣公司,包括分支机构1万家,营业额为347亿欧元⑤。不过,从事劳务派遣的大型跨国企业数量较少,大多数企业规模不大。由于劳务派遣行业进入门槛低,所以很多小企业的资金和管理能力较弱,倒闭率比较高。在1995年取消许可制度前,每年大约有20%的派遣企业没有更新它们的许可。

(五)美国

在美国尚没有关于劳务派遣情况的全国性统一数据。根据美国政府问责办公室(US Government Accountability Office, GAO)的统计,2004年美国共有劳务派遣员工1 200 000人,占全部就业人口的0.9%;而根据美国人员安置协会(American Staffing Association, ASA)的统计,2004年从事派遣工作的人数为

---

① Donald Storrie, *Temporary Agency Work in the European Union*, European Foundation for the Improvement of Living and Working Conditions, 2002, p.28. 报告并未注明这两个数据的出处。

② 同上。

③ 2007年英国劳务派遣工总数来源于欧洲产业关系观察的2009年度报告,从业人员总量(total employment)数据来源于经合组织网站。由于前者的报告并没有说明派遣劳动者的统计口径,所以这两个数据的统计口径可能有所差别。因此,这个比例不是精确数字。

④ James Arrowsmith, *Temporary Agency Work in an Enlarged European Union*, European Foundation for the Improvement of Living and Working Conditions, 2006.

⑤ *Adaptability in a Global Context: Temporary Agency Work and Small and Medium-sized Enterprises*, Industrial Relations in the EU, Japan, US and Other Global Economies, 2005–2006, European Foundation for the Improvement of Living and Working Conditions.

2 900 000 人，占全部就业人口的 2%。2004 年美国共有派遣企业 7 000 家，分支机构 30 000 家。美国的劳务派遣员工，主要分布在服务业、制造业。

在美国，劳务派遣大致可以分为四种①：一种是临时派遣（Temporary Help），派遣机构雇佣派遣员工，将其派遣到用工企业工作，目的是替代临时缺岗的员工、完成季节性工作和短期项目工作，以及满足用工企业短期的技能需求；第二种是试用派遣（Temporary to Hire），派遣企业的雇员在用工企业进行短期试用，目的是派遣员工和用工企业之间最终建立长期的派遣关系；第三种是长期派遣（Long-term Staffing），派遣企业负责选拔和招聘的派遣员工，然后派往用工企业长期工作；第四种是职业雇主组织的派遣安排（PEO）。与一般的派遣用工不同的是，职业雇主组织同时雇佣用工企业全部或者相当部分的员工。在职业雇主组织与用工企业的协议结束后，员工就不再是职业雇主组织的雇员，但仍然是用工企业的雇员。使用职业雇主组织服务的企业为平均雇员 19 人的小企业；不过，现在有许多规模较大的雇主也使用派遣工人②。从平均派遣时间来看，前三种派遣的平均时间为 3—4 个月③；而职业雇主组织与 86% 的用工企业和派遣员工的关系持续在一年以上④。

（六）日本

2004 年日本共有劳务派遣员工 890 234 人⑤，占全部就业人口总量的 3.4%；20 278 家派遣分支机构，年营业额 171.5 亿欧元。2006 年，日本的劳务派遣员工总数达到 1 518 188⑥，比 2004 年增长约了 70%。

在日本，劳务派遣员工的行业分布比较均衡，并且全部工作岗位的行业分布大致相同。大约 35% 的派遣者从事制造业和建筑业，大约同样比例的人从事交通、金融，以及零售和批发业，剩余的人员分散于其他行业。

---

① 根据美国人员安置协会网站：http://www.americanstaffing.net/jobseekers/definitions.cfm 和美国职业雇主组织联合会网站资料整理而得。

② 数据来源于美国职业雇主组织联合会的网站：http://www.napeo.org/peoindustry/industryfacts.cfm。

③ 数据来源于美国人员安置协会网站。

④ 数据来源于：http://www.napeo.org/peoindustry/faq.cfm#2。

⑤ 本多信一郎，"日本劳动者派遣法规制的经验和新动向"，2009 年 10 月 22 日劳务派遣国际研讨会发言，及 *Adaptability in a Global Context: Temporary Agency Work and Small and Medium-sized Enterprises*, Industrial Relations in the EU, Japan, US and Other Global Economies, 2005–2006, European Foundation for the Improvement of Living and Working Conditions. p. 9.

⑥ 本多信一郎，"日本劳动者派遣法规制的经验和新动向"，2009 年 10 月 22 日劳务派遣国际研讨会发言。

(七) 韩国

近年来,韩国劳务派遣用工呈现平稳增长的态势,不过被派遣劳动者占全部就业人口的比例仍然保持在1‰以下。2002年,劳务派遣人员总数为9万人,占全部就业人口的0.7%;2003年劳务派遣人数略有增长,达到10万人,不过其在全部就业人口的比重仍为0.7%;2004年和2005年劳务派遣人数为12万人,占全部就业人口的0.8%[①]。

(八) 印度

被派遣劳动者在印度全部就业人口中所占比例很小。这是由于印度的非正规部门规模相当大,而使用劳务派遣的多为正规的大型企业。大企业对派遣员工的管理比较规范,派遣员工的劳动条件和工作待遇通常高于平均水平。此外,一些派遣公司开始向派遣员工提供福利待遇和培训。

从可获得的统计数据来看,印度的劳务派遣用工规模持续扩大。从1999年到2000年,签发给主要雇主(用工单位)的登记证数量从375个上升到658个;签发给承包商(劳务派遣企业)的许可证从3 613个上升到7 734个;许可证所涵盖的合同工(派遣员工)数量从50万人增加到77.4万人。

第二节 发达市场经济国家对劳务派遣的规制与态度

一、各国的立法及主要的规制手段

尽管各国出现劳务派遣的原因和时期不尽相同,但是,几个对此方面有着专门立法的国家大都是在20世纪70年代末、80年代初开始着手进行针对劳务派遣的立法工作。其中,影响较大的属欧洲的德国与亚洲的日本[②]。由此也可以看出,各国对于劳务派遣的重视程度也是在这一时期开始加强的。

综观各国对劳务派遣的立法规制手段与方法,主要包括行业准入、雇主责任划

---

① 《韩国非正规就业相关法令解说》,韩国劳动部。
② 有关国外立法的详细情况,请参见日文版《详解劳动派遣法》(高梨昌)、《人才派遣新潮流》(日本人才派遣白皮书2002年版)。

分、使用范围、解雇保护、平等待遇等。核心问题是如何合理划分雇主责任,防止用工单位与用人单位互相推诿,保护劳动者合法权益。从规制的内容来看有两种情况。

(一) 事先规制,采取行政许可、登记备案制度辅以保障金制度

实施行政许可制的国家主要是德国、日本(仅对登记型派遣)、英国(1973年设立,1994年取消,之后2002年又对农业和食品加工业实施许可)、荷兰(1998年取消,但是仍旧保留了经济担保的规定,即建立保障账户制度)。实行劳务派遣许可证制度的发展中国家的例子是印度。采取登记备案制的国家主要是法国与日本(仅对雇佣型派遣)。

(二) 对于使用劳务派遣范围及期限的限制

为了防止劳务派遣对正规雇佣的冲击,一些发达国家对使用劳务派遣的范围与期限都进行了一些限制,如下所示:

(1) 对范围的限制。在法国不仅规定可以使用劳务派遣的情形,还规定了禁止使用的情形。德国在《员工出让法》实施后,鉴于建筑业违反《员工出让法》的情况比较突出,1982年1月1日出台法律明令禁止"建筑业使用劳务派遣"[①]。但是,随着1997年"哈茨法案"(《劳动市场现代服务法》)的出台,又改为允许使用。日本1985年6月经众议院表决通过了《劳动者派遣法》。该法最初也对使用范围进行了限制,后来法律几经修改,除港湾运输业、建筑业、保安业等几个特殊行业外,基本放开劳动力派遣业务经营范围。

(2) 对期限的规定。德国、法国、比利时、韩国等有劳务派遣立法的国家都对期限进行了一些限制。但是,后来都有些放松,甚至德国取消了期限限制。

(3) 对反就业歧视、平等待遇的规范。主要包括三方面的内容:一是关于平等待遇的基本规定,二是确保实现平等待遇的措施,三是在特殊情况下同工同酬原则适用的例外。

(4) 信息报告制度。为了更好地监督劳务派遣用工情况,及时掌握派遣行业的现状和动态,便于对派遣行业的监督和管理,一些国家建立了劳务派遣情况的报告制度。例如,法国、印度。

(5) 设立特别监管制度。针对劳务派遣的特殊情况,一些国家加强了对劳务派遣用工的监督和指导。比如,英国成立了就业机构标准监督局,监管包括劳务派

---

① 上述资料来源于:董保华,《劳动力派遣》,中国劳动和社会保障出版社,2007年,第200—201页。

遣在内的就业服务机构。

（6）促进行业自律。重视行业协会在劳务派遣行业的规范中发挥的重要作用。在一些国家，其行业协会制定了行业行为准则，规定了服务质量标准；对于违反行为准则的会员进行调查，直至开除会籍。比如，英国、日本等。

（7）其他可资参考的规制手段。包括以下几方面的内容：

● 对派遣公司业务范围的限制。一些欧盟国家对劳务派遣企业从事的业务有比较严格的限制，例如，法国的劳务派遣机构只能从事就业服务和派遣业务，不过，就业服务业务与劳务派遣业务必须严格区分，并建立单独的账户。而在西班牙、卢森堡等国，劳务派遣是劳务派遣企业唯一的经营活动，在这些国家，劳务派遣企业不能提供其他与人力资源管理相关的服务。

● 对于使用机构的管理。在印度，用工单位被称作主要雇主。主要雇主应该在相关政府机构进行登记。如果用工单位在规定的时间内未能进行登记，或者该机构的登记注册被撤销，那么该单位使用的派遣工将被视为直接雇员。德国则规定：用工企业使用派遣员工50人以上就要登记。

● 派遣企业管理人员的配备。在日本，法律规定登记型派遣公司的管理人员必须经过派遣法规学习研修会的培训，每100名派遣员工要配备一名管理人员。

● 直接雇佣优先权。日本的法律规定，用工单位在有雇佣新员工计划时，必须优先雇佣在同一工作场所、从事同一业务超过三年的派遣工。

● 派遣员工的培训。考虑到派遣员工工作的不稳定性，对员工职业能力的提高是劳资双方非常关注的问题。在法国，普通雇主只需要缴纳工资总额的1.5%用于培训；但是，派遣机构的缴费比例是2%。在日本，登记型派遣企业要制定培训派遣员工的计划，对派遣员工必须培训的科目不得收取任何费用[1]。在西班牙，派遣企业在申请许可的时候必须要承诺向派遣员工提供必要的培训。

● 对劳务派遣员工的补偿。在法国，作为对从事"不稳定工作"的补偿，派遣员工在派遣任务结束后可以得到相当于派遣期间工资总额10%的补偿金。此外，由于派遣任务的短期性，派遣员工不享有带薪休假，但是在派遣任务结束后，派遣员工可以获得相当于带薪休假期间工资10%的补偿金[2]。这两项补偿金都由派遣企

---

[1] 李天国，"对日本劳务派遣法制定过程的考察"，《中国劳动》，2002年第10期。
[2] François Michon, *Temporary Agency Work in an Enlarged European Union — French Aanswer*, European Industrial Relational Observatory, 2006.

业支付①。

二、各国对劳务派遣的态度

目前,欧洲大部分国家、日本、韩国等对劳务派遣的态度是立法上承认其合法,但通过行政手段进行严格限制。欧盟国家劳务派遣人数平均比例为1.7%。英美国家对劳务派遣的态度相对比较宽松。英国劳务派遣人数比例达到5%。各国对劳务派遣的态度主要可以分为以下四类。

(一)禁止劳务派遣的国家

在欧盟国家中,希腊一直对劳务派遣持禁止态度。事实上,大多数国家都经历过禁止劳务派遣的阶段。1967年以前,德国一直将劳务派遣作为违法的私营职业介绍而禁止。日本1947年的《职业安定法》对劳务派遣采取了全面禁止的规定。但是,随着劳务派遣用工形式的发展,各国立法开始转向承认劳务派遣,并对其加以管制。

(二)对劳务派遣严格限制的国家

纵观国外劳务派遣立法的目的,主要还是为了保护被派遣劳动者的合法权益,以及防止对现存正规雇佣体系的冲击。目前对于劳务派遣限制相对较为严格的国家主要有德国、日本、意大利、法国和瑞典等国家。对于有专门立法的国家,主要从以下四个方面对劳务派遣进行规范和限制:

(1)在设立劳务派遣机构阶段实施许可制。德国、意大利、韩国采取许可制;日本采用登记备案制与许可制并存,即把劳务派遣机构分为登记型和雇佣型,对前者实施严格的审查许可制,对后者实行登记备案制;法国与瑞典采取申报或备案制。法国还明确禁止派遣公司兼业,并且要求派遣机构要有相应的保障金,以防公司倒闭时,支付不了被派遣劳动者工资及社会保险等问题发生。

(2)限制派遣范围。日本1986年《劳动者派遣法》采用严格的指定业务范围的办法,允许16种业务实施劳务派遣,后扩大到26个行业;1999年改为列举不许可行业制,原则上除了港湾运输业、建筑业、保安业等几个特殊行业外,基本放开劳务派遣业务经营范围。法国规定劳务派遣只能适用于临时性工作岗位,在长期性、

---

① 郑爱青,"法国劳动法对劳动力派遣行为的规范及其对我国立法的启示",载周长征主编,《劳动派遣的发展与法律规制》,中国劳动社会保障出版社,2007年,第108页。

持续性的工作岗位上禁止使用劳务派遣,并对临时性工作岗位进行了列举:替代缺勤的和劳动合同中止的劳动者的工作、企业经营活动临时增加的工作、具有季节性特点的工作或者对于某些行业根据集体合同的规定习惯上不订立无固定期限劳动合同的工作。同时,法国通过规定严厉的惩罚措施迫使劳务派遣单位严格遵守上述规定。德国法律最初禁止对建筑业等高危行业采用劳务派遣形式,2004年起有所放松,规定在一定前提条件下允许实行劳务派遣。

(3) 限制派遣期限。限制期限主要是为了防止对正规雇佣的冲击和企业将固定岗位临时化。德国1972年《劳工派遣法》规定派遣最长期限不得超过3个月。如果用工单位的用工需求超过3个月,就应当自行正式招用劳动者,与其建立正常劳动关系。此后,德国将派遣期限一再延长为12个月、24个月,2004年起取消了对派遣期限以及订立固定期限劳动合同的限制;法国劳务派遣的期限从最初的6个月,后修改为18个月;日本最初对派遣期限实行限制,比如,计算机业务为1年,事务处理相关业务为9个月。随着法律的修订,目前日本已经最大限度放开了对派遣期限的限制,对于26种业务没有最长期限的限制,但是,用工单位有雇佣新进员工的计划时,必须优先雇佣在同一工作场所、从事同一种业务超过3年的派遣员工等。韩国规定劳务派遣期限最长不能超过2年,如果超过2年,劳动者从2周年之际即被视为直接受雇于用工单位。

(4) 实行同工同酬。德国规定被派遣劳动者与用工单位正式雇员享有同等的劳动条件和工资待遇。法国要求被派遣劳动者在工资和其他待遇上享有与用工单位员工平等的权利,并且他们有权通过劳务派遣单位或者用工单位的工会维护其合法权益。

(三) 对劳务派遣限制较松的国家

英国是自由主义传统最盛的国家,一直以来对于劳务派遣没有完整的立法规范,对劳务派遣的法律调整主要散见于法院判例中。1973年英国颁布《职业介绍法》,对劳务派遣业实行许可制,但1997年11月又废除了许可制。最近的资料显示,英国有意结束长期以来自由放任的历史,试图用新的立法达到规范劳务派遣的目标。不过这种立法的动向仍然是一种"对自由放任的适当规范"。

美国以"雇佣自由"为原则,对劳务派遣虽然没有特别限制,但也通过调整雇佣关系的普通法和旨在保护劳动者集体谈判权的国家劳工关系法等成文法来共同调整劳务派遣关系。美国更多通过确认劳务派遣单位和用工单位的共同雇主责任,规定其与被派遣劳动者就工资、职业安全、社会保障等各方面进行谈判的义务方面进行管制,主要体现在许可证制度、派遣单位保险制度以及员工手册制度等方面。

(四)国际劳工组织对劳务派遣的规定

1997年,国际劳工组织通过了《私营就业代理机构公约》(第181号公约),首次承认了劳务派遣机构的合法地位,同时也为各成员国对劳务派遣的法律规制提供了一个基本框架。虽然公约承认劳务派遣机构在促进就业方面的积极作用,但是,公约主张政府主管部门应当对劳务派遣机构等私营就业机构进行适当的监管,防止其滥用权利。概括起来,公约主要从以下四个方面提供了规制的框架体系。

(1) 许可或者认证制度。除非成员国依照国内法律或惯例,已经采取了其他的规制或认定方式,公约要求成员国应当建立一种许可或者认证制度,来决定私营就业机构的运营条件。

(2) 业务范围限制。私营就业机构的业务范围通常应限制在最能发挥其促进就业功能的领域,而且不能对社会公共利益、公共秩序以及劳动者权益造成不合理的损害。

(3) 禁止向劳动者收费。公约原则上禁止私营就业机构直接或间接地、总体或部分地向劳动者收取任何费用。成员国可以对此规定一些例外,但必须是出于保护劳动者利益的考虑,并且要征求最有代表性的雇主组织和工会的意见。

(4) 公约的执行。公约规定,该公约的规定应当通过法律、法规或者其他形式(如法院判决、仲裁裁决或者集体合同)加以实施。劳动监察部门或者其他职能部门应当对公约的实施加以监督。

三、美国劳务派遣的发展和规制概况

美国作为主要的市场经济国家之一,其对于劳务派遣的相关法律规制及其完善过程也值得我们深入分析。

(一)美国劳务派遣发展概况

在美国,从事人力资源管理、雇员福利、薪水和工伤赔偿外包服务的机构被称为职业雇主组织(Professional Employer Organizations, PEO)或者雇员租赁公司(Employee Leasing Company, ELC);使用职业雇主组织或租赁机构提供的雇员的机构被称为客户公司(Client Company)或接受雇主(Recipient Employer)。职业雇主组织或雇员租赁公司和客户公司或接受雇主与我国使用的"劳务派遣机构"和"接受单位"的称谓基本对应。美国劳务派遣的盛行始于20世纪70年代。以往劳务派遣主要流行于特殊行业,例如,化工和石油行业、工程和设计行业、建筑行业等。这些行业往往需要各种不同技能的人才,雇主通过雇员租用(Employee Leasing)的形式,可以补充自身雇员技能的不足,或者让其从事一些短期项目,或者弥补雇主自身雇员人数的不足。但时至今日,劳务派遣已经渗透到整个经济的各个领域,从"看门人"到首席执行官,各个层面的劳务派遣发展迅速。而且,以往劳务派遣的接收单位主要是小型企业,现在,由于派遣机构可以提供人力资源管理的专业服务,许多规模较大的雇主也使用派遣工人。

美国劳务派遣的发展速度相当惊人。据美国职业雇主组织全国联合会(National Association of Professional Employer Organizations,NAPEO)的调查,1993年,美国派遣劳工达到160万人。根据最新数据,NAPEO估计,美国现有大约200万—300万派遣工人。根据对NAPEO会员的调查,在过去6年里,美国职业雇主组织行业平均年增长超过20%,目前约有700家职业雇主组织在50个州提供各种业务。职业雇主组织行业年创造的总收入约为510亿美元。从以上数据可以看出,美国劳务派遣行业在过去30年里发展迅速,规模不断扩大;但从职业雇主组织的数量看,其数量并不多,仅有大约700家,平均每个州只有十几家职业雇主组织,这一点说明了美国职业雇主组织的平均规模较大。正因为职业雇主组织的规模较大,它才可以发挥规模效应和专业服务的优势,这一点正是规模较小的雇主难以做到的,也是职业雇主组织存在和发展的重要因素。

(二)美国对劳务派遣的态度及规制

由于美国各州的分别规定和联邦法律存在着一定的区别,这里要对此进行分别论述。

1. 州法的相关规定

美国许多州对于劳务派遣的态度都是采取一定限制的,大部分州都制定了专门法律对劳务派遣进行规制。概括而言,这些州法规制的对象主要包括:雇员租赁公司(即劳务派遣公司)的设立和资本要求、劳务派遣协议的内容、雇员工伤保险(Worker's Compensation Insurance)和失业保险费用的分担,以及派遣机构和接受单位在其他方面义务和责任的分担。除了制定专门的规制劳务派遣的法律,许多州法在保险或其他领域的法律中都会涉及劳务派遣的相关问题,主要内容有以下六点。

（1）对劳务派遣公司设立和资本的要求。

美国有10个州的法律要求雇员租赁公司在开业前必须向州登记。这些州包括内华达州、新墨西哥州、俄勒冈州、犹他州、新罕布什尔州、阿肯色州、佛罗里达州、明尼苏达州和田纳西州，1995年，德克萨斯州废除了该要求。有些州对雇员租赁公司设立的审批相当严格。例如，佛罗里达州在其商务和职业监管部（Department of Business and Professional Regulation）之下专门设立了雇员租赁公司委员会（Board of Employee Leasing Company）专门负责监管雇员租赁公司，该委员会有发布规则的权力。该州对雇员租赁公司设立和相关事项的审批非常严格。该州法律规定，雇员租赁公司及"控制人"（Controlling Person）必须向商务和职业监管部提交书面的申请以获得许可（License）。而且，任何个人或机构，在意图购买（Purchase）或收购（Acquire）已获许可或登记的机构的控制权时，必须先获得该委员会有关所有权变更的批准。已获得许可或登记的机构的股东或者合伙人收购其他股东或者合伙人的控制权时，也必须经过该委员会的批准。法律还规定，获得许可的雇员租赁公司必须至少拥有一名登记的从事服务的代理人以及一名获得许可的控制人。获得许可的控制人必须具有"良好道德品质"（Good Moral Character），并且具有教育、管理或业务的经历以成功经营雇员租赁公司或成为控制人。

除了劳务派遣公司的设立需要经过许可和登记，有些州对劳务派遣公司的资本也有要求。例如，佛罗里达州的法律要求，雇员租赁公司在初次申请许可时，必须拥有不少于50 000美元的有形会计净资产（Tangible Accounting Net Worth）；雇员租赁公司还必须保持一定的会计净资产和正的运营资本（Positive Working Capital）；而且，雇员租赁公司还必须向雇员租赁公司委员会提交经独立注册会计师审计的年度财务报告。雇员租赁公司应保留有关雇员租赁活动的会计和雇佣记录至少三年以上。新罕布什尔州的法律也要求，雇员租赁公司在开业之前必须向该州的劳动部长官（the Commissioner of the Department of Labor）提交许可申请。1996年修订的法律要求雇员租赁公司申请许可时必须同时提供一份经独立会计师审计的财务报告，表明在其申请之日前的6个月内至少有10万美元的净资产。而且，劳动部长官可以要求雇员租赁公司在其指定的保管处存放足够的用于担保支付工资或福利并具有市场价值的债券或有价证券。存放的有价证券必须包含该长官在雇员租赁公司没有支付到期款项时,可以卖出相应数额的证券用于支付工资、福利或其他主张的授权。2006年通过的阿拉巴马州《职业雇主组织登记法》也有类似规定。

从以上可以看出,美国对劳务派遣公司市场准入的监管相当严格,包括对公司的所有者和控制人都有监管的要求。这可能是考虑到劳务派遣公司作为一种经营人力资源管理的公司,雇员集中且风险较大,雇主及其控制人是否诚实守信对雇员利益的影响甚大,因此,需要控制劳务派遣公司的门槛。对劳务派遣公司的财务要求主要基于劳务派遣公司负有支付雇员工资和其他福利费用的义务,这些费用的支付与派遣工人的切身利益密切相关,如果雇主无力支付这些费用,将对派遣工人造成严重影响,因此,有必要让雇主提供一定资金,用于担保这些费用的支付。

(2)劳务派遣协议内容的规制。

对劳务派遣协议内容的规制,往往涉及派遣公司和接受单位之间的权利义务和责任的分担。尽管理论上派遣公司和接受单位具有决定合同内容的自由,但为了保护派遣工人的利益,法律对派遣公司和接受单位的协议也有许多限制规定,这些限制规定主要体现了立法者对派遣公司和接受单位权利、义务和责任分担的立场。

以佛罗里达州的法律为例,雇员租赁公司和客户公司之间的合同安排(Contractual Arrangement)应满足以下条件:① 租赁公司保留指挥和控制(Direction and Control)派遣到客户所在地的派遣工人的权利;但是,客户公司可以保留足够的控制和指挥派遣工人的权利,如果这是从事业务所必需的,并且如果没有该权利,客户将无法从事其业务的,客户公司也可以履行某些法定的受信义务(Fiduciary Responsibility)。② 租赁公司承担支付派遣工人工资的义务,不管客户公司是否向雇员租赁公司支付。③ 租赁公司承担支付工资税(Payroll Taxes)的完全义务,并且从派遣工人的工资中收税。④ 租赁公司保留雇佣、解雇、惩戒和重新派遣(Reassign)工人的权利;但客户公司可以拥有接受或者终止任何派遣工人的派遣(Assignment)的权利。⑤ 租赁公司保留对工作场所或者影响派遣工人的场所的安全、风险和危险管理的指挥和控制,包括以下职责:a. 对客户设备和建筑的安全检查;b. 对雇佣和安全政策的制定和实施;c. 负责派遣工人的赔偿请求(Compensation Claims)、请求的提起(Claims Filings)和相关程序的管理。南卡罗来纳州的法律也对获得许可的经营者和客户公司之间的协议做了类似的规定。新罕布什尔州 1996 年修订的法律也要求，雇员租赁公司和客户公司的合同应规定，雇员租赁公司拥有最终的雇佣、解雇以及重新派遣雇员的权利，雇员租赁公司有权检查客户公司的工作场所并且要求对工作场所的安全做出改进。

可见，对职业雇主组织和客户公司之间协议的规制重点在于明确劳务派遣公司的义务和责任，即职业雇主组织必须承担的最低义务和责任，这些义务和责任不能通过合同转移到客户公司。归纳起来，职业雇主组织通常享有的权利以及应该承担的义务和责任包括：指挥、控制雇员的权利，支付派遣工人工资以及支付工资税的义务，雇佣、解雇和派遣工人的权利，保证雇员安全的义务以及负责派遣工人赔偿请求的义务。这些义务体现了职业雇主组织和派遣工人之间的雇佣关系，是一般雇主通常应承担的义务，通常不得移转到客户公司。值得注意的是，为了保障雇员的人身安全，即使雇员被派遣到客户公司工作，职业雇主组织仍有义务保证雇员的安全。

(3) 工伤保险。

工伤保险(Workers' Compensation Insurance)指对于劳工在工作期间所受伤害的保险，通常覆盖医疗、死亡、残疾、康复等内容，保险费由雇主缴纳。许多州法都在有关劳务派遣的法律或者保险法律当中规定工伤保险费用的支付问题。

从州法看，大部分州法要求劳务派遣公司必须支付雇员的工伤保险费用。例如，根据佛罗里达州 2003 年修订的法律的规定，获得许可的雇员租赁公司是派遣工人的雇主，雇员租赁公司有义务提供工伤保险项目(Workers' Compensation Coverage)。并且，除非雇员租赁公司向商务和职业监管部下属之雇员租赁公司委员会提交了所有派遣工人的工伤保险证明，雇员租赁公司不能获得初次或者后续的许可。根据 1996 年修订的新罕布什尔州法律，雇员租赁公司应当被视为派遣雇员的雇主，并且遵守以下规定：雇员租赁公司向该州的劳动部长官书面确认其是派遣工人的雇主；雇员租赁公司提供了充分证据证明派遣工人享有工伤保险。有些州允许雇员租赁公司和客户公司选择决定由其中一方支付工伤保险费用。例如，南卡罗来纳州的法律允许雇员租赁公司在与客户公司的合同中，规定由职业雇主组织或顾客公司或者双方承担工伤保险责任。有些州，例如新墨西哥州的法律则规定派遣公司和客户公司对派遣雇员的工伤保险费用负无限连带责任。个别州，例如犹他州规定由客户公司负担工伤保险费用。

因此,大部分州法要求劳务派遣公司必须支付派遣工人的工伤保险费用,这是劳务派遣公司作为派遣工人的雇主的主要体现之一,也是保护工人利益的重要保证。当然,由于派遣工人被派遣到客户公司,客户公司在一定程度上指挥和控制了派遣工人,工人的风险处于客户公司的控制之下,由客户公司承担工伤保险费用亦无不可。

(4) 失业保险费用。

失业保险费用(Unemployment Insurance Payments)由劳务派遣公司还是客户公司支付也是劳务派遣的重要法律问题。许多州法对此做了规定。大部分州法规定,失业保险费由雇员租赁公司支付。例如,佛罗里达州的法律规定,雇员租赁公司是派遣工人的雇主,雇员租赁公司有义务及时支付失业税。缅因州法律规定,在派遣协议期间,雇员租赁公司有义务支付失业的相关费用。新罕布什尔州的法律规定,雇员租赁公司负有支付工资和其他雇员福利以及州失业保险费用的法律义务,不管客户公司是否向雇员租赁公司支付了这些工资、福利或费用。而且,当雇员租赁公司开业两年以上,客户公司应该就失业保险费用的支付和雇员租赁公司承担连带责任。犹他州的法律也规定,雇员租赁公司在失业保险费用支付上应视为派遣雇员的雇主,不管是雇员租赁公司还是客户公司支付派遣工人的工资。只有明尼苏达州的法律规定由客户公司支付派遣工人的失业保险费,但前提是客户公司50%以上的雇员必须为派遣工人。有些州,例如新墨西哥州的法律则规定如果雇员租赁公司没有为派遣工人支付失业保险费用,则客户公司有义务承担失业保险费用。

(5) 排他和替代责任。

从以上的分析可以看出,雇员租赁公司作为派遣雇员的雇主,必须承担一般雇主通常承担的责任,但雇员租赁公司对派遣雇员的义务并非无限。许多州都有"排他性和替代责任"(Exclusivity and Vicarious Liability)的规定,即雇员租赁公司和客户公司不为对方的行为(Actions)或疏忽(Omissions)负责。例如,新罕布什尔州的法律规定,雇员租赁公司不为客户公司的行为或疏忽承担替代责任(Vicariously Liable),客户公司也不为雇员租赁公司的行为或疏忽承担替代责任。但是,这一规定并不影响雇员租赁公司和客户公司之间协议的直接合同责任(Direct Contractual Liability)以及法律所规定的责任或义务。同时,派遣工人在客户公司实施的普通责任保险、汽车保险、职工忠诚保险(Fidelity Bond)、履约保证(Surety Bond)以及雇主责任保险中,应被视为客户公司的雇员。在雇员租赁公司实施的上述保险中,除非保险或者保证合同另有规定,派遣雇员也不被视为雇员租赁公司的雇员。伊利诺伊州的规定和新罕布什尔州的规定大致相同。缅因州的法律也有类似的规定。可见,雇员租赁公司的责任并非无所不及。

(6)派遣公司和客户公司责任分担的小结。

从以上州法对派遣工人工伤保险和失业保险费用的支付看,大部分州法将雇员租赁公司视为派遣工人的雇主,雇员租赁公司除了支付派遣工人的工资外,有义务为雇员支付工伤保险和失业保险以及其他雇员福利的费用。这也再次体现了雇员租赁公司和派遣工人之间的基本的雇佣法律关系,即劳务派遣公司负有一般雇主应当承担的支付工资和相关社会保险费用的法律义务。只有个别州法为了保护派遣工人的利益,将客户公司作为第二责任人或者使其承担连带责任。社会保险费用由派遣公司承担较为合理,除了派遣工人和派遣公司之间存在的雇佣关系之外,社会保险费用越来越复杂,由劳务派遣公司负责,可以发挥劳务派遣公司的规模效应及其专业优势。

另外,雇员租赁公司的责任也不是无限的。雇员租赁公司和客户公司不对对方的行为负责,也不对处于对方完全指挥和控制之下的派遣工人负责,这体现了"谁控制和指挥,谁负责"的原则,同时也表明雇员租赁公司和客户公司是相互独立的两个雇主,而不是一个雇主。但这一原则仍受雇员租赁公司和客户公司之间协议的约束以及法律所规定的双方义务和责任分担的限制。因此,"排他和替代责任"原则可以阻止客户公司受到派遣工人的起诉,但这也并非绝对,在某些场合,法院也会作出相反的判决。

值得注意的是,在工伤保险和失业保险之外的保险关系中,各州法基本上将派遣工人视为客户公司的雇员,尤其在客户公司提供的保险中;即便在雇员租赁公司提供的保险中,也不将派遣工人视为雇员租赁公司的雇员。这说明了客户公司和雇员之间也存在雇佣关系,在这些保险法律关系中,客户公司和派遣工人之间必须尽到雇主和雇员的义务。普通责任保险、汽车保险、职工忠诚保险、履约保证以及雇主责任保险体现了派遣工人和客户公司之间特定的雇佣关系,这些关系已超出了雇员租赁公司和派遣工人之间的一般雇佣关系,因此,将这些法律关系当中的派遣工人视为客户公司的雇员,不仅有利于雇主履行其应有的义务,也有利于雇员履行其相应义务,诸如忠诚、履约等义务,这对于保证雇主的利益也是非常必要的。

2. 联邦法与劳务派遣

除了各州成文法的规定，通过判例的解释，法院解决了许多联邦法律如何适用于劳务派遣场合的问题，尤其是派遣公司和客户公司之间责任的分担。法院许多判例表明，在适用联邦法律时，客户公司在符合某些条件时将和派遣公司构成派遣工人的共同雇主（Joint Employer），客户公司也必须承担派遣公司依据联邦法应承担的雇主责任。法院的解释主要涉及客户公司在《国家劳动关系法案》（*National Labor Relations Act*，NLRA）、1964年《民权法案》第七章（*Title Ⅶ of the Civil Rights Act of 1964*）及其他有关雇佣平等保护的法律、《公正劳动标准法案》（*Fair Labor Standards Act*，FLSA）、《职业安全和卫生法案》（*Occupational Safety and Health Act*，OSHA）以及《家庭和医疗休假法案》（*Family and Medical Leave Act*）中的责任问题。在适用这些法律时，法院主要考虑客户公司是否应当被认定与派遣公司构成共同雇主，而判断客户公司是否属于共同雇主的最重要因素是客户公司是否"有权控制"（Right to Control）派遣工人。

(1)《国家劳动关系法案》下的共同雇主责任。

国家劳动关系委员会（National Labor Relations Board，NLRB）对共同雇主的认定主要采用以下标准：当两个或两个以上雇主对相同的雇员实施了"重要控制"（Significant Control），并且由此表明雇主"分担或者共同决定"雇佣条款或条件（Terms or Conditions of Employment）时，两个以上的雇主将构成共同雇主。因此，依据《国家劳动关系法案》，对共同雇主的认定主要是事实问题，法院主要考察客户公司是否对派遣工人实施了"重要控制"，而考虑的因素包括客户公司参与劳务派遣公司有关派遣工人的雇佣和解雇、晋升和降职、工资和工作条件、日常监督和处罚以及指挥派遣工人的程度。近年来，NLRB以及法院将共同雇主理论运用于劳务派遣场合。法院判例表明，对派遣工人"日常的、有效的监督"（Day-to-day, Meaningful Supervision）是判断派遣公司是否构成《国家劳动关系法案》下共同雇主的主要因素。如果NLRB认定客户公司共同雇主地位成立，客户公司则可能对派遣公司单独从事的不当劳动行为（Unfair Labor Practices）承担责任；该客户公司应是"知道或应该知道其他雇主由于非法原因对派遣雇员实施了该行为"，并且没有抗议或没有实施其依据合同可以实施的权利予以抵制而默认（Acquiesced）该不法行为。由于客户公司很有可能被认定为《国家劳动关系法案》下的共同雇主，因此，客户公司可以通过和劳务派遣公司约定其没有雇佣、晋升、解雇、处罚派遣工人的权利，且由派遣公司确定派遣工人的工资数额、雇员福利以及其他雇佣条件，来减少被法院认定为共同雇主的机会。

(2) 有关反就业歧视法中的共同雇主责任。

由于联邦有关反就业歧视和保护就业平等权的法律为雇员提供了救济，因此，在法院的判例中，法院也可能运用共同雇主理论，使得受害雇员可以从更多的雇主那里获得救济。

在反就业歧视诉讼中，法院认定共同雇主身份所采用的标准和《国家劳动关系法案》的案件大致相当。法院考察的因素包括：① 对派遣工人日常活动的监督；② 雇佣和解雇派遣工人的权力；③ 制定工作规则、决定雇佣条件和工作派遣(Work Assignment)以及发布操作指引的权力。在反就业歧视诉讼中，法院关注的问题是某一机构是否是雇主，而判断雇主身份的核心事实问题是该机构是否"控制雇员的薪酬或雇佣的条款、条件或权利(Terms, Conditions, or Privileges)"。在判例中，法院认为：如果一个机构"实施了重要控制"，该机构将可能成为被告，即使该机构不是直接雇主(Immediate Employer)。在 Magnuson vs. Peak Technical Services 案件中，原告受到了客户公司——大众公司(Volkswagen)一家经销商(Dealership)经理的性骚扰，法院允许原告不仅起诉性骚扰者，还可起诉客户公司 Volkswagen、Volkswagen 的经销商以及派遣公司 Peak。法院认为 Peak 公司作为派遣公司是原告的雇主，因为，原告从 Peak 公司领取工资和雇员福利，而且双方签订了书面的雇佣协议。法院也认为，尽管原告和 Volkswagen 之间没有雇佣合同关系，但 Volkswagen 对雇佣条款、条件施加了重要控制，Volkswagen 公司也应被认定为原告的雇主。法院还认为，如果经销商对原告的雇佣条款和条件实施了控制，经销商也可以成为被告，而且如果实施性骚扰的经理具有监督的权力，其本人也可能承担责任。因此，一旦共同雇主地位成立，客户公司也必须承担雇员租赁公司的不法行为以及自身的不法行为的相关法律责任。例如，派遣公司如果没有遵守《民权法案》第七章有关保存记录的要求或者对派遣雇员实施歧视，客户公司对这些行为也将负有责任，即使客户公司不同意或者对此并不知情。在反歧视案件中，法院倾向于支持原告要求参与"监督活动"(Supervisory Activities)的任何当事人承担歧视行为的责任，而不仅仅是那些对歧视行为具有"事实上的控制或权力"(Actual Control and Authority)的机构。

(3)《公平劳动标准法案》的适用。

依据1938年《公平劳动标准法案》,使用派遣雇员的客户公司通常将和派遣公司承担连带责任,以确保派遣雇员可以依据该法获得工资。尽管理论上派遣工人受雇于派遣公司,但在法院判例中,法院通常使客户公司对派遣雇员承担该法的义务和责任。在Castillo vs. Givens案件中,农场主主张工人是由农业劳务派遣公司所提供的,法院否认了农场主的主张,仍然判决农场主承担有关最低工资和保管记录的责任。美国劳工部的立场是:使用派遣雇员的客户公司应该和提供派遣雇员的派遣公司在确保最低工资和加班费上承担责任。换言之,如果派遣公司没有履行这些义务,使用派遣雇员的公司将承担责任。

(4)《职业健康和安全法案》的适用。

依据1970年《职业健康和安全法案》,职业健康和安全局(Occupational Safety and Health Administration, OSHA)负责调查违法行为。如果OSHA在调查中发现客户公司和派遣公司共同雇主地位成立,OSHA将向劳务派遣机构或客户公司或者两者发出传票。即使无法认定共同雇主身份,OSHA在工作场所存在多个雇主时,也可以向一个或多个雇主发出传票,主张是该雇主制造或控制了OSHA调查中认定的危险(Hazards)。由于依照《职业健康和安全法案》,制造或控制危险的一方将承担处于危险之中的雇员的责任,因此,客户公司在使用派遣雇员时,对处于这些危险之中的派遣雇员不承担责任几乎是不可能的。因此,客户公司在使用派遣雇员时,必须对工作场所的安全和卫生加以重视。

(5)《家庭和医疗休假法案》的适用。

依照《家庭和医疗休假法案》,雇主有义务为以下情形的雇员提供12周的无薪休假:① 小孩的出生或领养;② 雇员或其近亲属(小孩、配偶和父母)有严重的健康状况。如果存在共同雇主,则派遣雇员同时被视为派遣公司和客户公司任何一方的雇员。因此,如果客户公司被认定为派遣雇员的"基本雇主"(Primary Employer),客户公司有义务为派遣雇员提供强制的假期;如果派遣机构是基本雇主,派遣机构必须负责提供假期。而在考虑哪方为基本雇主时,通常考虑哪一方有权雇佣、解雇、派遣、安置雇员以及由哪一方支付雇员的工资和福利。

(6)对联邦法的小结。

从以上分析可以看出,尽管州法认为劳务派遣公司和雇员存在直接雇佣关系,通常要求劳务派遣公司承担支付派遣工人工资以及工伤保险和失业保险费用的义务,但客户公司通常并不对派遣工人的工资和工伤保险和失业保险承担连带责任。与此不同,在联邦法律有关雇主义务的适用中,客户公司则在符合某些条件的情形下可能被认定和派遣公司构成共同雇主,从而单独承担或者和派遣公司连带承担有关不公正劳动行为、就业歧视、最低工资和加班费用、安全和卫生、休假等雇主义务和责任。而在判断客户公司是否和派遣公司构成共同雇主时,法院通常使用的标准是客户公司是否对雇员实施了"重要控制",并参与了雇佣条款、条件等雇佣内容的决定。州法和联邦法对客户公司责任的态度是比较合理的。支付工资和社会保险福利费用的义务由派遣公司承担,有利于保证雇员的基本权利,并发挥雇主的规模优势和专业优势;而由于派遣公司并不直接使用雇员,雇员常常处于客户公司的控制之中,因此,有关雇主在工作场所中应尽的义务,让客户公司与派遣公司连带承担责任有利于客户公司尽到保护雇员的各种义务,避免客户公司通过劳务派遣的形式逃避责任,从而有利于保护派遣雇员的利益。而且,由于支付工资和社会保险费用等一般雇主承担的义务仍主要由派遣公司承担,有利于减少客户公司的风险,因此,这种责任的分担形式也不至于影响客户公司使用劳务派遣的积极性。

第三节 我国发展劳务派遣的态度与参考经验

从各国对于劳务派遣的态度转变和规制情况来看,总体的趋势是建立起符合市场经济发展趋势的相关规制体系,保护劳动者的合法权益。各国对于劳务派遣的态度经历了一个由不承认到承认,再由限制到放松限制的过程。在这一发展过程中,尽管各国对于劳务派遣这种用工模式的负面评价较多,但是仍然不能阻挡它的迅速发展。对于我国来说,由于劳务派遣为用人单位带来了人员的专业化管理,并降低了用工的风险,因此劳务派遣用工模式的广泛采用仍然是利大于弊的。从人力资源产业化的角度来说,劳务派遣的发展和其相关规制的完善也是必然的趋势。

一、对劳务派遣态度的争鸣与评析

由于各方学者对于劳务派遣的发展趋势及对其应当采取的态度有着不同的看

法,因此在面临对劳务派遣进行规制的问题时,我们需要了解几种不同的观点。

(一) 强调对劳务派遣采取严格管制的观点

强调政府对于劳务派遣的管制,主要是说政府应该通过加强各种法律或者行政干预措施,来禁止或限制劳务派遣的发展。在这一种观点下,又可以细分为两种不同的观点:一种观点认为政府应该彻底取缔劳务派遣机构;另一种观点则认为政府应该对劳务派遣用工进行严格的限制。

1. 取缔劳务派遣的观点

部分学者认为,劳务派遣的出现只是为了使用人单位将本应该独自承担的劳动风险转嫁到了劳动者的身上。而同时,劳务派遣机构赚取的则是他们本不应该获得的利益,这就是说,他们通过与用人单位一起在劳动者身上找到了利益的共同体,从而能够实现一种"共赢"的局面。这种所谓的"共赢"实质上是大大地侵犯了劳动者本应享有的劳动权益,与保护劳动者权益的大趋势背道而驰。因此,这部分学者认为,劳务派遣这种用工模式应当暂缓实行[1]。在我国《劳动法》已经对企业用工进行了固定期限、无固定期限和以完成一定工作为期限的三种用工模式的情况下,还有部分学者认为,劳务派遣这种用工模式已经完全没有存在的必要[2]。较之以上各学者的较为激烈的观点,我国台湾地区一些学者的观点则显得较为理性,认为在对劳务派遣这种用工模式进行规制时,最主要的难题是如何平衡地规范三方之间的权利与义务。而在立法的过程中,应对劳务派遣进行较为客观的评析。同时他们也认为,合理的立法才是目前最为重要的事,"就像路上开车要有交通规则一样,既然大势不能避免,那就让好的派遣业者获得保障"[3]。

2. 对劳务派遣应进行严格限制的观点

部分学者认为,为了坚持《劳动合同法》的立法原则,保障劳动者的合法权益,促进劳动关系的和谐,必须对劳动者派遣加以严格的规制[4]。这一观点认为,若对劳务派遣采取宽容态度,便会忽视我国的劳动力市场背景。发达市场经济国家的雇佣背景是,以无固定期限劳动合同为主,严格限制有固定期限劳动合同,其所谓的放松规制,是在无固定期限劳动合同稳定劳动关系基础上的适当放松。而我国

---

[1] 黎建飞,"'派遣劳动'应当缓行",《法学家》,2005年第5期。
[2] 何晓勇,"对劳务派遣的法律思考",《中国劳动》,2004年第11期。
[3] 杨通轩,"劳动派遣法立法之刍议——机会与风险的平衡",《万国法律》,2004年第12期。
[4] 常凯、李坤刚,"必须严格规制劳动者派遣",《中国劳动》,2006年第3期。

的用工方式本来就是以有固定期限劳动合同为主,劳动关系处在极其不稳定的状态中,不存在放松规制的基础。

对于劳务派遣在立法上应该采用严格限制的态度,包括严格限制派遣机构的资质、规制劳务派遣合同的形式、限定劳务派遣用工的职业和工种等方面。例如,关于劳务派遣的期限,有学者认为,"应当限定派遣工在同一用人单位内部工作的最长期限,假如超出了此期限,用人单位则有义务将其转为正式工或者给予正式工的相应待遇。派遣工与派遣机构续订劳动合同在同一用人单位内继续工作的,应当将前后的合同期限连续来计算派遣工的最长期限"[①]。

目前,各国在经过实践之后纷纷放弃了严格划分劳务派遣被允许与禁止的范围的做法,这也是当今国际劳工组织所批评的一种做法。国际劳工局认为,对劳务派遣业特别是这其中的民营业者的禁止,已经不能通过简单的一条线来划定其是否为禁止对象,这是因为他们已经在错综复杂的规则和运作中建立了一定的现实基础。

综观世界范围内对于劳务派遣的规制,大体是一个放开管制的潮流。认为对劳务派遣应采取严格规制的大部分学者均指出,劳务派遣的出现是经济发展的客观要求,简单的禁止并不可行,甚至还有可能损害了劳动力市场的活力和效率。然而在劳务派遣业发展的初期,特别是像我国这样处在劳动法制与公共就业服务体系相对不健全的国家,对于劳务派遣应当采取较为严格的规制政策。等到大体建立起公共就业服务体系,并且劳动法制较为健全时,才可以考虑放松对劳务派遣的规制[②]。

(二)强调对劳务派遣采取适度和放松管制的观点

目前世界已进入了弹性劳动与经济不稳定、工作灵活多样化的时代,劳务派遣只是非标准诸多模式中的一种。雇佣和使用相分离,派遣机构的专业化和用人单位的弹性用工需求相吻合,一定程度上顺应了市场经济的需求。因此,相应的立法也应在合理引导的基础上,加强相关法律法规的规范[③]。

还有部分学者认为,企业选择劳动力资源的来源,是属于市场经济大背景下的

---

① 丁薛祥,《人才派遣理论规范与实务》,法律出版社,2006年,第192页。
② 周长征,"国际劳动组织'1997年私营就业机构公约'对劳务派遣的规制模式及其对中国未来立法的启示",《劳务派遣的发展与法律规制国际研讨会论文集》,2006年,第114页。
③ 董保华,"劳动关系非标准趋势化下的劳务派遣",《中国劳动》,2006年第3期。

市场选择问题。因为,无论企业是采用直接与劳动者签订劳动合同获得劳动力资源,还是通过劳务派遣方式来获得劳动力资源,都是属于企业经营和用人自主权的范畴,不应该由法律直接为企业的选择作出相关的规定①。根据供需理论的经典分析,有劳动力的需求才会有市场,哪一个行业或领域出现了劳务派遣用工模式,正说明该行业或者领域需要利用这种用工模式满足其灵活、合理的劳动方式安排的需要。而对于劳务派遣中存在的问题,可以运用共同雇主理论,加强法律规范,落实雇主责任。通过强化派遣机构与用人单位之间的连带责任,以此来抑制和杜绝劳务派遣中可能出现的互相推诿、规避雇主责任的现象②。

就上一节中各国对于劳务派遣态度转变的趋势分析来看,放松政府管制是 20 世纪 80 年代以来多数市场经济国家政府改革的一大趋势,也是我国应该采取的基本政策。

二、我国劳务派遣相关规制的主要参考经验

尽管我国对于劳务派遣的态度经历了一个从拒绝到逐步合理规制的过程,但总体来说相关法律法规仍然不够健全。综观世界发达国家对于劳务派遣的相关规制,我们可以得出以下五点参考经验。

(1) 需要处理好就业灵活性与稳定性的关系。从国外对劳务派遣的处理方式看,一直都体现了政府如何处理好就业的灵活性与稳定性之间的关系问题。政府一直努力在两者之间寻找平衡,根据宏观经济情况与就业状况的变化,做及时调整。

(2) 以明确分配法律责任为核心考虑制度设计。无论有专法还是没有专法的国家,都以明确派遣单位与用工单位的法律责任为核心考虑劳务派遣的规范问题。因为这个问题不仅直接涉及派遣劳动者合法权益的保障,而且也是防止派遣企业与用工单位在劳动者保护以及发生劳动争议时互相推诿责任的关键。

(3) 根据劳动力市场变化及时调整规制方法与政策。劳务派遣不单在我国,在其他国家也是个褒贬不一、非常有争议的就业形式。在这里我们要做一个判断,

---

① 沈同仙,"劳动力派遣法律规制研究——兼议我国劳动合同法草案的有关规定",《劳动派遣的发展与法律规制国际研讨会论文集》,2006 年,第 324 页。
② 杨通轩,"台湾劳动派遣法立法之当议——机会与风险的平衡",《万国法律》,2004 年第 138 期,第 41 页。

必须将这种就业方式放到整个劳动力市场政策中去考量,不能因噎废食。要根据劳动力市场变化情况,及时调整规制手段与方法,决不能采取本本主义、变得僵化一成不变。通过对发达国家有关对劳务派遣态度与规制方法的变化过程的研究就可以验证这一点。无论是国际劳工组织,还是劳动法律非常发达的德、日、法都是在发展中逐渐认识与规范劳务派遣,至今也没有一个结论,应在不同时期、采取不同的办法评价与规范劳务派遣这种非常特殊的就业服务形态。

(4) 适当的规制是主流。从上述几个发达国家的经验看,无论是以对劳动力市场进行规制为特点的德、日、法,还是崇尚自由劳动力市场政策的美国,在对待劳务派遣问题上,都没有忘了政府要进行适当的规制。因为劳务派遣能够出现与繁荣并受到资方欢迎的非常重要的原因之一是能降低企业用工成本。

(5) 解决平等待遇、同工同酬是难题。解决被派遣劳动者权益的根本问题之一,就要考虑尽可能地缩小派遣员工与正式员工之间的待遇平等的问题。但是,从欧盟成员国的经验来看,有关平等待遇、同工同酬立法并不如期待得那样有效[①]。一方面,平等原则应该覆盖哪些待遇目前还不明确;另一方面,劳务派遣本身的"模糊性"以及劳务派遣形成的"三角关系"也使法律的实施非常困难。如何在派遣员工和用工企业直接雇员之间真正实现平等待遇,在世界各国都是难题。

本 章 小 结

> 劳务派遣用工模式最早起源于 20 世纪五六十年代的美国。当代技术、产品和市场的加速衍化,要求企业更加强调组织内部各子系统间的运行和沟通效率,并通过灵活、多样的人力资源雇佣和配置模式来改善整体的用工效率。相应地,长期、稳定的正式雇佣关系在愈加灵活多变的组织和市场环境中,正补充以派遣用工、非全日制用工和临时用工等非正式雇佣模式;其中,尤以派遣用工的快速发展最为明显。
>
> 尽管各国出现劳务派遣的原因和时期不尽相同,但是,几个对此方面有着专门立法的国家大都是在 20 世纪 70 年代末、80 年代初开始着手进行针对劳务

[①] 主要劳动条件包括工资、补贴、各种情况下照付的权利、社会保险待遇以及其他作为工资组成部分的待遇。参见:Donald Storrie, *Temporary Aagency Work in the European Union*, European Foundation for the Improvement of Living and Working Conditions, 2002, p. 72。

派遣的立法工作。其中,影响较大的属欧洲的德国与亚洲的日本。综观各国对劳务派遣的立法规制手段与方法,主要包括行业准入、雇主责任划分、使用范围、解雇保护、平等待遇等。对于我国来说,由于劳务派遣为用人单位带来了人员的专业化管理,并降低了用工的风险,因此劳务派遣用工模式的广泛采用仍然是利大于弊的。从人力资源产业化的角度来说,劳务派遣的发展和其相关规制的完善也是必然的趋势。

本章复习题

1. 劳务派遣在世界范围内的发展主要有哪些特点?
2. 世界各国对于劳务派遣的规制态度可以分为哪些种类?
3. 国外对于劳务派遣的相关规制对我国有何种参考经验?

讨 论 案 例

劳务派遣协议的期限约定

昆明某花卉进出口公司计划采用劳务派遣的方式招用若干名从事花卉搬运的工人,于是人事经理找到当地一家颇具规模、口碑也不错的劳务派遣公司。派遣公司正好有合适的人选,于是双方开始就劳务派遣协议的期限和内容等进行协商。按照工作要求,花卉进出口公司计划与该劳务派遣公司签订为期10个月的派遣协议,共派遣18名工人。但是,花卉进出口公司因为第一次采用劳务派遣的用工方式,对派遣人员的实际工作表现以及是否服从公司的管理约束有所怀疑,经与派遣公司协商后,最终签订了为期5个月的劳务派遣协议,协议中约定了要派遣的岗位、人员数量、劳动报酬和社会保险费的数额和支付方式等,并约定如果双方合作顺利,5个月后再续签5个月的派遣协议。

这是一个关于如何约定劳务派遣协议期限的案例。"用工单位应当根据工作岗位的实际需要与劳务派遣单位确定派遣期限,不得将连续用工期限分割订立数个短期劳务派遣协议。"许多采用劳务派遣方式用工的单位,尤其是第一次

> 招用劳务派遣工时,通常对于这种三方角色下的用工方式不太放心,担心因为缺乏有效的监督和激励机制而导致劳动者的工作积极性不高、不愿意服从自己的管理;或者不希望因为订立较长期的派遣协议,而使劳动者可以享受更多的报酬或福利待遇等,往往将连续的派遣协议分割开,变成几个短期的协议。如果合作顺利,就续签;否则,就终止协议,也不会造成太大的损失。这一做法增加了劳动者工作的不稳定性,也不利于派遣单位人力资源管理活动的顺利开展。为了规范劳务派遣用工秩序,平衡三方的权利和义务,约束用人单位对派遣期限的分割、碎化,《劳动合同法》作了本条规定。据此,上述案例中的花卉进出口公司将10个月的连续派遣期分两次签订协议,属于违法行为。

请分组就以下问题展开头脑风暴:

1. 劳务派遣协议应该包含哪些主要内容?
2. 劳务派遣的期限应该如何确定?
3. 在本案例中,该企业对于劳务派遣协议期限的约定为什么不合法?

第六章　我国劳务派遣的基本情况

本章要点

通过对本章内容的学习,你应了解和掌握如下问题:
- 我国劳务派遣的发展历程是怎样的?
- 目前我国劳务派遣业的发展状况、行业分布情况如何?
- 劳务派遣机构在我国的发展呈现出怎样的特征?
- 我国劳务派遣从业人员的相关特征是怎样的?

导读案例

编制限额问题的解决

据上海市浦东公安分局的相关负责人介绍,该单位使用劳务派遣人员的主要原因是为了弥补警力不足的问题。上海市实施派遣制的公安文职制度,是上海公安机关推进现代警务机制、改革人事制度、创建有效政府的一次突破性尝试。浦东是本市公安系统率先推出"公安文职制度"的单位,自2004年3月至今,已先后以劳务派遣方式招录了三批文职人员。目前,分局文职人员总数达到245名,分布在除国保、纪委、信安以外的53个单位。

派遣制文职岗位共分为行政事务类145名(包括车辆驾驶、出纳、档案整理、后勤事务、话务、物料保管、信息查询、信息录入、资料整理)、辅助管理类93名(包括文书助理、人事助理、后勤助理)和技术保障类7名(包括影视制作、计算机维护、设备维护、会计)。按照规定为文职人员缴纳养老、医疗、失业保险金,以及公积金和工会费等,合计单位缴纳比例47.6%,并增加办理了补充医疗的商业保险。经费由新区财政根据市农事局、市财政局联合发文确定的标准给予保障。

派遣文职人员与民警同工不同酬问题是新法实施中遇到的最突出的问题。文职人员主要是在非执法性、事务性岗位上设置,与民警执法性工作有本质性区别,但是由于文职制度推广及目前民警转岗的限制,存在民警与文职都在同一岗位上、做相似的工作,如档案管理、内勤工作等,却"同工不同酬"的现象。

根据浦东公安分局的人力资源管理相关人员的建议,他们希望相关法律法规能够进一步细化现有派遣协议,增加例如追偿、退回等方面的详细条款和操作细则,确保实施有依据。不管是用人单位还是派遣机构,都要未雨绸缪,划拨专门经费作为风险基金,用于派遣工作中需要支付给离职人员的补偿金、代通知金等。通过制定实际化、岗位化、个性化的培训发展机制,并与参加培训员工签订服务期,约定服务期内离职的赔偿条款,在提升派遣人员技能素质的同时,增强员工的归属感与责任感,并以此相对限制优秀员工的流失率。

浦东公安分局的派遣用工需求属于我国较为典型的案例。在我国对于国家机关进行改革的同时,也为这些单位带来了一定的编制限额问题,也使他们面临着人事制度的重要改革。在我国事业单位与国有企业改革进程不断推进的今天,也许劳务派遣能够为这些单位的用工难题带来新的解决方法。

资料来源:根据人力资源和社会保障部劳动科学研究所课题资料整理。

第一节 我国劳务派遣发展历程

我国劳务派遣的发展起步比较晚,但表现出了较强的生命力,发展速度快,参与人数众多。它是在外资企业进入中国市场之后产生的,并伴随着我国农村劳动力转移、国有企业改革等相关劳动关系的变化而快速发展。

我国最早的劳务派遣业务出现在20世纪70年代末,当时是由涉外机构根据国家相关政策的规定向一些外国驻华机构派遣相关的服务人员,这是我国劳务派遣业务的发端。进入 20 世纪 90 年代后期，我国劳务派遣用工的数量迅速增长，劳务派遣业也成了社会上炙手可热的行业，劳务派遣在广州、深圳、江苏、广西、青岛、沈阳等地迅速推广①。之后经过多年的发展，劳务派遣业逐渐涉及金融、电信、运输、物流等 20 多个专业和门类②。我国的劳务派遣也日益呈现出多样化和多层次化特征。

迄今为止，我国的劳务派遣大致经历了三个发展阶段，具体如下。

一、萌芽阶段(1979—1995)

我国的劳务派遣业务开始于 1979 年的外商代表处用工，属于行政机构管理业务，虽有少量市场行为，但一直到 20 世纪 90 年代中期，其参与数量不多，所涉及的范围也比较窄③。

我国的劳务派遣最早出现在 20 世纪 70 年代末。据《法制日报》的报道，我国的劳务派遣，始于 1979 年 11 月北京外企人力资源服务公司向一家日本的驻华代表处派遣中方雇员。当时的劳务派遣主要是从国家安全角度考虑向外国驻华机构派遣相关的服务人员。

这一阶段的劳务派遣企业仅限于国务院以及各省政府批准的诸如北京外企人力资源服务公司这样的派遣机构，专门解决外国企业常驻中国代表机构这类非法人机构的用人需求问题，并向后者派遣中国员工。在此阶段成立的劳务派遣企业一般是基于国家行政法规的规定在特殊就业领域从事相关的劳务派遣业务，与目前受到广泛关注的劳务派遣在产生的背景、性质、适用范围等方面都有本质的区别，其行为的目的不是解决劳动力的市场需求问题，而是为了特殊的管理需要（如出于国家安全考虑④）而进行的。

在此之后，机关事业单位受编制要求的限制也开始使用派遣用工解决劳动力需求。但是，这个阶段的派遣用工在当时并未引起社会的广泛关注，被派遣劳动者也大多是心甘情愿参与进来的，例如，中央电视台就是在我国文化体制改革的大背景下尝试通过劳务派遣这种用工方式对其原编外的劳动者进行规范化的管理。

---

① 丁薛祥，《人才派遣理论规范与实务》，法律出版社，2006 年，第 2 页。
② 董保华，《十大热点事件透视劳动合同法》，法律出版社 2007 年，第 475 页。
③ 参见 1980 年国务院颁布的《关于管理外国企业常驻代表机构的暂行规定》。
④ 常凯、李坤刚，"必须严格规制劳动者派遣——论我国劳动派遣的作用及其法律规制"，《中国劳动》，2006 年第 3 期。

二、向市场化转型阶段(1995—2005①)

随着我国社会主义市场经济体制的逐步发展、完善,经济结构和产业结构的进一步调整,工业化、城镇化、现代化步伐的不断加快,劳动用工制度的深化改革,我国的劳务派遣也开始了其市场化的转型。可以说,劳务派遣在我国的产生和发展,是市场经济条件下市场主体自发选择的结果。随着我国市场经济的日益发展成熟,劳务派遣业有了一定的发展,并已经引起了社会的重视。进入20世纪90年代后期,劳务派遣用工数量迅速猛增,劳务派遣也成为社会上的热门行业。截至2005年8月,全国人事系统拥有4 000多家有资质的劳务派遣单位。据不完全统计,目前全国拥有劳务派遣公司达26 158家,派遣员工约2 500万人。可以说,自改革开放以来,我国劳务派遣已经走过了萌芽过程,正在发展壮大,并日趋成熟②。

作为当前备受关注的"劳务派遣"用工,即是在20世纪90年代末期,随着我国产业结构调整及产业升级,失业率略有上升的大背景下开始发展的。劳动力市场上长期以来积存的大量低效率或无效率的劳动力成为影响经济社会快速发展的重要因素。随着企业的用工制度朝着市场化的方向改革,各国有企业陆续开始控制其编制人员的数量增长,开始进行人员的精简。由此导致这一时期全国各地的国有企业产生了大量的下岗待业人员,虽然在一定程度上解决了企业发展的问题,但这些下岗人员的再就业问题也给社会带来很大压力。

为了服务于国有企业改革,解决国有企业下岗职工再就业的问题,各地政府积极寻找措施。除了提倡公共就业服务机构从事传统的职业介绍、职业指导、职业培训和岗位开发等活动、"接受用人单位和劳动者委托从事劳动保障事务代理"③等之外,还鼓励其他主体,特别是下岗职工较多的国有企业设立劳务派遣组织或者劳务公司为下岗职工提供相关的派遣就业服务④。

---

① 以国有企业下岗失业人员就业和再就业问题基本缓解为界。
② 董保华,《劳务派遣》,中国劳动社会保障出版社,2007年,第5页。
③ 2000年,当时的劳动和社会保障部颁布《劳动力市场管理规定》。
④ 2003年,当时的劳动和社会保障部为规范非全日用工,提出了关于非全日制用工若干问题的意见,明确劳动者可通过依法成立的劳务派遣组织为其他单位、家庭和个人提供非全日制劳动,并且由劳务派遣组织与非全日制劳动者签订劳动合同。2003年9月在全国再就业工作座谈会上,胡锦涛总书记提出"要积极发展劳务派遣和其他类型的就业服务组织指导分散单个的下岗失业人员组织起来,为他们实现再就业提供组织依托和帮助"的指示。1999年6月28日北京市劳动和社会保障局、北京市财政局、北京市工商行政管理局联合出台了《北京市劳务派遣组织管理暂行办法》(京劳社就发[1999]39号)。该办法明确规定,为了解决下岗职工再就业问题,支持相关部门或者个人兴办劳务派遣机构。

在当时的劳动力市场上,开始陆续出现了三类派遣公司:第一种是由各级劳动保障部门依托公共就业服务机构成立的劳务派遣机构;第二种是由各级政府的人事部门依托人才交流服务机构成立的劳务派遣组织;第三种是各大型国有企业内部成立的劳务派遣公司。劳务派遣由此成了企业进行人员优化配置、盘活企业内部用人机制的重要渠道。不同的企业可根据自身业务特点及发展阶段,选择相关岗位进行劳务派遣,以多种、灵活的用工形式使派遣用工与岗位达到最为优化的匹配。

在当时最早出现的劳务派遣现象,是以家政服务公司为代表的派遣。这些家政服务派遣机构作为雇佣单位而言并没有传统意义上的生产资料,也不存在传统的制造业务和服务业务,只是为需要劳务服务的单位和个人提供劳动者。在这个时期的劳务派遣过程中,用工单位并不是从节约人力资源成本的角度来考虑劳务派遣用工的,而是基于对诸如家政服务公司这类服务安全、周到、及时的优势的需要。家政服务业是劳务派遣机构在经济发展升级之后开发出的一个全新的营业领域。

之后,劳务派遣在传统服务行业中的这一优势逐渐被移植到了职业劳动领域,尤其是在长江三角洲、珠江三角洲等地区的传统制造业中。那些规模较大、经济发展速度较快、使用劳动力数量较大的企业发现使用劳务派遣工人可以在很大程度上节约人力资源成本。同时,一些长期从事职业介绍业务、劳动力市场开发业务的机构和个人也开始涉足劳务派遣领域[1]。之后,在用工单位和劳务派遣机构的共同推动下,劳务派遣用工已经开始涉及传统的劳务用工领域,并对我国的用工制度产生了很大的冲击。

另外,由于当前我国仍处于且将长期处于社会主义初级阶段,经济发展的速度尚不能够解决我国劳动力市场面临的严峻问题。现阶段,我国一部分下岗、失业人员和农村转移劳动力由于其自身的就业能力比较弱,难以实现自谋职业、自主就业,因而需要通过劳务派遣这一形式集合力量,实现就业;同时,也存在一些就业能力比较强的劳动者,因不满足于传统就业形式的束缚,而自愿采取劳务派遣的就业形式,以丰富自己的阅历,增加自己的收入。另外,随着大中专毕业学生就业变得

---

[1] 郑尚元,"劳动派遣之立法因应——劳动派遣之社会价值及负效应",载周长征主编,《劳动派遣的发展与法律规制》,中国劳动社会保障出版社,2007年,第51—52页。

越来越困难,很多毕业生也选择了通过劳务派遣来实现初次就业,从而积累工作经验,为未来的职业发展打基础。

从另一个方面来看,知识经济和人才流动也是劳务派遣产生和发展的社会背景因素之一。随着新工业革命的蓬勃发展,世界进入了知识经济时代,知识经济与传统的工业经济最明显的不同之处,便是通过不断地满足各种消费群体不断变化的多种需求,来实现和保持企业经营活动的良性循环。由此来看,知识经济条件下,企业的生产经营方式对劳动者的需求也呈现出了更强的多样性,更富于动态化。由此应运而生的一个新的具有高度专业技术知识、经验与能力的特殊劳务群体,应不同企业之邀,在不同企业、行业、国家之间不断流动。在传统的就业形式和约束下,这些劳动群体无法实现自身在各个领域间的快速流动,而劳务派遣这一用工形式极好地实现了这种流动的顺畅性。目前,在许多发达国家,年轻人更乐于接受劳务派遣制这种新的用工模式,与一般的看法不同,这些劳动者不但受到了更高级的专业职业教育,而且在择业观念上也发生了很大的变化,他们不像在传统就业市场上的人那样希望在一个稳定的大企业中做终身雇员,而是愿意寻求一个既能发挥自己的专业特长,又能在自己喜欢的时间、场所获得自己满意收入的相对自由的职业,是一种更为个性化的职业选择方式。

在这一阶段劳务派遣的最大特点是,劳务派遣的主要目的在于服务国有企业改革带来的职工下岗与解决进城务工人员的就业问题,是由政府主导的一种就业服务行为,并因此形成了以政府的公共就业服务机构成为劳务派遣业主体的局面。至今为止,这些相关的组织机构还是各地劳务派遣从业者的主体。

总而言之,作为市场经济产物的劳务派遣,不但满足了我国在市场经济条件下市场主体的需要,也为我国的经济体制改革实践服务,体现出具有中国特色并与国际市场接轨的特点。

三、蓬勃发展阶段(2005年至今)

近几年,劳务派遣企业类型出现明显的多样化倾向,民营、外资类派遣(人力资源服务)企业开始活跃。尤其是在《劳动合同法》出台以后,劳务派遣结束了无法可依的阶段。据上海人才服务行业协会估计,上海劳务派遣每年以20%以上的速度在增长。曾有调查表明,2004年上海派遣用工总数21万人次,相关年营业额50亿元;2005年同样数据为46.81万人次,80亿元;2008年底派遣人数达到137万人,营业额超过 300 亿元。

《劳动合同法》出台以后,一些企业为规避《劳动合同法》的约束,在其正式实施前仓促采取行动,处理劳动关系:或要求劳动者辞职后与企业重新签订劳动合同,让职工之前的"工龄归零"(例如,发生于《劳动合同法》正式实施前夕的"华为辞职门"事件就是其中的一个典型),或在与劳动者终止或解除劳动合同后要求劳动者与其指定的劳务派遣公司签订劳动合同,而劳动者的工作岗位等并未改变。不管用人单位如何辩解,笔者认为,对此种现象最可能的解释就是用人单位为了规避《劳动合同法》规定的"无固定期限劳动合同"等法律义务而采取的对策。这是一个不争的事实。

第二节 劳务派遣的规模与分布

改革开放以后,随着我国经济的不断快速发展,市场经济逐渐繁荣,劳务派遣这一新的用工形式的发展也越来越快,展现出了蓬勃的生命力。

来自外服、劳动、人事部门的统计数据显示,截至 2003 年底,我国的人力中介机构已向 36 565 家外国企业常驻代表机构提供外派员工 291 672 人,营业收入逾 148 亿元。国家人事部人才流动开发司 2004 年统计显示,经政府人事部门批准建立的人才交流中介机构当年共向 68 000 多家用人单位派遣了近 50 万人。另据上海市人才中介行业协会统计,截至 2005 年 4 月底,上海非政府人事部门所属人才中介机构共向本市 23 800 多家外国企业常驻代表机构、政府机关和企事业单位等派出 189 000 多人,年营业额达到 43.5 亿元人民币。截至 2005 年 3 月中旬,广州、上海、青岛、天津、北京等 16 个大中城市的政府人事部门所属人才交流机构已向政府机关、企事业单位共派遣了 62 000 多人[①]。

一、劳务派遣的规模

经过近 20 年的发展,当前,我国劳务派遣已经具备相当的规模。就中国而言,

---

① 朱明达、田培杰,"人力派遣法律保障制度建设及其路径选择",载丁薛祥主编,《人才派遣理论规范与实务》,法律出版社,2006 年,第 160—161 页。

国内劳务派遣工在 2009 年就达到 2 700 万人；到 2010 年底，中华全国总工会经过广泛调查统计获得的数据是，国内劳务工已经达到 6 000 万人。按照国内职工总人数大约 3 亿来计算，劳务工占到职工总人数的 20%[①]。

其中，北京、天津、上海、广东、江苏、浙江、福建、广西、黑龙江、辽宁、吉林、江西、湖南、山东等地劳务派遣的发展尤为成熟。使用劳务派遣用工形式的主体也由最初的外国企业驻华代表处扩展为包括国有企业、大型民营企业、中外合作合资企业、外资企业等在内的多种企业形态。

受收集资料渠道的限制，笔者尚未见到权威性的全国派遣劳动者近年内的增长数据，但我们可以从各地方或相关派遣机构的有关数据中大致估计我国劳务派遣业的发展速度。

(1) 广东：以广州南方人才租赁中心为例，在该中心成立的 2001 年，仅仅完成劳务派遣 1 000 多人次，但到了 2003 年人才派遣已经突破 8 000 人次，产值达到 1 700 万元，资金流转达到人民币 1.3 亿元；截至 2004 年 10 月，已完成 1.5 万人次，产值 2 000 万元，资金流转 2.6 亿元[②]。

(2) 福建：截至 2004 年底，福建省共成立 74 家劳务派遣机构，共派遣 9 万多人，其中下岗失业人员 23 181 人，农村剩余劳动力 36 290 人，城镇其他劳动者 33 983 人。另据了解，2006 年福建省劳动和社会保障厅提出了全省实现劳务派遣就业 23 万人的目标[③]。

(3) 上海：截至 2004 年底，上海有据可查的被派遣的员工总量已达到 21 万人，从事劳务派遣的机构 300 余家，年度相关营业额超过 50 亿元。2004 年上海人才中介行业派遣业务增长率平均为 30% 左右，最高的达到 100% 以上。2005 年沪上派遣员工已达 46.81 万人次，年相关营业额超过 80 亿元。2005 年上海劳务派遣使用单位达 27 570 家单位，尽管使用劳务派遣的单位数与上海市企事业单位 80 余万家的庞大总数相比只占小小零头，但劳务派遣的数量则从 2004 年的 21 万人增长为 46.81 万人，人数增长幅度竟达 1 倍之多。行业发展速度是 GDP 增长的 3—4 倍，远远超过西方发达国家劳务派遣行业的平均水平。以上海派遣人才有限公司

---

① 参见：http://news.163.com/special/reviews/zhongguoshigaige05.html。
② 李敏，"人才派遣雇佣关系及相关者的责权利分析"，载丁薛祥主编，《人才派遣理论规范与实务》，法律出版社，2006 年，第 70 页。
③ 参见：http://topie.news.hexun.com/news/commonl_4298.aspx。

为例,从1995年开始从事劳务派遣业务,2004年该公司的业务增长超过100%,派遣员工保有数量达1.3万余人,截至2006年7月服务人数约1.8万人。上海中企人力资源咨询有限公司,2001年6月成立,前身是上海国际企业合作公司外企服务中心(成立于1995年),截至2006年5月服务人数约0.7万人。

上海市总工会根据2008年初对辖区19个区、县及12个产业进行的抽样调查结果表明,劳务派遣用工总体规模在近三年中呈现逐步扩大的趋势。在其所抽取的250家样本企业中,企业职工总数为236 517人,其中劳务工为93 830人,劳务工占全部职工数的比例达到了39.7%(2006年为33.8%,2007年为38.3%)。又据上海人才服务行业协会所提供的数据,2008年上海人力资源派遣员工数量约为161万人,营业总额超过了308亿元。

(4)苏州工业园区:根据苏州市工业园区劳动和社会保障局提供的数据,苏州工业园区自1994年5月12日成立以来,截至2005年6月,累计吸引外资210亿美元,世界500强企业有46家在园区注册。统计数字显示,至2005年6月底,园区使用劳务派遣员工的各类单位数为202家,占全部园区单位总数的5%(园区全部单位以在园区社会保险经办机构开户的4 200家企业为准,其中外资企业为1 071家,非外资企业为3 129家)。其中,使用劳务派遣员工的外资企业数为172家,占全部使用单位的85%,占园区外资企业的16%;使用劳务派遣员工的外资制造企业数为161家,占全部使用单位的80%,占园区外资制造企业的20%。园区劳务派遣员工19 561人,占全部就业人口(238 528人)的8.2%。园区外商投资企业使用劳务派遣员工18 541人,占全部外商投资企业就业人口(123 922人)的14.9%,占园区劳务派遣员工总数的90.4%。2001—2005年劳务派遣人员的增长情况为:2001年派遣人员为2 000人,2002年的派遣人员为7 000人,比前一年增长了250%;2003年的派遣人员为12 000人,比上一年增长了71.4%;2004年的派遣人员为16 000人,比上一年增长了33.3%;至2005年6月,派遣人员为19 561人,比上一年增长了22.3%(全年增长的比例可能还要高)。受派遣人员的文化程度为:大专以上文化程度的占受派遣人员总数的5.21%;中专、高中文化程度的占受派遣人员总数的40.13%;其他文化程度的占受派遣人员总数的54.65%。另外,从受派遣人员的性别构成上看,男性为9 160人,占受派遣人员总数的47%,女性为10 401人,占受派遣人员总数的53%。如果按照是否连续用工满一年作为判断该岗位是常规性还是临时性岗位的标准,那么有超过50%的派遣用工岗位属于常规性工作岗位。虽然苏州工业园区劳务派遣情况不能完全代表全国的情况,但基于苏州工业园区所处的地理位置以及在该区内设立的企业结构和性质,它代表了我国沿海经济发达地区劳务派遣的发展状况。上述统计数据,反映出我国经济发达地区劳务派遣呈现出如下的特点和趋势:第一,派遣的劳动者人数占总就业人数比重每年以两位数计的速度增长;第二,外资企业是接受派遣人员、成为用工单位的主力军;第三,在使用劳务派遣人员的外资企业中,制造业又是劳务派遣的主要领域;第四,企业不仅在临时性和短期性岗位上使用派遣工,在常规性岗位上也使用派遣员工。

二、劳务派遣的分布

目前,我国已经开展劳务派遣业务的地区主要包括北京、天津、上海、广东、江苏、浙江、福建、广西、黑龙江、辽宁、吉林、江西、湖南、山东等地,其他地区也陆续不断地开展起来。可以看到,劳务派遣这一用工形式大多存在于我国东部沿海经济发达地区。

据统计,截至2004年年底,南京市的劳务派遣机构有近百家,派遣人员5万人次以上[①]。另据了解,2006年福建省劳动和社会保障厅提出了全省实现劳务派遣就业23万人的目标。广州市目前从事劳务派遣的公司已经有120多家。截至2004年年底,北京市已经发展劳务派遣企业681家,安排20万劳动力人口就业,累计安置下岗失业人员6万余人。比较知名的公司有北京外企服务集团、中国技术智力合作公司、中国四达国际经济技术合作公司、中国国际企业合作公司、北京外航服务公司、北京外企晨光劳务公司等。福建省共成立74家劳务派遣机构,共派遣9万多人,其中下岗失业人员23 181人,农村剩余劳动力36 290人,城镇其他劳动者33 983人。2005年上海派遣员工已经达到46.81万人次,比2004年的21万人次增长了一倍还多,年相关营业额超过80亿元。

上海市人才中介行业协会于2005年出台的《上海市人才派遣服务行约行规试行办法》,从行业自律的角度为劳务派遣提供了权益保障。该试行办法为劳务派遣机构提供了一个从业标准,为完善上海劳务派遣市场体系,规范劳务派遣市场的经

[①] 顾伟峰,"浅析派遣员工权益之保障",载丁薛祥主编,《人才派遣理论规范与实务》,法律出版社,2006年,第447页。

营秩序发挥了一定的作用。

不仅北京、上海、广州、深圳、南京、武汉这样的大城市出现了劳务派遣机构,在其他一些小城市,如泉州、嘉兴、镇江以及西部地区如云南、青海等地,劳务派遣机构也如雨后春笋般慢慢发展壮大起来。甘肃省陇兴劳务派遣服务中心向长庆油田、兰炼、青岛市等企业和地方派遣了 680 名劳务人员;白银市建立了 77 个社区劳务派遣组织,成立了 9 个劳务派遣企业,派遣就业 13 000 人;会宁福隆劳务有限公司 2004 年派遣劳务人员 1 928 人,并向苏丹派遣了 50 名劳务人员;据不完全统计,甘肃省全省通过劳务派遣形式在省内外就业和再就业的已经有 3 万人以上[①]。

三、我国劳务派遣发展的原因分析

以上可以看到劳务派遣业务在我国发展的情况和特点,相比于劳务派遣发展的一般性规律和特征,我国劳务派遣业的发展起步较晚,但发展速度快,规模扩大快。究其原因,是与我国经济社会发展的特殊情况分不开的。这表现在以下三个方面。

(一)企业改革驱动

20 世纪 90 年代在我国开展的国企改革,是推进劳务派遣快速发展的一个重要原因。国企改革即国有企业要走市场化的道路,运用市场化的运作方式,以达到降低成本、提高效率的目的。而其中人力资源成本的降低则是一个非常重要的部分。

人力资源管理成本主要包括两个方面:一是显性成本,即可以看得见、摸得着的成本,它可以以价值或价格来进行衡量。劳务派遣在降低显性成本方面有一定的作用,但在外资企业和民营企业中并不是特别突出。其主要表现在,用人单位在核算派遣人员的总支出时,主要考虑职位效益、以市场价格确定工资标准、自主调整工资福利待遇等,综合核算单位支出成本要能比在编员工的支出有所降低。二是隐性成本,主要是制度摩擦成本和管理成本。制度摩擦成本主要是用工单位对现行的法律法规制度不了解、不精通,以及现行制度不尽合理和刚性化而形成的成本。管理成本主要是指对员工劳动关系的管理方面的成本。《劳动合同法》实施后,用工单位在隐性成本方面大大增加了。用工单位为了降低这些方面的成本,将

---

① 董保华,《劳动力派遣》,中国劳动社会保障出版社,2007 年,第 12 页。

一些不涉及企业核心利益的员工交给更加专业化的派遣公司进行管理,对用工单位更加有利。

随着我国劳动用工法律和人力资源管理程序的日益复杂,交由人力资源服务企业提供劳务派遣可以降低企业的人力资源管理成本,减少相关的法律风险。此外,对于管理严格、审批程序复杂的大型外资企业,由于用工指标难以申请、操作工等低端岗位的流动性大导致用工管理工作量大等原因,也会比较倾向于使用专业化、有信誉的劳务派遣公司提供的劳务派遣服务,以降低管理成本。

劳务派遣服务在满足客观存在的替代性、弹性、季节性、临时性等特殊用工需求这方面可以使这些低端岗位从招工、培训、上岗、退工方面实现专业化服务,使企业人力资源管理部门能够在不显著增加人手和工作量的情况下保证满足特殊时期、特殊形式的用工需求,减少人力资源管理成本。专业化的劳务派遣公司长期经营的招工网络、用工基地、培训体系是满足企业用工方面不时之需的稳定而可靠的源泉。劳务派遣为企业现实和社会劳动力之间建立了有交往的沟通桥梁,有利于充分利用各种就业机会扩大就业。

(二)人员因素

用工单位使用劳务派遣的另一个主要原因是基于体制的限制和人力资源管理专业化的需求。

首先,可以利用劳务派遣突破人员编制限制,这是用工单位使用劳务派遣的普遍原因。这种情况不仅发生在国有企业、事业单位和机关,部分外资企业也同样面临着总部对用工数量和工资总额的限制。特别是在实行工效挂钩的国有企业,劳务派遣用工费用不记入人工成本和劳动生产率的计算,因此企业可以在增加用工数量的情况下,保持人工成本,以此来提高名义劳动生产率,获得更高的工资总额,企业直接雇员可以获得更高的工资待遇。上市公司同样存在通过劳务派遣来提高名义劳动生产率的需求。

其次,通过劳务派遣来获得用工的合法性,是外商代表处和企业分支机构使用劳务派遣的主要原因。由于外商代表处和企业分支机构不具有法人身份,不是合法用工主体,所以这些机构必须采用劳务派遣的方式来用工。

最后,对人力资源管理的专业化需求是劳务派遣发展的重要驱动力。《劳动合同法》的实施规范了劳动合同用工秩序,促进了劳资关系的调整,提高了企业违法成本,这对企业的人力资源管理模式和管理能力提出更高的要求。此外,劳动者的维权意识和维权能力大大增强,也给企业人力资源管理带来了很大压力。因此,很多企业希望将人力资源管理的一般业务,以及针对一般员工的管理转移给专业的外部机构,以便企业人力资源部能够专注于企业核心人力资源管理工作,例如人力资源发展规划,以及企业核心员工的管理。

(三) 其他原因

比如,企业希望以比法定试用期更长的期限考察员工的素质、品德、能力时,也会倾向于先以劳务派遣方式聘用其初步相中的劳动者,待情况了解清楚后再直接与合意的劳动者签订劳动合同。再比如,企业希望尽可能减少或延缓与劳动者签订无固定期限劳动合同的责任时也会先用劳务派遣方式用工然后再选择直接签劳动合同,尽管此种动机有规避法律之嫌,但若排除道德层面的考量,企业以合法方式规避法律并无不妥,持此种动机的企业即使不采取劳务派遣方式规避签订无固定期限劳动合同,也可以采取以一次性的短期劳动合同规避签订无固定期限的劳动合同,如此一来反而缩短了劳动者的就业时间。

第三节 劳务派遣机构情况

一、数量与分布

目前,在我国所有的行政区都有劳务派遣企业。其中,东部沿海地区发展比较快,尤其像北京、上海、广州、深圳等大城市①,中西部相对较少。据统计,全国各类劳务派遣机构有超过2万家。在我国社会主义市场经济条件下发展起来的劳务派遣业,存在着诸多的特点,主要表现在以下两个方面。

(一) 数量快速增长,规模差距较大

自2008年《劳动合同法》实施以后,我国劳务派遣企业的数量增长较快。相关统计数据显示,东莞市在2008年以前有劳务派遣公司22家,2008年新增加了劳务派遣公司51家,2009年5月底前又增加了24家。在业务量上,派遣1000人以下的有7家,1 000—5 000人的有5家,5 000—10 000人的有4家,1万—5万人的有

---

① 根据人力资源和社会保障部2009年对福建、上海、广东、北京等地区的调查资料统计所得。

5家,10万人以上的有2家。

2009年对河北省的调查数据显示,秦皇岛市有劳务派遣企业78家,唐山市有劳务派遣企业160家,其中有50％的企业经营状况比较好,37.5％的派遣企业经营状况一般,12.5％的企业存在各种形式的问题。而问题主要表现在有的企业注册资金不足,有的企业业务开展缓慢,注册成立一年后派遣人数还不足10人,个别企业注册后甚至没有开展派遣业务。总体来看,秦皇岛市和唐山市派遣企业的规模都不大。

根据2009年人力资源和社会保障部劳动科学研究所对上海市劳务派遣企业的调查发现,上海的劳务派遣公司注册资本在50万元以下的有8.1％;50万—100万元的有79.3％,占劳务派遣企业的大多数;而注册资本在100万—2 000万元的劳务派遣企业只有约12.6％(见图6-1)。

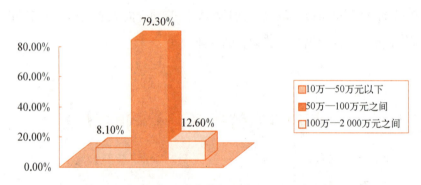

图6-1　2007年上海市劳务派遣公司注册资本情况

资料来源:2008年上海市总工会抽样调查统计结果。

(二)专业化水平低,服务质量参差不齐

目前,我国劳务派遣市场尚处于初级发展阶段,派遣企业提供的服务同质化程度比较高,专业化程度有限。尽管一些企业提供员工招聘、培训、绩效管理、福利待遇、员工沟通、员工宿舍等专业服务,但是很多劳务派遣企业只是形式上的雇主,他们对用工企业提供的服务有限,与派遣员工之间的关系也比较松散,其扮演的角色仍然有很多类似于劳动事务代理的性质。由于劳务派遣企业仅仅是形式上的雇主,他们收取的管理费用也比较低。市场上的劳务派遣企业收费最高为每人每月300元,最低的仅为30元,多数派遣企业收费标准在100元以下。为了抢占市场,部分派遣企业依靠价格竞争,不仅影响了劳务派遣服务质量,而且低收费也影响了劳务派遣企业对雇主责任承担的能力和意愿。

二、机构类型

我国的就业服务机构大体是由非营利性就业服务机构和营利性的就业服务机构组成的。非营利性的就业服务机构包括各级劳动保障行政部门举办的、承担公共就业服务职能的公共就业服务机构，和劳动保障行政部门以外的其他政府部门、企事业单位、社会团体和其他社会力量举办的其他非营利性就业服务机构；营利性就业服务机构是指法人、其他社会组织和公民举办的、从事营利性职业介绍活动的机构。营利性的就业服务机构和其他企业法人也是劳务派遣单位的重要来源。我国目前的劳务派遣单位的规模和通过这一方式就业的人口数没有准确的统计，据称"目前全国有派遣公司 26 158 个，其中由劳动保障部门经办或审批的仅有 18 010 个"[①]。

具体来说，我国目前的劳务派遣机构主要分为以下六大类。

（1）第一类是经国务院及省级政府批准成立的对外服务系统的劳务派遣企业。经过 30 年的发展，这些企业都成为各地派遣业的市场领军者，业务范围也不再局限于外国企业驻华代表机构，还为各种三资企业、国有企业、民营企业派遣劳务员工。比如，上海外服的 11 648 家客户中（其中派遣客户 7 611 家），就包含有大量的各类三资企业、国有企业、外资企业。

（2）第二类是各级政府劳动保障和人事部门依托公共就业服务机构或人才交流服务机构成立的劳务派遣组织。20 世纪 90 年代后期，政府为了解决国有企业改制而出现的下岗失业问题，各级劳动保障部门相继开设了一些劳务派遣组织，其中有的是营利性的，有的是非营利性的。还有各级人事部门开办的劳务派遣组织，这类机构基本上都是具有营利的性质的，主要以专业技术人员、大中专毕业生等为派遣服务对象。它们构成各地劳务派遣企业的主体。

这类机构都与各级政府的劳动与人事部门的政策推动分不开[②]，至今仍然与当地政府劳动保障和人事部门保持有很密切的关联，在当地都是比较大的派遣机

---

① 常凯、李坤刚，"必须严格规制劳动者派遣"，《中国劳动》，2006 年第 3 期。
② 2002 年中央政府提出通过发展劳务派遣、就业基地等组织形式，为下岗失业人员的灵活就业提供服务和帮助。2003 年 9 月全国再就业工作座谈会上，胡锦涛总书记提出"要积极发展劳务派遣和其他类型的就业服务组织指导分散单个的下岗失业人员组织起来，为他们实现再就业提供组织依托和帮助"的指示。2004 年 2 月 16 日人事部出台的《关于加快发展人才市场的意见》，在"推动职业中介机构能力建设"中明确提出：提升职业中介机构的业务开发能力，积极拓展服务领域，开发人才测评、人事诊断、人才派遣、薪酬设计、管理咨询、高级人才选聘等专业化程度高的服务项目。

构。国有垄断行业的劳务派遣人员绝大部分都是由此类机构进行派遣,管理相对比较规范,劳动者权益保护方面也比较得力。

(3) 第三类是民营派遣企业。可分为以下三种情况：第一是从网络招聘、猎头等行业起步,然后涉入了劳务派遣业。比如前程无忧、智联招聘、易才等网络招聘公司等。第二是在2002年后,由于农民工短缺而引发的、以招工难为背景,在长江、珠江三角洲等地快速发展起来的,专为世界500强和一些优质的外资制造业提供员工招聘与派遣服务的民营派遣企业。比如,为苏州工业园区制造业提供派遣服务的苏州汇思、英格玛、博尔捷等公司。第三是由仅有的几个人兴办的小规模派遣企业。自《劳动合同法》颁布实施后,这类企业在各地快速增多,且发展较快。

(4) 第四类是由外资兴办与合资的派遣企业。随着中国加入WTO,国际上著名的人力资源服务企业也开始关注中国的劳动力市场。比如,世界500强企业、全球排名前三位的人力资源服务机构Adecco(艺珂)、Manpower(万宝盛华)、Randstad(任仕达)等近几年陆续进入中国,以合资或独资形式进入劳动力市场。它们的特点是主要以网络招聘、猎头业务为核心开展业务,最近,有的企业开始进入派遣领域。

(5) 第五类是由用人单位成立的劳务派遣组织。这指的是一些用人单位为安置本单位的富余人员而开办的劳务派遣组织。它既可以为本单位提供服务,也可以为社会提供相关服务。这类派遣公司属于《劳动合同法》第67条规定禁止的自办类派遣公司,随着法律的进一步贯彻实施,这类公司会逐步退出劳动力市场。

(6) 第六类是专属性的派遣机构。这类机构主要有三种：一是为外国航空公司提供中国员工的外航系统的企业或事业单位,如成立于1982年北京外航服务公司。第二种是为外交使馆、领事馆等提供中国员工的外事系统的企业和事业单位,如成立于1975年隶属于上海市人民政府外事办公室的上海市外国机构服务处。第三是为中外海上钻井平台提供中国员工的石油系统的企业和事业单位,如1982年5月成立的中国南海石油联合服务总公司。

此外,还存在一些其他政府部门兴办的劳务派遣公司。比如,卫生系统的专为本系统派遣护士、医师、后勤人员的劳务派遣公司;宣传系统专为本系统派遣记者、采编人员等的劳务派遣公司等。

在上述各类派遣机构中,国有及国有控股、事业单位性质的派遣机构无论从数量上还是从业务规模上,都占据了派遣市场的绝大部分份额。目前,这两种派遣机构主导着我国的劳务派遣市场。图6-2反映了上海劳动力市场上劳务派遣公司的所有制结构情况。

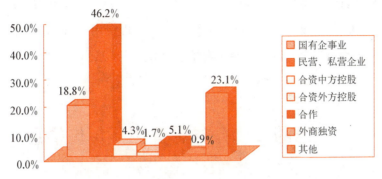

图6-2 劳务派遣公司所有制结构

资料来源：2008年上海市总工会抽样调查统计结果。

三、机构设立程序

在《劳动合同法》实施之前，尽管劳务派遣行业没有明确主管单位及行政审批程序，但各地都相应地规定了一些设立的程序与管理方法。大体上可以分为三类：一是行政许可制；二是备案制；三是实行年审制。实行行政许可的主要有北京[①]、湖北、安徽等省份和地区；采取备案制的则主要有河北[②]和新疆维吾尔自治区。但是，《劳动合同法》出台后，取消了前置的行政许可，规定"劳务派遣单位应当依照公司法的有关规定设立，注册资本不得少于50万元"，只要满足此要求，就可以成立劳务派遣公司。

四、服务费收取情况

目前各地使用劳务派遣服务的费用标准不尽相同，从全国范围看，现行的收费主要分为以下三类。

（1）全额劳务费。实际用工单位根据劳务协议按照包括人员工资、社保福利及管理等费用，以劳务费形式划拨给劳务派遣组织，由劳务派遣组织支付员工工

---

① 《北京市劳务派遣组织管理暂行办法》（京劳社就发[1999]39号）第四条规定："开办劳务派遣组织，由主办单位按隶属关系经区县劳动局（劳动和社会保障局）、市属企业主管部门审核后，向市劳动和社会保障局提出申请，市劳动和社会保障局自接到申请之日起20日内进行审核，对符合条件的，核发《北京市劳务派遣资质证书》。"

② 《河北省劳务派遣企业管理暂行办法》第七条规定："开办劳务派遣企业须向当地工商行政管理机关申请登记，领取营业执照，并向县级以上劳动保障行政部门登记备案。"

资、缴纳各项社会保险等。

（2）收取社保福利及管理费用。员工工资由实际用人单位直接支付，员工的社保福利及管理费用，由实际用人单位支付给劳务派遣组织并由后者支付。

（3）收取管理费。劳务派遣组织只收取管理费用，其他费用由实际用人单位直接支付给员工个人以及社会保险经办机构。

第四节 劳务派遣用工单位情况

全国各行各业使用派遣工情况非常普遍，统计分类的 20 个行业和 7 类所有制单位都或多或少使用了劳务派遣工。除去外国使领馆及外商代表处是国家规定必须使用劳务派遣之外，其他各类型企业都是自主选择使用劳务派遣用工。

一、行业分布

我国是世界上人口资源最多的国家，劳动力市场中的劳务使用形式多种多样，又具有显著的自身特色。同样，我国劳务市场中的劳务派遣用工形式也具有其自身的特点，主要表现在以下两个方面。

（一）制造行业使用劳务派遣用工的比例很高

加工制造业由于其自身的特点，生产所需的低技能劳动力比较多，并且员工的流动性也比较高，是使用劳务派遣比较多的行业。在我国东南沿海等劳动密集型加工企业相对比较多的地区，劳务派遣用工十分普遍。一些劳务派遣机构专门以制造业企业的派遣为其主要业务领域，制造业派遣员工量占到其派遣员工总数的 80%—90%。

这种情况主要集中在长江、珠江三角洲国有大型及外资制造业企业。比如，上海重型机械厂、上海锅炉厂皆为国有大型制造业，其使用劳务派遣员工的比例都超过了 40%，例如，上海宝钢集团冷扎车间中 80% 以上都是派遣员工。还有，分布在上述地区的诺基亚、三星、松下、日立等外资优势制造业都使用了相当比例的劳务派遣工。上海市人社局提供的数据表明，在使用派遣用工的单位中，制造业的数量排在首位，达到了 42%[①]。

---

① 根据人力资源和社会保障部 2009 年对福建、上海、广东、北京等地区的调查资料统计所得。

我国的劳务派遣用工主要集中在生产、服务、内外勤等企业的非核心业务部门、对员工的技能要求和稳定性要求不高的低端岗位上，高端的劳务派遣人员比较少。高端劳务派遣员工分布在外商代表处或者其分支机构、高校、研究机构等。其他使用劳务派遣较多的行业包括通信、金融、建筑业、电力、烟草、交通等行业。

根据有关部门的统计，我国电信系统的电信、移动、网通、联通等四大集团共有职工1 183万人，其中劳务派遣方式的用工人数达48万，占职工总数的40.5%；邮政、金融、石化、建筑、电子、机械制造等效益比较好的国有大中型企业和运输、物流、餐饮、旅游、物业等服务性行业的劳务派遣用工数量也在迅速增长。从行业分布看，派遣员工的从业领域，已遍及建筑、餐饮、制造、金融、运输、传媒、通讯、电力、燃气等许多行业。

目前，石油销售企业的劳务派遣员工已经占到其用工总量的2/3以上，且主要分布在加油工的岗位上，仅有少量的劳务派遣人员进入到站长、领班、油库的操作工及后勤勤杂等岗位。就企业的实际需要而言，劳务派遣员工所占用工总量的比例还可以提高，适用的岗位范围还可以扩大。根据几年的实践，所有的加油站岗位、油库操作岗位和后勤勤杂岗位乃至客户经理等都使用劳务派遣员工。以福建石油公司为例，到2004年年底，劳务派遣员工已占加油站用工总量的84%。在对某矿区的调查中发现，在原煤一线生产人员中派遣工占到了80%以上，且大多数已成为熟练工人和企业生产的中坚力量[①]。

（二）机关事业单位使用劳务派遣用工的情况比较普遍

在我国采用劳务派遣这一用工形式的用工单位类型不仅包括了外商投资企业、私营企业，也有各级国有大中型企业、国家机关和事业单位。比如，福建省5 724家使用劳务派遣用工的单位中，机关事业单位为2 380家，占41.5%；又据上海市人力资源和社会保障局提供的数据，上海机关事业单位大约使用3.4万派遣身份的人员，占在职劳动者数的8%左右。在上海，采用劳务派遣方式来解决组织内部人力资源问题的，不仅包含各类驻上海办事机构，而且还包括诸如宝钢、东航、地铁、建工、工行等大型和特大型企业集团。

而近年来，不少机关事业单位正在试水劳务派遣方式，探索解决编制、人才、效

---

① 王全兴，"应当理性对待劳动派遣"，《中国劳动》，2005年第12期。

率、节约等与机关事业单位人事制度改革相关的若干难题。通过劳务派遣,构筑机关人才的"后备队"和"蓄水池"。原国家人事部人才流动开发司2004年的统计数据显示,经政府人事部门批准建立的人才交流中介机构当年共向68 000多家用工单位派遣了近50万劳动者。另据上海市人才中介行业协会统计,截至2005年4月底,上海非政府人事部门所属的人才中介机构共向当地23 800多家外国企业常驻代表机构、政府机关和企事业单位等派出了189 000多人,年营业额达到了43.5亿元人民币。

据统计,截至2005年3月中旬,广州、上海、青岛、天津、北京等16个大中城市的政府人事部门所属人才交流机构已向当地政府机关、企事业单位共派遣了62 000多人[①]。

以上海市为例,其使用劳务派遣用工的现象较为普遍,统计分类的20个行业和7类所有制单位都使用了劳务派遣工,具体情况见表6-1。

表6-1 2009年上海市使用劳务派遣企业的行业分布情况

行业分类	使用劳务派遣的单位数(户)	比例(%)
制造业	13 009	41.91
批发和零售业	5 549	17.88
住宿和餐饮业	2 699	8.7
租赁和商务服务业	2 252	7.25
房地产业	1 810	5.83
交通运输、仓储和邮政业	1 275	4.11
科学研究、技术服务和地质勘查业	1 265	4.07
建筑业	798	2.57
居民服务和其他服务业	592	1.91
信息传输、计算机服务和软件业	527	1.7
文化、体育和娱乐业	317	1.02
卫生、社会保障和社会福利业	220	0.71

---

① 朱达明、田培杰,"人力派遣法律保障制度建设及其路径选择",载丁薛祥主编,《人才派遣理论规范与实务》,法律出版社,2006年,第160—161页。

续　表

行　业　分　类	使用劳务派遣的单位数(户)	比例(%)
教育	206	0.66
金融业	150	0.48
水利、环境和公共设施管理业	141	0.45
国际组织	123	0.40
农、林、牧、渔业	64	0.21
电力、燃气及水的生产和供应业	32	0.1
采矿业	8	0.03
公共管理和社会组织	3	0.01
合计	31 040	100

资料来源：上海市人社局提供。

二、所有制特征

我国是社会主义市场经济国家,各级国有企事业单位在我国经济生活中扮演着重要的角色,同时,劳动力市场上的相当一部分劳动者也都在这类企业工作,它对我国劳动力市场的发展有着不可忽视的影响。

在国内采用劳务派遣用工模式的企业用工单位,主要集中在优势的国有、外资公司等企业,民营企业中使用劳务派遣的情况并不多见。分析各类派遣公司的客户群都会发现一个共同特点。其所服务的客户,大都是占优势的国有企业及著名的外资企业,很少有民营企业。国有企业使用劳务派遣的很多,其主要原因是人员编制和工资总额的限制,以及通过劳务派遣引入市场改制价位来降低人工成本。此外,很多国有企业担心《劳动合同法》对无固定期限劳动合同的规定会僵化用工机制,恢复到以前国有企业员工"能进不能出,能上不能下"的状态,因此希望通过劳务派遣来获得一定用工灵活性。

从调查的情况看,使用劳务派遣的用工单位主要为大型国有企业,其中以中央所属、省属大型国有企业构成劳务派遣用工的主体,尤其以通信、电力、石油石化三个行业使用劳务派遣规模最大、比例最高。据统计,成都市国有企业派遣员工人数14.41万人,占成都市派遣员工总人数的77.91%。中石化销售公司川渝分公司使用劳务派遣人员 2 808 人,占到用工人数的 95%;四川移动通信有限公司使用劳务派遣人员 9 071 人,占到用工人数的 70%,四川省电力公司使用劳务派遣人员 22 946 人,占到用工人数的 60% 以上。另外,截至 2008 年 3 月,银行、石油石化、通信、电力等四大行业的 21 户中央企业共使用劳务派遣人员 120.08 万人,约占其全部用工总量的 17%。其中,通信行业使用劳务派遣工的比例已经达到 38.4%[①]。

此外,各省统计的资料也反映了这一特点:

- 湖北省截至 2009 年 3 月底,派往国有企业的员工占其总人数 61 630 人的 96%;陕西省采用劳务派遣的 689 家用工单位中,有 467 家为国有及股份制企业,达到了 67% 的规模。这反映我国劳务派遣业务的发生主要还是在劳动法律贯彻实施较好的国有企业以及知名的外资企业中。

- 根据广东省劳动部门的不完全统计,2007 年底全省有用工单位 2 119 家,其中 43.5% 为国有企业,37.5% 为外资企业,19% 为民营企业。他们的调研也印证了这一点,在 3 个城市的 24 家派遣企业中,绝大部分派遣企业以国有企业和外资企业为主要客户。不过,民营企业使用劳务派遣的数量也有所增加。在调研的派遣企业中,有少数新办民营派遣企业以民营企业为主要客户,民营企业派遣占其派遣总量的 50% 以上。

第五节 劳务派遣人员情况

一、人员构成

劳务派遣用工主要集中在企业的生产、服务、内外勤服务等非核心业务部门,以及对员工稳定性要求不高的岗位上。而劳务派遣的对象也不仅仅只涉及蓝领工人,也有越来越多的白领,甚至是高级管理人员加入其中。其具体的分布特点表现为:一是农民工等劳动附加值低的派遣用工主要分布在制造业和一些低端服务产业上;二是大学生、白领等更多地分布在现代服务产业上。

企业使用的劳务派遣人员的主要来源可分为两大部分。

---

① 根据人力资源和社会保障部 2009 年对福建、上海、广东、北京等地区的调查资料统计所得。

(1) 第一部分是指那些从社会上新招聘录用的,之前与企业没有关系,对企业来说属于新进人员。现实中大部分的劳务派遣人员都属于这种情况,以城市外来劳动力、大中专毕业生、企业下岗分流人员以及其他专门人才为主。例如,福建省2009年以派遣方式就业的人员中,下岗失业人员为16.5万人,占总派遣人数的29.94%;城市外来劳动者21万人,占总派遣人数的38.11%;城镇的其他就业人员17.7万人,占总派遣人数的31.95%。从派遣员工的性别构成来看,男性占了1/3,女性为2/3,女性明显多于男性。

据四川省成都市劳动保障部门统计,成都市有劳务派遣人员6.8万人(不含省属企业和央企),其中农村富余劳动力占41.3%,失地农民占23%,两者合计共占64.3%。但是,近年来随着经济的发展和产业的升级,劳务派遣人员中大中专毕业生的比例逐步提高,例如,四川联通公司劳务派遣人员中应届大中专毕业生已超过35%,且呈现出快速上升的趋势。

(2) 第二部分是与企业具有一定的关系的人员,如企业职工的子女、家属,本企业以前有偿解除劳动关系后的再就业人员,集体工,银行的代办员等。企业以劳务派遣的形式将他们重新派回企业进行工作。但是,现实中企业为避免新《劳动合同法》中有关"无固定期限劳动合同"条款而将企业现有职工先解除劳动合同,再通过劳务派遣方式返聘原有职工的现象也比较突出。

以上海市为例,根据相关统计资料,上海市的劳务派遣人员多是外来务工人员、协保人员和企业内退人员,其中外来务工人员就占到了45.97%。此外,劳务派遣人员的年龄多在40岁以下,工作年限多在2—5年(见图6-3)。

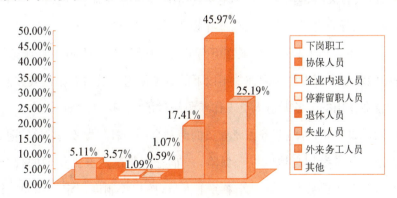

图6-3 劳务工的来源

资料来源:2008年上海市总工会抽样调查统计结果。

二、劳动合同签订与社保缴费情况

根据统计材料,在全国范围内,绝大部分的劳务派遣机构都与劳务派遣人员签订了劳动合同,与用人单位签订了劳务协议。并且,受派遣劳动者的社会保险缴费比例也很高。例如,根据福建省劳务派遣协会提供的资料,该省劳务派遣员工劳动合同签订率与社会保险的缴费比例都达到了100%;重庆的劳务派遣签订率与社会保险的缴费比例也都达到了100%;秦皇岛的劳务派遣工的劳动合同签订率为97%,社会保险缴费比率达到100%。

我国《劳动合同法》第五十八条规定:"劳务派遣单位应当与被派遣劳动者订立2年以上的固定期限劳动合同,按月支付劳动报酬;被派遣劳动者在无工作期间,劳务派遣单位应当按照所在地人民政府规定的最低工资标准,向其按月支付报酬。"

从劳动合同期限看,大部分按照法律签订了2年以上固定期限合同,但是,也有相当一部分劳务派遣机构与劳动者签订了1年的劳动合同,没有达到《劳动合同法》规定的最低2年合同期限的要求。以天津市为例,3个月至1年的合同占到了劳务派遣合同总数的50%。广西壮族自治区银行业中劳务派遣合同的期限80%都是1年。

从派遣工工作年限看,劳务派遣人员在劳务派遣岗位的年限长短不一,较长的已超过10年,按照法律规定该签订无固定期限合同;较短的一两年,大部分在2—5年。据统计,大唐集团、国电集团、华电集团等企业中劳务派遣人员的平均工作年限为2年;中国石油内部工作年限在5年以下的劳务派遣人员占劳务派遣用工总数的84%;中国网通内部工作年限在5年以下的劳务派遣人员占总派遣人数的73.5%;中国农业银行工作年限在3年以下的劳务派遣人员占总派遣人数的65%,仅有个别企业使用的劳务派遣人员工作年限超过了10年。

要说明的是,尽管各地劳务派遣人员的劳动合同与社保缴费率很高,但大多数的劳务派遣人员是参加当地的综合保险,并非与企业正式员工相同的社会保险。这主要是因为劳务派遣人员多为外来务工人员,按相关制度规定只能参入综合保险。一般来说,其缴费基数为全市职工月平均工资的60%,费率为12.5%,外地施工企业的缴费比例为7.5%。

三、所从事工作岗位的特点

（一）以低端岗位为主

劳务派遣人员多数分布在技术含量低、可替代性较强或辅助性的岗位上。主要集中在以下四类：

(1) 后勤服务岗位。如保安、司机、保洁等。

(2) 生产辅助性岗位。如搬运装卸、包装等。

(3) 管理辅助性岗位。如档案管理、文秘、资料管理等。

(4) 主营业务类的低端岗位。如广东省的一项统计表明，60％以上的派遣员工是生产和服务一线员工，以及保安、保洁、维修、司机等后勤服务岗位。这些岗位除了部分受季节性和订单影响外，基本上属于长期性的生产操作岗位。

（二）部分企业突破了"三性"岗位限制

"三性"岗位指的是具有显著的临时性、辅助性、替代性的用工岗位。《劳动合同法》第66条规定："劳务派遣一般在临时性、辅助性或者替代性的工作岗位上实施。"现实中，一部分企业使用派遣人员的范围已经超出了这一限制，比如，分布在用工企业一线的银行前台柜员，制造业的技术劳动者、操作工，铁路的列车员，航空公司的空乘人员，卫生系统的护士，新闻宣传系统的记者、编采人员，机关事业单位的书记员、行政事务人员，市场上的营销人员、店铺营业人员等，其岗位性质大多都突破了临时性、辅助性、替代性，且用工期限也呈现出长期化的趋势，有的已经工作长达十几年之久。

此外，被派遣劳动者中的高级劳动者（指大学本科以上学历以及中层以上管理或技术职位）则主要集中在外企办事处和事业单位进行工作。例如，北京外企人力资源服务有限公司派往外企办事处的员工本科以上学历占90％以上，平均每人每月的服务费在150元以上，派遣员工的平均月工资应当在4 500元以上。这些被派遣劳动者的工作岗位已经突破了传统的约束，与企业中正式员工的差距在逐渐缩小。

四、劳动报酬和福利待遇情况

（一）劳动报酬状况

现实中派遣员工获得的劳动报酬因地域、行业、岗位、技能等的不同而有很大的差别。

根据派遣工的工作岗位所在行业,劳动报酬有一定差距。其中,电力、银行、通信等行业相对较高,一般在1 000—3 000元。建筑业的工资相对较低,平均在600—1 500元,但总体基本上高于当地最低工资标准。与企业从事相同岗位的直接用工职工相比,劳务派遣员工的劳动报酬与福利水平明显较低。尤其是在一些垄断国企和机关事业单位,长期以来对编制内人员和编制外人员实行不同的工资制度和体系,派遣员工与正式员工的工资差距更大。从全国平均水平来看,派遣员工比企业直接用工的工资水平低20%—50%。另外,在奖金、补贴等方面两类员工的差距也很大。

劳务派遣人员的劳动报酬一般按照当地同类岗位的劳动力市场价位确定,与企业的正式职工相比还有一定程度的差距,有的甚至仅相当于企业正式职工平均收入的25%。在福利待遇方面,劳务派遣人员基本上都参加了社会保险,但是一般都不享受用工单位的各项福利政策和企业年金,即使个别项目享受,在水平上也存在着一定差距。

从广州市劳动部门掌握的派遣用工情况来看,派遣员工一般都与派遣企业签订了两年期限的劳动合同,大部分员工的月收入在1 500—2 500元,所有的员工都参加了社会保险,有两成的员工缴纳了住房公积金。从他们这次调查的情况来看,派遣企业和用工企业普遍反映,在劳动合同签订、工资支付和社会保险费缴纳等方面,派遣员工得到了比较好的保障。劳务派遣员工权益保障情况比较好的主要原因是,多数派遣企业为了降低经营风险,会挑选那些经营状况好、管理规范的优质企业来开展派遣业务。

(二)福利待遇状况

据调查统计,在企业中劳务派遣用工与企业正式员工之间的收入差别,表现最为明显的就在于两者的长期福利(如补充医疗保险、补充养老保险、住房补贴)以及参加工会活动等有显著的不同。部分外企对劳务派遣工和正式雇员使用相同的薪酬结构,工资与绩效挂钩,与身份没有关系。在其他待遇方面,劳务派遣员工常常与用工企业直接雇员有所差别,例如在年休假待遇方面有所差别,派遣员工不享受与工龄相关的待遇,派遣员工工作一段时间才能参加住房公积金等。

一般来说,受派遣的员工无法享受企业正式员工所享有的此类长期福利待遇,即便在某些企业中可以享有,但也往往存在很大的程度差异,而正是这些差别造成了受派遣员工的归属感和对企业文化的认同感不如正式员工。

本 章 小 结

本章主要对我国劳务派遣的产生及其发展、劳务派遣涉及的三方主体各自的主要特征进行了简要的介绍。可以看出，随着我国经济的不断发展，劳务派遣这一用工形式也在逐渐发展壮大，但在其发展中也存在着不少的问题，影响了劳务派遣的健康有序发展。那么，相关法律法规该如何对劳务派遣进行有效的引导与规制，还需要我们做进一步的学习和了解。

本 章 复 习 题

1. 我国劳务派遣的发展历程是怎样的？
2. 我国的劳务派遣机构可以分为几个类别，有什么特点？
3. 我国劳务派遣用工的行业分布、工作岗位类别都有哪些特征？

讨 论 案 例

优秀员工为何辞职？

颜瑞鸣大学毕业后去了一家外贸公司，由于公司效益不好，不久跳槽去了一家在西亚和非洲从事国际工程承包的公司。去非洲是颜瑞鸣儿时的梦想，颜瑞鸣进入公司后主动学习土建常识，很快在几个短期项目中被派驻国外从事资料管理、生活物资采购和标书翻译等从属性工作，之后被长期派驻东非K国。

当时，由于中国工程技术人员对监理制不适应，经常与国外监理发生冲突。颜瑞鸣以监理工程师联络人的身份进入项目后，很快找出了控制冲突的有效办法，改善了承包商与监理的关系。颜瑞鸣协调各方面关系的能力得到了该公司驻K国高层领导的认同，被晋升为驻K国的人事经理，并顺利地解决了棘手的员工关系问题，后被调到位于K国首都的办事处负责当地政府关系和保险索赔。从此，颜瑞鸣得以从更高层面理解公司事务，日常接触的都是K国的政府官员。颜瑞鸣很开心，工作得心应手，领导也非常信任他，只要有特殊事件发生，总是派他去处理。

公司有一条规定：只有处级干部和项目经理（与颜瑞鸣平级）才能带家属去国外工作。颜瑞鸣在临来K国时已结婚，三年过去了，规定的探亲假都用完了，但他还是希望办事处能安排家属过来一起工作。此时办事处正在筹划K国一个新项目，颜瑞鸣主动负责这个项目的投标工作，他希望中标后自己可以自然成为项目经理，能将太太带来工作。

新项目中标了，但项目经理却是另一位有多年项目经理经验的同事。总经理私下对颜瑞鸣讲，他不是学工科的，所以不适合做负责施工的项目经理。过了不久，颜瑞鸣要求回国，公司劝不住他，只有安排他回国探亲。临行前总经理再三叮嘱，回去休养些时间就回来，这里需要他，颜瑞鸣回国后却辞职了。

梦想到现实的差距

一个员工由梦想着被外派到拒绝挽留并辞去工作，这样的事例在有大量员工异地派遣的公司中一再发生。类似情形下，流失的往往是公司的中坚力量，他们一般是年轻的中层管理人员。表面上看，比他们资历浅的员工还需要在公司中积累跳槽的资本，比他们资历深的员工离开公司代价会很大，所以这个阶层的员工很容易流失。这是从职场机会和跳槽成本的角度来分析问题，应该说是中坚阶层外派跳槽的外因。如果从需求层次理论来分析这个案例，不难找出内因。

在外贸公司面临严峻形势时，颜瑞鸣的职业安全产生了严重的危机，此时应聘国际工程公司，一方面使颜瑞鸣获得了职业安全感，另一方面又圆了颜瑞鸣童年的梦想，在这双重因素的激励下"颜瑞鸣进入公司后积极性非常高"，异地派遣也是颜瑞鸣所渴望的——有一个施展身手的大好平台。外派后由从属性的工作到长驻K国独立负责一个方面的工作，再到在办事处负责处理政府关系、保险索赔和突发事件，工作难度的不断增大给颜瑞鸣带来职业上的成就感，同时工作重要性的不断提高也满足了被尊重的需要。

然而，因为外派人员家属政策的限制，颜瑞鸣长期得不到满足的生理和感情这两个需求显得重要起来。与双因素论相悖的是，这两个低层级的需要同样也对颜瑞鸣起到了激励作用，在一波三折的投标过程中激励着颜瑞鸣不懈地工作。但是，当颜瑞鸣的希望破灭时，这时的非洲对他再也没有几年前的美好感觉，重复性的工作不再有以前的挑战性也使颜瑞鸣变得厌烦。其实，此时对颜瑞鸣最有负面影响的不仅是两个低层级的需要得不到满足,还因为颜瑞鸣看不到继续待在这家公司职业生涯获得发展的可能性,这时,颜瑞鸣选择离开就是情理中的事了。

资料来源:"防止异地派遣员工的流失——一名派驻非洲的优秀员工最后毅然辞职引发的思考",中国人力资源开发网,http：//www.chinahrd.net/case/info/165310。

请分组就以下问题展开头脑风暴：

1. 案例中颜瑞鸣在非洲的工作属于哪种劳务派遣的形式？
2. 案例中企业为何没有选择颜瑞鸣担任新的项目经理,是出于何种考虑？
3. 如果你是该公司的人力资源经理,你会怎么做？

第七章 劳务派遣的相关立法问题

本章要点

通过对本章内容的学习,你应了解和掌握如下问题:
- 劳务派遣法律关系的主体和特征是什么?
- 劳务派遣相关法律法规在不同国家的主要特点有哪些?
- 《劳动合同法》对劳务派遣的专门规制与现实中存在的问题有哪些?

导读案例

"农民工状告肯德基案"引起争论:
劳务派遣该不该受到限制?

徐某,34岁,山东泰安市东平县人,于1995年2月通过社会招聘进入北京肯德基有限公司工作,具体工种是肯德基配销中心的仓管员。2000年,肯德基将徐某所从事工种的所有员工的劳动关系转至东城区职介中心的劳务派遣机构,工资待遇不变,社会保险等相关费用由职介中心为徐某缴纳,双方签订了相关合同。2004年6月,肯德基将合作的公司转为北京时代桥劳动事务咨询服务有限公司(以下简称"时代桥"),2004年5月31日,徐某等一批职工与时代桥签订为期一年的劳动合同,2005年5月,合同续订一年。在合同履行期间,徐某因为工作中的两次失误,于2005年10月11日被肯德基正式辞退。

被辞退后,徐某想要回欠发的工资及工作11年的经济补偿金2万余元,却被告知自己根本不是肯德基的员工。徐某不能接受肯德基"翻脸不认人"的事实,遂于2005年11月28日向东城区劳动仲裁委员会申诉,东城区仲裁委员会以徐某和肯德基之间不存在劳动关系为由,于2006年1月17日裁决驳回徐某的申诉。之后徐某以与肯德基公司存在事实劳动关系为由于2006年1月25日起诉至东城区法院,要求肯德基返还拖欠工资,给付经济补偿金共计2万余元。北京东城区人民法院在判决书中称:"徐某与时代桥签订了劳动合同,该合同确立了两者间的劳动关系。后徐某作为时代桥的职员被派遣到肯德基公司工作,故徐某虽曾在肯德基公司处工作,但双方未形成事实劳动关系。徐某的诉讼请求缺乏依据,本院不予支持。"并于2006年6月12日作出了"驳回原告徐某的诉讼请求"的判决。2006年6月26日,徐某不服一审判决向北京市第二中级人民法院提起上诉。二审开庭定于2006年8月9日,在二审开庭之前,肯德基向徐某表达了和解愿望,据徐某透漏,基本上对方接受了他的所有要求,此后,徐某撤诉。2006年8月8日,肯德基公司召开了新闻发布会,宣布从当日起,肯德基将停止使用劳务派遣录用新员工,原配销中心的派遣员工将转为肯德基直接聘用员工,并认可他们以前的年资。至此,"农民工状告肯德基案"终于告一段落!

本案的焦点在于,徐某的劳动关系相对方到底是谁?发生劳动争议应该找谁解决?法院认为,一方面,本案的原告、被告和劳务派遣三方构成了劳务派遣关系,这种用工方式目前已被广泛使用,并不存在违法的问题。另一方面,从立法宗旨上看,《劳动合同法》尽管对劳务派遣予以承认,但却对其进行了严格的限制,尤其是坚决杜绝了通过任何方式对劳动者权益进行实质性侵害的可能。而肯德基作为知名企业,从企业形象及长远效益出发,在官司能赢的前提下,仍然在二审前提出和解并同时承诺不再使用派遣工,给消费者一个维护劳动者权益的良好形象,也是一种商业宣传手段。

资料来源:韩晓洁,"'农民工状告肯德基案'引起争论:劳务派遣该不该受到限制?",《北京市工会干部学院学报》,2007年第6期。

第一节 劳务派遣国际立法比较

自 20 世纪 90 年代以来,西方国家和国际劳工组织对劳务派遣的政策已呈现出放松规制的迹象。西方国家是在严格规制的原有基础上和劳动力供给不足的市场环境中,在劳务派遣作为典型雇佣关系补充形式且以雇佣型劳务派遣为主的情形下,在严格控制派遣机构资格并有社会合作伙伴广泛参与监管的同时,对劳务派遣放松规制,这也是强化与放松并存的结构性规制。在前面章节中了解了劳务派遣中的三方法律关系之后,本节旨在通过对一些国家和地区的劳务派遣立法进行比较,并结合我国现行立法加以分析,为我国的相关立法提供一定的借鉴。本节首先以欧盟 15 国和挪威为说明对象,最早是从其国家对于劳务派遣的相关立法开始,然后详细说明其立法的内容和方式。

一、欧盟国家劳务派遣的立法过程及演变

对于欧盟国家来说,几乎其所有的成员国都根据本国法律制定了劳务派遣的相关法律法规框架,因此考察其立法过程及演变具有较为典型的代表意义。然而,劳务派遣的使用和增长方式在欧盟 15 国和挪威,以及新成员之间存在着明显的差异。这些国家可以按照最早对劳务派遣进行立法的时间来分成两个部分。下面我们将通过区分这两个部分来对劳务派遣的相关立法做一个说明。

(一) 早期对劳务派遣进行立法的国家

较早对劳务派遣进行了相关立法的国家,包括比利时、丹麦、法国、德国、爱尔兰、荷兰、挪威以及英国。这些国家很早以前就有了此方面的立法框架,荷兰早在 1965 年就发起了第一个"许可计划"。在最初的立法之后,随着社会经济的发展,灵活就业范围的扩大,加之劳务派遣本行业的不断发展,大多数国家的法律都进行了修订或者较大程度的修改,使得劳动保护的范围加以扩大,并且使劳务派遣可以采用的环境更加自由化。

表7-1 欧盟15国和挪威主要劳务派遣立法日期

国　　家	第一部法律出台时间	修　　订
荷　兰	1965	1998年、1999年：自由化
丹　麦	1968	1990年：所有规定都取消（转为集体协议）
爱尔兰	1971	
德　国	1972	2002年：主要修订
法　国	1972	
英　国	1973	
比利时	1976	
挪　威	1977	2000年：劳务派遣允许与其他临时就业形式并存 2005年：临时/派遣机构雇佣的范围扩大
奥地利	1988	
葡萄牙	1989	1999年：期限延长；培训、健康/安全保护
瑞　典	1993	
西班牙	1994	1999年：限制及同工同酬
卢森堡	1994	
意大利	1997	
芬　兰	2001	
希　腊	2001	

资料来源：欧洲生活及工作条件改善基金会，《扩大的欧盟劳务派遣状况》调查报告。

这一部分国家的立法主要集中在1965—1977年。第一批在法律上承认劳务派遣合法地位的国家包括荷兰、丹麦和爱尔兰，很快就有更多的一批国家承认了劳务派遣的合法性，如英国、德国和法国，然后是比利时和挪威。接下来我们分别以这些国家为例详细说明劳务派遣法律的产生过程。

● 在荷兰，由于20世纪60年代非法劳工经纪人的普遍增长，使得政府不得不于1965年通过《劳务派遣法案》推出了此方面的许可制度。这种形式的雇佣关系不断地持续增长，特别是由于集体谈判的增长，更加促进了20世纪90年代后期相关法律规章的整改。这方面的第一个变化就体现在于1998年7月1日颁布实施的《劳动市场中介法案》（WAADI）。WAADI废止了许可制度和若干对就业安排、最长期限和工人调动的限制，还取消了派遣机构阻止临时中介机构雇员直接与用人单位和其他单位签署劳动合同的限制。其他规定则仍然保持有效，例如，禁止将派遣机构的劳务人员安排到正在罢工的用人单位、对用人单位和派遣机构须承担支付社会保险和税费的双重责任以及对派遣工人要同工同酬，等等。第二个重大变化是灵活性和安全性法案，该法案于1999年1月1日生效。随后社会合作伙伴在双向协商机构STAR(劳工基金会)签署了一份协议。该法案促使派遣员工具备了签署其与派遣机构之间的标准劳动合同的法律地位，并且赋予了派遣工人在用人企业中的参与权。

- 在丹麦，随着派遣机构和国家就业交流中心之间的竞争日益激烈，促使了关于监督私营就业机构的第249/1968号法律的出台，后来这部法律成为《就业交换和失业保险法》(第114/1970号法律)其中的一部分。该法律中的规定将劳务派遣只限制到商业和办公部门。但是在1990年，因集体谈判规定的出台而取消了法令管理制度。

- 在德国，1972年出台的《临时就业法》要求劳务派遣必须以派遣机构和用工企业之间签署的书面合同为基础，派遣工人必须收到一份规定他们被聘用的主要条款和条件的文件。该法律还将派遣的期限限制在三个月以内，但后来又逐渐地放宽，到2001年已延长到24个月。这项限制与其他规定一起构成了2004年对该法律的主要修订。修订后的法律还规定，派遣机构有义务(从2004年起)保证他们的派遣工人与用人单位的长期员工享受同等报酬和雇佣条件，但是这一原则可根据集体协议有一些偏离。新的框架还规定了人员服务机构的职责，派遣机构应通过短期派遣在安排失业人员就业中发挥主要作用，使短期派遣成为他们进入劳动市场的一块垫脚石。

- 在英国，《就业机构法》(1973)引进了许可制度，《就业机构行为和就业企业规定》(1996)又补充了投诉和执行机制。2003年又颁布了一些新的规定，通过简化相关的机构和程序要求来应对劳务派遣的增长，这样就增加了制度弹性并减少了雇主的成本；并且这些规定还放宽了对费用的限制、要求派遣机构对派遣工人的健康和安全负责、要求派遣机构告知工人有关雇佣条款和条件的细节，从而赋予了派遣工人更多的权利。

- 在比利时，有关劳务派遣规定的全面法律依据目前是由1987年7月24日颁布实施的关于"临时工作、劳务派遣以及向客户派遣工人"的法律来保障的，但实际上社会合作伙伴通过集体协议和参与劳务派遣联合委员会以及国家劳工委员会等机构发挥着主要作用。地区政府也对就业安置的工作条件承担部分责任。在

1987年这部法律颁布之前,并且在1958年OLO关于收费就业机构第96号公约(1949)①批准之后,比利时是禁止私营就业安置的。另外,比利时还出台了第一部关于这种就业关系形式的一般规定,即1976年6月28日通过的关于"临时工人和派遣工人"的临时法律。这部法律主要遵循四大原则:第一,保护派遣工人,派遣工人应被当作正式工人来对待,因此应享受劳动法规定的所有合法保护(有一些微小的免除);第二,保护长期工人,例如,劳动者的派遣要受到限制不能威胁到长期工人;第三,保护用人公司,通过实行派遣机构的许可制度;第四,规定比利时国家防止或抑制对劳务派遣的滥用。

● 在爱尔兰,1971年出台的《就业机构法》规定了许可制度,以确保派遣机构均为信誉良好的公司。1993年当《不公正解雇法(修订案)》将不公正解雇的保护扩展到了派遣工人的范围时,相关的法律法规框架发生了最深刻的变化。这部法律规定,派遣工人应为用工企业的员工,而不是派遣机构的员工。另外,还推出了审查程序来审核是否有故意重复延期合同来避免履行本法律下规定的责任,损害本法律的效力。

● 法国的第一部立法是在1972年颁布的,之后也进行了大量的修订,特别是关于客户采用劳务派遣的许可原因以及对派遣期限的限制等方面。另一个主要变化是由2005年1月18日的《社会凝聚力法案》导致的,该法案将派遣机构业务范围从提供固定期限或无固定期限合同工作的机构扩展为向失业工人提供安置服务的提供商。

● 在挪威,劳务派遣的管理是由《1977年工人保护和工作环境法》(AML)来规定的。劳务派遣通常是被禁止的,只有少数机构除外,允许他们对办公室的工作提供劳动力。现行的法律是在2000年颁布实施的,废止了一般禁令,只在法律允许的固定期限合同情况下存在劳务派遣,例如,与缺勤和超负荷工作相关的情形(虽然工会和雇主可能同意其他对期限较宽松的规定)。2005年对AML的再一次修订使得公司更容易采用派遣合同,因此扩大了劳务派遣就业的机会。

(二) 较晚对劳务派遣进行立法的国家

较之前一批对劳务派遣进行立法的国家,这一批国家的劳务派遣相关立法过

---

① 该公约规定禁止收费就业机构以营利为目的开展业务,还制定了他们所从事活动的相关规定。这份公约由1997年第181号公约所取缔,新公约承认了促进劳动市场灵活性的目标、允许私营就业机构在确定工作保护相关的标准的前提下可开展业务。

程主要集中在 1987—2001 年。这一部分国家包括奥地利、卢森堡、葡萄牙、西班牙和瑞典，他们从 20 世纪 80 年代末到 21 世纪之初才推出了具体的立法。

- 在奥地利，1988 年的《临时就业法》(AÜG) 是首次对这一行业的具体规定，重点强调劳动合同和行业社会保护。2002 年通过《经济刺激法》(KBG) 对其进行了微小的修订，它规定，派遣机构以及用人公司都应对员工人身安全负责。2005 年，经修订的《护理法》允许医院和疗养院采用劳务派遣，但所占比例不得超过全部员工的 15%。

- 在葡萄牙，有关劳务派遣规定的框架是由 1989 年 10 月 17 日的第 358/89 号法令(DL89)来提供的。这包括允许劳务派遣所在领域的情况，如工作条件、报酬及其他工人权利、对工作期限的限制以及派遣机构的社会责任等。在 1996 年的法律(第 39/96 号法律)进行微小修正后基本保持不变，但在 1999 年对其进行了大量修订(第 146/99 号法律)。这包括新的许可制度，增加了长期安置的机会，提高了工人健康和安全保护并且要求派遣机构至少 1% 的业务量应来自接受职业培训的派遣工人。

- 在瑞典，1993 年出台的《私营工作安置和劳工派遣法》第一次对劳务派遣进行了国家立法。这部法律几乎一直没有进行修订，它的法律框架范围很有限，这是因为劳务派遣在 20 世纪 90 年代中期以前一直没有真正地发展起来，一直基本上是由运营者自己通过集体协议和义务性自我管理来进行的。

- 在西班牙，集体协议也发挥着重要的作用。其法律框架最早是由第 14/1994 号的法律确定的，并且由第 29/1999 号法律加以巩固。这部法律对派遣工人的派遣设定了一些限制，并且提出了根据客户组织的行业协议实行同工同酬的原则。

- 在卢森堡，有关派遣工人聘用的信息和合同规定都是由 1994 年 5 月 19 日的法律确定的；进一步的具体条件则通过集体协议来确定。

- 在意大利，劳务派遣最早是由第 196/1997 号法律首次授权批准的，它确定了可采用劳务派遣的时间、地点以及原因等框架，介绍了认证制度，并宣布派遣工人应与用人公司的长期员工享有同等报酬和社会权利。2003 年对该法律进行了修订，将借调劳动力的基础扩展到包含与用人公司常规活动相关的需求，并且允许派遣机构从事范围更广的工作安置服务。

- 在芬兰，1970 年的《就业合同法》(ECA)根本就没提到劳务派遣，因此 2001 年又颁布了新的 ECA。这部法律未就劳务派遣的采用设定任何限制，而是增加了一些保护规定,如工人必须同意就业安置,并且,如果派遣机构不受集体协议的约束,那么就必须遵守适用于用人单位的集体协议。

● 希腊的第一部立法也是在2001年通过的。2001年关于劳动力就业机构(OAED)重组的第2956号法律规定了派遣机构的设立条件以及经营派遣机构的条款,还规定了在劳务派遣就业限制和要求方面的派遣工人的就业权利。两年后,与就促进就业和社会保护的社会对话有关的第3144/2003号法律促使成立了专门委员会,专门就向派遣机构授予营业执照而向劳工部提供建议。

二、劳务派遣相关立法的主要内容

关于劳务派遣相关立法的内容,主要集中于派遣工人的合法地位以及派遣机构所需的必要许可和监督安排,以及不同国家立法制度下对派遣机构的主要限制和要求。同时,将对同等待遇以及对劳务派遣采用的原因、期限、允许的行业和职业的限制进行相关的讨论。

(一)派遣工人的合法地位

一般来说,派遣工人可能只被定义为"派遣机构的雇员,但在用人单位的管理下工作"。然而在英国,关于劳务派遣或者派遣工人的法律定义不止一个。1973年的法律将"就业机构"与"就业企业"区分开来,它将"就业机构"定义为替个人寻找(长期)单位或者是为雇主寻找工人;将"就业企业"即派遣机构,定义为以其自己的就业提供人员在他人控制下工作。"就业"这个词可以较为广泛地理解,包括按照"服务合同"以及"劳动合同"进行的聘用。在大多数情况下,英国的派遣机构按前者招聘临时工人,因为这样不会在他们之间立即产生法律意义上的劳动关系。实际上,法院可能会进行多因素调查,来确定工作关系是否构成"雇佣合同",并且如果构成了"雇佣合同",那么还要看是与派遣机构还是与用人企业构成的"雇佣合同"。关于更广泛的合法权利,大多数派遣工人都具有工人的合法地位,而不是雇员的合法地位。不过,在爱尔兰的情况就比较特殊,因为根据爱尔兰1993年《不公正解雇法(修订案)》中第13节的规定,派遣工人应被当作用人公司的雇员。这样就将不公正解雇保护延伸到了派遣工人,并且劳动法院也在有关劳务派遣的裁决中采纳了这一定义。

在其他国家,无固定期限的雇佣相对少一些,尽管也受到允许,但派遣工人通常都只是在指定的时期内被聘用。只有在瑞典,派遣工人才被当作长期合同或无固定期限合同的雇员。比利时2000年时推出了一项"临时填补"的聘用计划,其中规定由派遣机构按照无固定期限合同聘用长期失业人员以及接受"社会综合补助"的人员。荷兰的集体协议中规定,在三年半后,派遣工人有权签署长期合同。在西班牙,派遣工人和"结构性"工人之间的行业协议中存在着明显的差异——后者是指派遣机构中的管理、行政以及后勤员工,这些人中有一部分人员必须要长期聘用;但是,派遣工人则既可以按派遣合同也可以按长期合同来招聘。

(二)对劳务派遣的许可和监督

大多数国家对劳务派遣都实行许可、注册或类似的批准制度。这些通常都规定办工场所和基础设施的最低标准,董事须具有良好的品质,并规定了财务要求,包括在企业经营失败时的税金和工资的经济担保,经常还要求劳务派遣是该公司的单一或主要业务活动。在少数几个国家中(如法国和卢森堡),派遣机构还必须定期向当局提交业务活动的详细资料。

不实行许可制度的国家包括挪威、瑞典(自2004年以来确立了社会合作伙伴制度取而代之)以及在20世纪90年代取消许可制度的三个国家——芬兰、荷兰和英国。芬兰在1995年开始实行许可证制度,因为公共就业交易制度发现很难满足短期雇佣的需求,并且许多提供派遣劳工的企业都在逃避缴纳税金和社会性收费。但是,由于官僚作风也未产生积极的效果,在1994年又被取消。新的派遣机构现在必须要通知职业安全健康局,但具体程序与成立其他公司相同。在英国早在1973年就实行了许可制度,但是由于劳务派遣的现有监督很充分(英国贸工部通过就业机构标准检察院而实施检查和投诉调查制度),许可就成为准入的官僚障碍,因此在1994年被废止。荷兰也于1998年随着WAADI法的颁布实施而废止了许可和授权程序,但仍旧保留了经济担保计划。

其他国家所采用的许可制度严格性也有很大差异。奥地利的计划是在1988年随AÜG的颁布而同时推出的,但是并没有提供其他详细的信息。在希腊,派遣机构是以股份有限公司的形式而成立的,股金资本至少为176 000英镑,满足这一条件才能获得就业部的批准。另外,还必须向有关机构提交两份独立的银行经济担保,以确保会履行支付报酬和社会保障的义务,如果逾期未支付,那么银行经济担保将被没收。在发放许可证之前还要对公司进行审查,他们必须满足当局关于营业场地、技术基础设施以及至少聘用五名业务员工的要求。西班牙的派遣机构需要向省级工作和社会保障厅申请执照,并且需要证明将专门从事劳务派遣业务,没有滞纳的税金和社会保障金负债,并承诺向派遣员工提供必要的培训;而且,他们必须向当局提交一份相当于全国当年最低工资25倍的经济担保(或最近一年工资支出的10%)。劳动当局可能会在执照年检时对公司进行审查,也可能会向工人代表了解情况。在意大利,派遣机构必须在劳动部登记在册,并证明他们拥有适当的场所、至少覆盖四个地区并且已缴清不少于600 000英镑的资本金。在葡萄牙,派遣机构必须获得就业与技术培训协会(IEFP)的批准,并且要向当局提交一份相当于全国最低工资200倍的经济担保(涉及金额大约为74 000英镑)。

  在比利时,派遣机构需要得到三个地区批准委员会其中一个的批准,这些委员会中有社会合作伙伴代表。他们必须证明,他们遵守社会立法,在国家社会保障局没有未缴清的债务。佛兰德地区的批准是无限期的,但是,瓦龙地区的批准可能会是两年期的也可能是一个无限期的。如果公司是在布鲁塞尔地区成立的,则布鲁塞尔地区的批准将是四年期的,而在其他地方成立的则为一年期。德国的派遣机构必须要向联邦就业局(Bundestagentur für Arbeit,BA)①申领许可证。一年以后该许可证必须要续签,虽然派遣机构在三年后会得到无限期的许可证,费用不得超过2 500英镑,但如果没有许可证,所签署的合同均无效。并且,如果工人被安置到用人公司,则该工人将被视为从开始工作起与该公司保持雇佣关系。在法国,派遣机构必须要在劳动检察院进行登记,并提供有关报酬和社会保障的经济担保。他们还必须向失业保险基金UNEDIC(法国全国工商就业联合会)提交每月签署和终止的合同月报。在卢森堡,派遣机构须获得两份许可证:一份是从劳工就业部申领,由就业服务局以及劳工和采矿检察院审核批准;另一份是从中产阶级部的商业科来申领。这两份许可证每年都要续签。劳务派遣机构每月还应提供有关合同和派遣的详细数据,并向当局提交一份覆盖可能的工资和缴税义务的经济担保,金额是固定的,与公司的营业额挂钩。

  爱尔兰自1971年以来实行许可制度,要求许可证申请人和持有人具有"良好的品质和声誉",并且在适当的场所进行经营。目前正在考虑的提案包括将实行一项新的注册制度,包括由监督委员会参与的社会合作伙伴来起草的实施法令。在

---

① 《人力法》的规定要求任何向其子公司或对外派遣员工的公司,包括派遣他们自己(多余)的员工,都需要获得许可。因此共有15 000项许可被授予,而实际上却只有4 500家劳务派遣机构。

丹麦,只有两个职业需要许可证:聘用护士的派遣机构需要向卫生机关申领许可证,司机也需要按劳务派遣的方式获得工作许可。最后,值得注意的是,在芬兰、荷兰和葡萄牙等国家的主要问题是一些劳务派遣机构在提供非法劳工,通常是移民,这就使得要求严格许可制度和执行机制的呼声渐高。例如,在荷兰,基于这些原因,政府提议重新实行许可制度,但是在遭到雇主反对后于2005年5月又遭到荷兰下院的反对。

(三)劳务派遣员工的同等待遇

在比利时,根据1987年7月基本法的等价原则,派遣工人与用人企业的长期员工享有同样的报酬和其他聘用条款和条件。在西班牙,1999年对法律进行了修改,确保派遣工人所派遣行业的集体协议中规定了同工同酬。法律还要求劳务派遣机构将他们工资收入的1%投入到有关平等机会的职业培训中(除了集体协议中规定的0.25%以外)。葡萄牙的法律框架也规定了派遣工人与长期工人享受相同的报酬和条件。芬兰国家中心的答复称,派遣工人的聘用条件与固定期限聘用的其他工人享有的聘用条件相同;在社会保障和社会福利方面适用于派遣工人的规定和程序与其他工人也一样。正如前面已介绍过的,在1998年颁布实施WAADI以来,芬兰之前法律规定的制度大部分都被废止,但是同等工资条款仍然保留(虽然在劳务派遣机构内部的集体协议中允许有偏离)。在卢森堡,1994年5月19日关于劳务派遣和外派劳工的法律明确规定,劳务派遣员工的工资不得低于在同等条件下其作为长期聘用员工时所应获得的工资。

在法国,派遣工人的工资与试用期过后的具有同等资质的长期员工在该职位所获得的工资相关联。派遣工人还有资格获得派遣终止补偿,金额相当于该次派遣所挣的全部工资的10%,并且还有资格获得未享用的带薪休假的补偿,同样也是10%。另外,还有一项强制性的培训费用,为工资总额的2%,比其他地方所实行的1.6%还高。

在希腊,临时中介机构雇员的工资不得低于适用于用人公司员工的相关集体协议中规定的金额,在任何情况下,都不得低于国家集体劳工总协议规定的工资。在意大利,国家集体协议同样适用于外派到用人公司的工人,这样他们应该能够享受到同样的工资、休假权、同样的社会权利以及类似的工作时间模式。在爱尔兰,派遣工人在《判例法》中通常被看作不平等解雇的用人公司的员工,因此需要享受与就业歧视相关法律规定的派遣工人的同等待遇。在奥地利,关于用人公司的集体协议也适用于派遣期间的派遣工人。但是,在派遣期之间,蓝领工人受适用于手工艺和贸易企业工薪层的集体协议的管辖。如果用人公司的集体协议提供的条件比上述集体协议中的差,那么将执行后者。在德国,自从 2004 年以来,劳务派遣机构就应保证他们的工人享受与用人企业长期员工同等的报酬和聘用条件,除非集体协议中有其他规定。不过,对于失业工人也可能有一些例外。

在英国,没有同等工资的规定——除了立法的间接效力以外,如法定最低工资。派遣工人可从法律规定的"工人"的定义中享受某些权利,包括享受带薪年假的权利、得到国家最低工资的权利以及法定病假和产假工资的权利。但是,因为他们不是狭义的正常"雇员",他们可能被排斥在某些权利之外,如关于法定通知、不公正解雇、过剩或者在休完产假后恢复工作的权利,派遣机构也没有提供培训的法定义务。

(四)采用劳务派遣的原因

允许采用劳务派遣的原因在一些国家中有严格的界定。在卢森堡,劳务派遣只限于那些非企业正常或日常活动的、具体的非长期工作职位。在比利时,联邦立法规定,用人企业只能由于三个原因而采用劳务派遣(手工艺者除外):代替长期工人、从事临时或异常旺季的工作,或者非常规的工作。类似的情况也适用于法国,在法国劳务派遣只局限于替代临时缺勤的员工;填补在最后解聘前的空缺职位,或者在等待签署长期合同的员工到来之前须处理的临时增加的工作量或完成一次性的出口订单;开展偶尔出现的短期任务或者执行因安全措施而需要的紧急工作。另外,2005 年 1 月 18 日的《社会凝聚力框架法》已经增加了两项这样的原因,由集体协议来实施,是有关派遣工人个人情况的,而不是与客户公司需求有关的。这样是为了促进弱势失业人员就业(例如,岁数较大的工人、残疾人、年轻人以及低技能人员)或提供更多的职业培训机会。

在葡萄牙,劳务派遣机构只能因以下目的而提供员工:代替缺勤工人;在招聘过程中满足临时需求;满足临时或额外增加的工作活动;从事季节性工作;或者因特定任务而增加的需求,无论是涉及少于每个正常工作周一半的活动变化或者是长达 6 个月的有限的临时项目,这个期限可在劳动检察总院(Inspecção Geral Trabalho, IGT)的批准后延长。在西班牙,当第 14/1994 号《劳务派遣机构法》在 1999 年修订(29/1999)将补充了"类似的"(要求临时工人要与长期员工具有同等报酬)要求后,就规定了公司采用劳务派遣的有效原因,包括开展具体的工作或服务;处理市场情形或累积的任务或过多的订单;替代拥有留职权的工人;或者临时填补职位空缺。

在意大利,允许采用借调劳工来满足生产需求,或者来代替临时缺勤的人员。适用于公司的全国性集体协议可能也会对采用派遣工人的数量和比例设定一些限制。在挪威,派遣工人只能按法律允许的固定期限合同被聘用,例如与缺勤或额外工作量有关的,但是社会合作伙伴可能同意那些对期限加以限制的备选规定。在英国或德国对采用劳务派遣的原因没有任何限制,但是在德国,用人企业的工人委员会享有关于劳务派遣的提前共同决定权(《工作组织法》第99条的规定),并且要遵守联邦劳工法院关于派遣工人工作时间的决定。

(五)派遣期限的限制

希腊对派遣期限有严格的限制,用人公司雇佣派遣工人的期限一共不能超过8个月。如果超过这一期限,派遣工人与派遣机构之间签署的合同将被视为自动转化为派遣工人与客户公司之间的非固定期限聘用合同。在卢森堡对某一个员工在某一个职位的派遣不能超过12个月,其中包括两次续签,但季节性工作合同有关的期限除外。如果违反这些规定,与希腊相似,就意味着合同将被视为非固定期限的合同。在法国,劳务派遣的目标和结果都不是填补那些客户公司中"从事正常长期活动的职位相关的"空缺职位。特别是,一个合同的最长期限是18个月,其中包括续期。在芬兰,对合同的期限或续签没有限制,但是,有关机关被授权对重复签署的情况进行检查,来确定是否为了避开有关不公正解雇法律的规定而特意重复签署。据报道,这种做法的发生率已经降低了。

在葡萄牙和比利时,允许的最长期限取决于采用劳务派遣的季节。在葡萄牙,当采用劳务派遣的正常理由是临时替代长期工人时,合同的期限与该理由中相关的期限相对应。对于其他原因,合同期限的限制为:在招聘过程中时为6个月;临时或额外增加的活动为12个月(经IGT批准后可延长至24个月);季节性工作为每年6个月,但要一直保持工作的季节性;特别确定的任务等其他原因为6个月,但可经IGT批准后可延长。在比利时,对劳务派遣期限的限制根据所采用的季节以及是否仍采用工会协议而不同。例如:当长期工人的聘用合同暂停时,劳务派遣的期限可以与该暂停期相同;当合同解除时,劳务派遣的期限则为6个月,根据工会协议的规定有可能再延期6个月。如果没有工会的参与,必须通知工会基金会,以确保延期。如果是非常规工作,劳务派遣的期限通常是3个月;如果是代替长期员工(合同尚未暂停)或者从事临时的旺季工作,那么必须事前与工会达成一致,如果是后者,劳务派遣的期限只能以社会合作伙伴同意的期限为准。如果没有工会,因忙季而采用劳务派遣时,期限则为6个月,并且还有可能再延期两次,每次延期6个月,第一次是根据与行业基金会签署的协议,第二次是根据与双向调解局签署的协议。

(六)行业和职业限制

尽管比利时看起来是一个对劳务派遣的采用限制比较严格的国家之一,但近年来也已对有些行业和职业放宽了限制。在农业、园艺和酒店/饭店/餐饮行业禁止采用临时工人的规定在2005年初已经解除。自从2001年起,已经批准建筑业可以采用临时工人。在这种情况下,劳务派遣只可以用来临时替代那些暂停合同的工人,以及从事临时或忙季工作。这一行业的集体协议还为工人提供了特殊保护。除此以外,还禁止在某些危险性工作和公共部门采用劳务派遣,在公共部门只能用来替代签约官员(因此正式员工除外)。

在西班牙,1999年的法律改革禁止将工人派遣到危险的职业、劳务派遣行业内部及其他机构以及公共管理部门(开展民意调查的除外)。类似地,在葡萄牙,根据1989年《劳务派遣机构法》(第358/89号法令,最后一次由146/99号法律修订)的规定,派遣工人不得在危险行业从事工作,包括建筑行业。在法国,没有明确的行业限制,但实际上在公共部门很少发现劳务派遣,因为这些雇主喜欢更廉价的临时工作形式。在德国,直到2004年,都不允许派遣机构在建筑业提供从事蓝领工作的工人。但是,有一条要求至今都保持有效,即集体劳动协议既适用于派遣机构也适用于客户公司,这说明一般约束集体劳动协议的限制现在已不复存在。在挪威,如果由于社会原因认为有必要的话,国家可能会禁止某类别的雇员在某些领域从事派遣工作,但到目前为止,国家尚未出台这类禁令。

综上所述,世界各国都对劳务派遣有这样或那样的规定,总体来看,规定、限制最少的是美国(在第四章中我们已对美国的相关立法做过介绍),规定限制比较严格的是德国、日本、法国、意大利。各国的共同特点都是想通过法律等行政手段来保护派遣劳动者。美国尽管对劳务派遣公司没有限制,但是,在派遣工发生劳动争议时,将要派企业认定为直接使用者,可以按传统的两者关系来处理劳务派遣所产生的劳动争议,这种处理办法实际上比有劳务派遣法限制的国家还严。

 **延伸阅读**

相关法律条文：

《法国劳动法典》的有关条款

第L124-1条：凡专一活动是将其依照约定资格招聘并为此给予报酬的受薪人员交由用工者临时安排工作的一切自然人或法人，均为本章所指意义上的临时工作承包人（即派遣机构）。

第L124-2条：临时劳动合同不得以永久取得与用工企业正常的经常性活动相联系的工作岗位为标的，也不得产生这种效力。用工者（即要派机构）只有为完成称之为"工作任务"的明确的临时性工作，并且只有在第L124-2-1列举的场合，始能招用临时工作企业的受薪人员。

第L124-7条：如用工者在临时受薪雇员完成其工作任务之后继续让该受薪雇员工作而未与其订立劳动合同或者没有订立新的安排工作合同，该雇员视为与用工者订立了不定期劳动合同，在此场合，该受薪雇员的工龄自其到用工者企业执行工作任务的第一天开始计算。此段工龄应扣除有可能规定的试用期。

第L124-8条：一切临时工作承包人均有义务在任何时候证明其如不能履行自己的义务，有资金保证支付（工资等）。如提供的保证不足，由用工者取代临时工作承包人支付拖欠受薪雇员在其企业完成工作任务期间应得的款项，并且支付拖欠该雇员所属的社会保险组织与社会性机构的款项。

《秘鲁就业促进法》的有关条款

第一百七十五条：暂时性工作企业（即派遣机构）是指这样的企业，它与第三方受益人签订合同提供劳动，在后者的活动中，合作是暂时的，通过与应处于雇主地位的暂时性工作企业直接签订合同的工人完成工作。

第一百七十六条：提供暂时性工作的企业必须是法人，且其唯一目的仅限于上条所规定者。

第一百八十条：暂时性工作企业为获得授权，需要在其申请中附上保险公司的保险单，其保险额应当用来保证在企业无法保证必要的清算的情况下向工人支付工资、社会保障和福利津贴。

> **《日本劳动派遣法》第四条**
>
> 下列各款规定之业务任何人不得从事劳动派遣事业：港湾运送业务、建设业务和《保全业法》第二条第一项各款揭示之业务，以及为确保该业务妥当实施，以营业为目的之派遣劳动。
>
> **我国台湾地区《派遣劳动法草案》有关条款**
>
> 第四条：派遣机构不得使用派遣劳工从事下列各款之工作：（1）在航空器上之工作；（2）在船舶上之工作；（3）在矿坑内之工作；（4）在国外之工作；（5）其他经中央主管机关指定之工作。
>
> 第十三条：要派契约应做成书面，应记载派遣机构之名称与许可证字号，并应约定下列事项：派遣机构与要派机构就派遣劳工之工资负连带给付责任。

第二节 我国的劳务派遣立法问题

一、《劳动合同法》对劳务派遣的规制

2008年1月生效的《劳动合同法》首次在法律中对劳务派遣作了专节的规定，对规范劳务派遣行为、保护派遣劳动者的权益具有重要意义。《劳动合同法》的主要进步在于：明确了劳务派遣单位的设立门槛（第57条）；明确了用人单位和被派遣劳动者之间劳动派遣合同以及劳务派遣单位和用工单位之间劳务派遣协议的内容（第58、59条），尤其是劳务派遣单位必须和被派遣劳动者签订两年以上的固定期限合同；劳务派遣单位应当将劳务派遣协议的内容告知被派遣劳动者（第60条）；明确了派遣单位和用工单位之间的法定义务。《劳动合同法》还明确了派遣单位和接收单位的义务和责任，有利于保护被派遣劳动者，但该法有关劳务派遣的规定仍有不足和僵化之处，保护被派遣劳动者的立法宗旨是否得以实现尚待观察。

（一）《劳动合同法》对我国劳务派遣的相关规制

具体来说，《劳动合同法》中对于劳务派遣的规定主要有以下四个方面。

1. 工资报酬和其他福利的支付方式

针对劳务派遣单位克扣工资以及用工单位没有支付加班费和其他福利导致同

工不同酬的弊端，《劳动合同法》规定派遣单位必须履行用人单位对劳动者的义务，不得克扣用工单位按照劳务派遣协议支付给被派遣劳动者的劳动报酬（第58、60条）。用工单位必须告知被派遣劳动者工作要求和劳动报酬，支付加班费、奖金和相关福利待遇（第62条）。但是，该法第62条没有明确用工单位是向劳务派遣机构还是被派遣劳动者支付加班费、奖金和其他福利待遇。既然用工单位有义务告知被派遣劳动者劳动报酬并支付加班费和其他福利（第62条第2、3款），派遣单位负有不得克扣劳动报酬的义务，为何法律不直接规定由用工单位直接向被派遣劳动者支付工资、加班费及其他福利？仅仅规定派遣单位不得克扣劳动报酬根本无法保证被派遣劳动者及时足额获得报酬。而且，只有让用工单位直接向被派遣劳动者支付报酬及其他福利才能真正实现同工同酬。如果用工单位先支付给派遣单位，派遣单位再支付给被派遣劳动者就难以判断是否同工同酬，也难以阻止派遣单位克扣被派遣劳动者的报酬。

2. 劳务派遣的适用范围

关于劳务派遣适用的行业范围，《劳动合同法》规定劳务派遣一般在临时性、辅助性或者替代性的工作岗位上实施。作为法律条文，这种政策性的模糊概述并没有实际意义，劳务派遣也不应当限制其行业。事实上，在一些高级行业采用劳务派遣的用工形式，由于劳动者自身的力量更强，更容易保护自己，出现损害被派遣劳动者利益的可能性更小。因此，实在没有必要将劳务派遣限制在临时性、辅助性或者替代性的岗位。

3. 用人单位自设劳务派遣公司

《劳动合同法》第76条规定，用人单位不得设立劳务派遣单位向本单位或者所属单位派遣劳动者。这种规定也缺乏理论依据。派遣单位可以向其他单位派遣劳动者，为何不能向本单位派遣劳动者？用人单位自设劳务派遣单位有其合理一面，有利于对本单位雇员进行更加专业化的管理，对于大型公司，只要其符合法定的设立派遣公司的条件，似乎没有充分理由禁止其设立派遣公司。为了防止用人单位和自设劳务派遣公司合谋损害派遣雇员的利益，可以引入美国所谓的"单一雇主"（Single Employer）理论，即如果两家机构符合一定条件，例如，两家机构存在经营上的相互关系、拥有共同的管理层、对劳动关系实行集中控制、拥有共同所有者或股东时，两家机构将被视为单一雇主，派遣机构和用工单位必须连带承担责任。这也许是对用工单位自己设立派遣公司进行规制的另一种可行思路，简单的禁止只会破坏市场的机制。

4. 劳务派遣单位和用工单位之间的连带责任

关于劳务派遣单位和用工单位的责任,《劳动合同法》第 92 条规定,劳务派遣单位违反本法规定的,给被派遣劳动者造成损害的,劳务派遣单位与用工单位承担连带责任。这种规定从表面上看有利于保护劳动者,但由于派遣单位应当履行用人单位对劳动者的义务(第 58 条),用工单位将面临很大的风险。如果不区分雇主责任的类型,一律让用工单位和派遣单位承担连带责任,用工单位就无法通过劳务派遣的形式事先控制自身风险,使用劳务派遣对用工单位的经济意义就会大为下降,从而不利于劳动者就业和劳务派遣行业的发展。因此,如上所述,用工单位不应连带承担派遣机构的所有雇主责任,用工单位应主要承担派遣工人处于其控制过程中产生的责任,用工单位不应承担有关招聘、劳动合同订立、变更、解除、终止等生产经营过程以外产生的责任。劳务派遣的存在和流行肯定有其经济上的合理性,过分加重用工单位的责任,不利于该行业的积极发展,最终也会损害劳动者的利益。而且,《劳动合同法》第 92 条仅规定当劳务派遣单位"给被派遣劳动者造成损害的",劳务派遣单位与用工单位承担连带责任,法律并没有直接规定劳务派遣单位与用工单位连带承担所有的义务和责任。因此,如何解释"给被派遣劳动者造成损害"是实施该规定的关键因素,该条的实施仍有待司法机关做出解释。

(二)《劳动合同法》对我国劳务派遣规制的讨论

结合《劳动合同法》中相关条款,我们对《劳动合同法》在解决这些争议上的效果和不足之处需要作出进一步的评估。

1. 相关条款体现出对被派遣劳动者保护力度的加大

在《劳动合同法》颁布之后,劳务派遣用工方式的许多法律问题已经得到了制度上的解决,更是增加了劳动者的胜算。譬如,明确了派遣机构的资质和用人单位的性质,解决了劳动者总是告错人的问题;用工单位或派遣机构盘剥劳动者应得的劳动报酬,通过执行用工地工资标准、不得克扣劳动者工资、不得向劳动者收费的规定来加以克服;用工单位和劳务派遣机构对于应当承担的法律义务和责任的推诿,就由连带责任制度来进行规制。再如,用工单位自行成立劳务派遣机构来将自己的正式员工大量转化为派遣工,使得用工单位与劳务派遣单位相互制约和监督的机制形同虚设,这一问题也通过禁止自设派遣的方式来加以规制,等等。可以看出,《劳动合同法》的出台对于有效规制劳务派遣来说是一个重大进步,劳务派遣的相关条款体现出《劳动合同法》对被派遣劳动者保护力度的加大。

2. 四类最主要的争议在法律层面上得到基本解决

《劳动合同法》在基本的制度层面解决了许多案例反映出的劳务派遣四类主要争议。首先,《劳动合同法》明确规定了用人单位和用工单位各自的义务,同时规定在劳动者权益受到侵害时,两者承担连带赔偿责任;其次,界定了劳务派遣的范围,使逆向派遣不具有合法性;第三,明确规定了退回解雇机制;最后,对于差别待遇问题也在同工同酬等条款中得到体现。

3. 法律尚有很大的完善空间

通过前面的分析我们可以看出还有一些问题并没有得到制度上的解决,同时法律在实践中的可操作性也有待考察。在此,我们主要从三个方面对此做出进一步的思考。

(1) 劳务派遣单位和用工单位的连带责任。

《劳动合同法》对于劳务派遣单位和用工单位之间的责任划分过于笼统。两者在劳动关系中的权利义务并不相同,不同的环节对劳动者的控制能力也大相径庭,笼统地规定两者的连带赔偿责任,必然会造成新的问题。有学者提出借鉴美国的"共同雇主责任",并倾斜性地保护被派遣劳动者,本书认为,这一意见比较适合现在的情况。在用工单位与劳务派遣单位共同控制被派遣劳动者的情形下,用工单位应与劳务派遣单位对被派遣劳动者承担连带责任。但是,依据美国法"排他性和替代责任"的规定,劳务派遣公司和用工单位不为对方的行为或疏忽负责。也就是说,派遣单位自然应承担传统劳动关系中的用人单位的所有义务和责任,用工单位应承担与劳动合同的签订、变更、解除相关的责任之外的所有责任,劳务派遣单位与用工单位责任重合的部分应承担连带责任,承担责任后,承担责任的一方按照双方责任分担的比例可以向有责任的另一方追偿①。

在法律实践中,最高人民法院《关于审理劳动争议案件适用法律若干问题的解释(二)》(法释[2006]6号)第十条规定:劳动者因履行劳务派遣合同产生劳动争议而起诉,以派遣单位为被告;争议内容涉及用工单位的,以派遣单位和用工单位为共同被告。

要求派遣单位和用工单位对被派遣劳动者承担连带赔偿责任,不仅可以防范

---

① 张玲、朱冬,"论劳务派遣中的雇主责任",《法学家》,2007年第4期。

派遣单位与用工单位对责任相互推诿,而且可以促使派遣单位与用工单位之间相互择优选择和彼此督促对方履行义务。尽管如此,劳动法虽然将连带赔偿责任限定于劳动者权益在被派遣的工作岗位受到损害的情形,但何谓"劳动者权益在被派遣的工作岗位受到损害"则不明确。基于保护被派遣劳动者的需要,应当将连带赔偿责任的适用范围明确限定为劳动安全卫生、工资和社会保险费义务。为规范派遣单位和用工单位之间具体的连带赔偿责任,《劳动合同法》的实施细则应严格规定工资和劳动报酬由派遣单位偿付,用工单位只是根据派遣协议和国家有关派遣的规范,代行派遣单位对职工的劳动管理权,指挥命令被派遣的劳动者为其提供劳动服务。在此基础上,再明确划分两者的责任,严格两者应履行的法律义务,如保障被派遣的劳动者具有工作的知情权、公平的就业和受教育机会,以及在契约结束后自由流动和选择职业的权益等。对于劳务派遣单位和用工单位互相推诿或者恶意串通侵犯劳动者合法权益的要严厉处罚。

作为被派遣劳动者的雇主,派遣单位的最主要义务显然是向被派遣劳动者支付报酬(包括工资、奖金、津贴等)。在被派遣劳动者被派出的实际工作期间,派遣单位有支付报酬的义务,但在被派遣劳动者未被派遣的等待期间,派遣单位也有义务支付报酬,《劳动合同法》第五十八条第二款明确规定:被派遣劳动者在无工作期间不得低于劳务派遣单位所在地人民政府规定的最低工资标准支付劳动报酬。据此规定,我们不难看出:即使在无工作期间(等待期间),被派遣劳动者虽然对派遣单位并无任何生产性,他仍可以依法请求报酬,这是因为被派遣劳动者能否被派遣出去工作,完全是派遣单位应独自负担的经营风险。规定劳务派遣单位在被派遣劳动者无工作期间支付劳动报酬,既是对劳务派遣单位应尽义务的严格限定,也是确认劳务派遣关系属于劳动关系的明证,有力地保护了被派遣劳动者的权益。

按照法理上"受益说"理论,谁受益谁承担责任,谁受益多谁承担责任多。在劳务派遣中,劳动力使用受益最多的是作为实际用人单位的用工单位,因此,从法理上讲,法律责任的分配应以用工单位为重心。但实践中,为有效规范劳务派遣业,切实保护被派遣劳动者的权益,法律责任的分配实际是以派遣单位为重心的。在《劳动合同法(草案)》中曾规定:"劳务派遣单位与用工单位应当按照劳务派遣协议的约定,履行对被派遣劳动者的义务;劳务派遣协议约定不明的,劳动条件和劳动保护等与劳动过程直接相关的义务由用工单位履行,其他义务由劳务派遣单位履行。"显然,劳务派遣单位承担主要义务。《劳动合同法》中虽未强调"其他义务由劳务派遣单位履行",但由于要求"劳务派遣单位应当与被派遣劳动者订立两年以上的固定期限劳动合同",不难看出,劳务派遣单位仍然承担主要义务。具体而言,派遣单位通常负责劳动者的雇佣、岗前培训、工资支付、社会保险、人事档案等非生产性的管理。此外,劳务派遣单位必须将其与用工单位之间订立的劳务派遣协议及约定的义务分担方式告知被派遣的劳动者。基于《劳务派遣协议》,派遣单位对被派遣劳动者还应承担一些附随义务,主要是照顾义务和保护义务等。其中,保护义务主要有保护雇员生命和健康的义务、保护雇员人格的义务(如保护雇员在工作场合免受性骚扰)等。

(2)劳务派遣的范围。

《劳动合同法》对劳务派遣用工的岗位进行了限制,将其主要限制在临时性、辅助性或者替代性的工作岗位上。立法者想通过法律的规制来防止劳动力派遣的扩大化和滥用,使劳务派遣只能成为劳动力市场的一种补充。但是,由于立法采用的是原则性规定,具体内容并不明确,导致在实施过程中缺乏统一的标准,以致现实中滥用劳务派遣的行为仍然频繁发生。笔者认为由于现阶段我国劳务派遣用工一般是在低端的岗位上实施,而《劳动合同法》又把劳务派遣定性为灵活就业的一种渠道,如果强制硬性规定"三性"原则,将严重阻碍劳务派遣业的发展。法律可以考虑分阶段实施"三性"原则,慢慢调整。

(3)派遣机构的资质。

《劳动合同法》对劳务派遣单位的资格进行了限制,希望从源头上规范劳务派遣。但是,其中仅仅规定了最低注册资本的条件,对于确认劳动派遣单位的经营资质和经营业务范围并没有相关的法律配套措施,还有劳务派遣单位的登记注册、收入核算以及税法方面也无详细规定。这导致了我国目前劳务派遣业务实际运行中,混业经营现象严重,不足以达到限制滥设劳务派遣单位的目的。为了促进我国劳务派遣市场的健康有序发展,必须建立一套完备的劳动派遣市场准入制度。劳动保障部门、工商和税务部门设置一套对劳务派遣机构的审批备案制度,严格控制劳务派遣市场进入门槛,淘汰不合要求的劳务派遣单位,从而保证劳动者的合法权益。

二、目前我国劳务派遣争议的类型与特点

目前,我国的劳务派遣争议主要集中于四个方面。《劳动合同法》劳务派遣的

相关条款对这些方面的问题进行了规制,但也存在不足之处。

(一) 雇主责任认定

劳务派遣中的雇主责任认定如何能合情又合理,这在法学界和实务界始终是一大难题。劳动者在主张权利时,最重要的是确认和谁具有劳动关系,这是劳动争议案件的基础。《劳动合同法》明确规定了劳务派遣单位是用人单位,应当履行用人单位对劳动者的义务。但是,完全免除用工单位责任,显然也是不公平的。两者的责任必须有合理的划分。目前,我国劳务派遣中关于雇主责任认定的问题主要集中于以下三个方面。

1. 工伤赔偿责任的认定

工伤赔偿案件是雇主责任认定中争议最多的案件。用工单位对派遣工保护措施不到位、被派遣劳动者本身缺乏归属感等因素使得工伤事件时有发生。又因工伤赔偿涉及金额较大,派遣单位和用工单位相互推诿的现象尤为严重。从工伤赔偿案例处理来看,有三种结果:(1)派遣单位作为用人单位承担全部赔偿责任;(2)由于被派遣者从事劳务的实际受益人为用工单位,两者形成劳务关系,故由劳务关系的实际相对人——用工单位承担全部民事赔偿责任;(3)派遣单位作为用人单位要承担赔偿责任,同时要求用工单位承担连带赔偿责任,这主要是出于用工单位未尽劳动保护义务造成工伤的考虑。《劳动合同法》第92条和《劳动合同法实施条例》第35条规定了无论是派遣单位违法,还是用工单位违法,另一方都应当对劳务派遣员工承担连带赔偿责任。但是,这样的规定仍然十分模糊,实践中责任认定并不容易,容易出现拖沓的反复审理的情况,使受工伤的劳动者得不到及时的赔偿。

2. 加班费、社会保险费的支付

在《劳动合同法》颁布之前,关于加班费、社会保险费应该由谁负责的争议案件裁决结果并不一致,仲裁部门会根据实际情况(如派遣协议中的规定)作出裁决,也有向用工单位请求加班费但因不存在劳动关系而败诉的情况。《劳动合同法》第59条明确规定派遣协议中应当约定社会保险费的数额与支付方式、违约责任,这样既让劳动者应该享有的社会保险得到落实,又能提早厘清用工单位和派遣单位的责权关系,避免争议。第62条明确将支付加班费列为用工单位的义务。所以,在社会保险费和加班费方面,《劳动合同法》的规定是比较清晰和明确的。

3. 被派遣劳动者职务侵权时的雇主责任

被派遣劳动者职务侵权,给第三方造成了损失时,派遣单位和用工单位应该如何承担赔偿责任?《劳动合同法》虽然对被派遣劳动者的雇主义务在派遣单位和用工单位之间进行了基本的划分,但是对于被派遣劳动者职务侵权时的雇主责任认定仍是空白。

(二) 逆向劳务派遣

所谓的逆向劳务派遣是指公司将本单位的劳动者转为劳务派遣工,由派遣单位与劳动者签订劳动合同,再由派遣单位派遣至本单位工作的做法①。用人单位利用逆向派遣可以规避"连续工作满10年"和"连续订立两次固定期限合同"后必须同劳动者订立无固定期限劳动合同的规定,同时轻松地从劳动关系负担的责任义务中脱身。然而,逆向派遣对于劳动者百害而无一益。逆向派遣后劳动者过去的工龄被抹杀,差别待遇问题往往随之而来。逆向派遣的派遣机构资质差或者位于异地,使劳动者维权难上加难。

逆向派遣是对劳务派遣的滥用,显然违背了立法的初衷。《劳动合同法》虽对逆向劳务派遣未作明确禁止,但从其相关规定也可以否定逆向劳务派遣的合法性。该法第66条规定劳务派遣只适用于"临时性、辅助性或者替代性的工作岗位"。对于逆向劳务派遣来说,劳动者一般已经在相关工作岗位长期工作,这样的工作岗位显然不符合三性原则,因此是不合法的。但是,由于这"三性"原则采用的是概括式的原则性规定,导致其在实施过程中缺乏统一的标准,弹性太大。

(三) 退回或解雇被派遣劳动者

劳务派遣用工中劳动合同的解除可以拆分为两步:用工单位将劳动者退回派遣单位,派遣单位同劳动者解除合同。从案例的情况来看,这两步都存在争议。用工单位退回劳动者时争议主要集中于经济补偿金的问题。"该不该支付"和"由谁来支付"是争议的焦点问题。在这个问题的处理上,首先要明确劳务派遣单位和用工单位的派遣协议中对于退回劳动者支付经济补偿金的主体的约定。有约定的,从其约定;如果没有约定的,依据《劳动合同法》劳务派遣人员是和劳务派遣单位建立的劳动合同关系,用工单位不必支付经济补偿金。

《劳动合同法实施条例》第31条明确规定劳务派遣单位违法解除或者终止被派遣劳动者的劳动合同的,要依照《劳动合同法》第48条规定执行,即劳动者可以要求继续履行合同或要求支付赔偿金。用工单位不能直接辞退劳动者,只能退回

---

① 余军,"逆向派遣的合法性风险",《工友》,2009年第4期。

至派遣单位。但是,对于用工单位违法退回劳动者该如何处理,《劳动合同法》并未给出明确的答案。

(四) 差别待遇

差别待遇问题作为劳务派遣的核心缺陷而广受诟病,其中同工不同酬是最主要的体现。在现实中,真正因为同工不同酬而走上仲裁或诉讼道路的被派遣劳动者并不多,这说明被派遣劳动者对差别待遇的容忍度很高。相当一部分被派遣劳动者就业能力较低或流动性较大,对工作的要求不高。在电信、建筑等行业中的一些工种几乎都是劳务派遣工,同工同酬在一定意义上失去了原始的比较依据。劳务派遣定位于三性岗位,从事的一般为短期工作,对企业的贡献相对较小,企业从节约成本的角度考虑采取一定的差别待遇是可以理解的。此外,在我国大量派遣工素质不高,他们的优势主要在于低成本。追求同工同酬必然导致对派遣工需求的萎缩,这明显不利于缓解就业压力。所以,虽然《劳动合同法》第63条明确规定了被派遣劳动者享有与用工单位的劳动者同工同酬的权利,也仅仅是一个倡议和愿景。被派遣劳动者的平等权利的实现不仅是一个法律问题,也是一个社会公平问题,但是现阶段我国显然难以实现同工同酬。

此外,差别待遇的问题还体现在被派遣劳动者的工资调整、绩效奖金及其他福利待遇上,《劳动合同法》通过对用工单位义务的规定从法律上解决了这些问题,但具体的实行情况有待考察。

(五) 其他类型的争议

除了上述四大类的劳务派遣争议外,还有一些案例反映出的问题也值得关注。

1. 派遣机构资质问题

目前,在我国的众多劳务派遣法律争议案例中反映出的派遣机构资质问题主要有以下三种:(1) 由于准入门槛太低,一些"皮包公司"并不具备相应的从业资格,没有为劳动者提供相应权利保障的实力;(2) 劳动行政部门设立机构,从事劳务派遣业务;(3) 自派遣和再派遣问题。自派遣显然是用人单位规避责任的手段;而派遣公司之间的转派遣、再派遣,常常形成三方、四方甚至更多牵连的复杂的层层代理关系,使得劳动关系复杂化,侵权严重,维权困难。

《劳动合同法》部分解决了这些问题。第57规定,劳务派遣单位注册资本不少于50万元,使派遣单位具有一定的承担民事责任的能力。此外,还明确禁止了用工单位的再派遣和用人单位的自派遣,但是并未禁止劳务派遣公司之间的转派遣、再派遣。

2. 竞业限制、服务期、试用期的约定

从情理上讲,如果是用工单位出资给劳动者提供了培训,也应该有权利约定服务期和违约金,但《劳动合同法》中规定的是用人单位有权同劳动者约定服务期,而非用工单位。同样,在约定竞业限制和试用期时也会出现这种情况。《劳动合同法》并未给予解决。退一步讲,约定竞业限制、服务期的工作必然不是临时性、辅助性、替代性的工作,这些岗位本不应该实行劳务派遣,也就不会产生这样的问题。以我国目前的情况来看,在需要约定服务期和竞业限制的工作岗位上实行劳务派遣的情况并不鲜见,特别是一些涉外劳务派遣,所以还是应该给出一个合情合法的解决。

三、对完善我国劳务派遣制度的建议

《劳动合同法》已将劳务派遣正式纳入劳动法律法规体系内,对劳务派遣做出了一系列较为明确的规定。但是,通过对我国劳务派遣现状的分析,笔者建议继续从以下两个方面对我国的劳务派遣制度做出进一步完善。

(一)实行劳务派遣许可审批制度

当前,法律对于劳务派遣的市场准入仅规定了一点,即"劳务派遣单位应当具有人民币50万元以上的注册资本"。这一原则性的规定不利于劳务派遣市场的有序发展。在国外,从事劳务派遣业务的市场主体均须经过有关政府部门或者行业协会的批准并颁发特许执照。主要原因在于劳务派遣业务毕竟承担了一部分社会公益职能,并非单纯的商业行为。而在我国,由于劳务派遣从业市场的准入门槛较低,造成了劳务派遣机构的良莠不齐。当前,我国许多城市的劳务派遣机构数以百计,但其中并非每家企业都真正有能力,并且严格按照法律、法规的规定开展劳务派遣。由于这些不具备相关能力及操作规程的企业不依法开展劳务派遣,也就使得一些用工单位与劳动者对劳务派遣产生了误解。

因此,我们建议通过设立"劳务派遣许可审批制度"的形式进一步规范并净化劳务派遣市场,将那些侵害劳动者及用工单位权益的劳务派遣机构清除出去。在审批条件上,除了注册资本,建议对从业人员的资质与资格、办公条件、业务流程等进行更为细致的规定,从而更为全面地考查开展劳务派遣业务主体的能力。

(二)保障劳务派遣用工的灵活性

与直接用工相比,劳务派遣更多体现了用工的灵活以及对用工单位、被派遣劳

动者选择的尊重。当前,有些学者认为,劳务派遣是对劳动者权益的侵犯,这种看法有失偏颇。在劳务派遣中,劳务派遣机构无论与用工单位还是劳动者都订立有合同或协议,双方的权利、义务已通过合同、协议的签订得到了充分表述。

同时,由于每家企业的经营范围、业务特点、工作安排等的差异,不同企业对于劳务派遣岗位的选择也会有所不同。在此种情况下,若法律以强行性方式对劳务派遣用工岗位、范围等加以限制,实质上是限制了企业作为市场主体的自主经营权。

我们建议在《劳动合同法》对劳务派遣岗位已作出指导性规定的前提下,有关配套法规能够继续尊重企业及被派遣劳动者的自主选择,不对劳务派遣岗位做出强制性的限制或规定。对于劳务派遣中被派遣劳动者试用期问题,依据当前立法,同一劳务派遣机构在派遣同一被派遣劳动者时,只有首次派遣才可以约定试用期。但是,在许多情况下,被派遣劳动者当此派遣期限届满返回派遣机构后被再次派遣的,由于无法约定试用期,导致用工单位拒绝使用该被派遣劳动者,这在无形中对被派遣劳动者被再次派遣的可能性造成了不利影响。因此,建议在有关法律、法规中明确,在劳务派遣机构与被派遣劳动者协商一致的情况下,当被派遣劳动者的用工单位发生变化时,劳务派遣单位与该被派遣劳动者可以再次约定试用期。

本 章 小 结

本章先通过对一些国家和地区的劳务派遣立法进行比较,并结合我国现行立法加以分析,为我国的相关立法提供一定的借鉴。接着,对于2008年1月生效的《劳动合同法》首次在法律中对劳务派遣作了专节的规定,我们介绍了其对我国劳务派遣的相关规制,并进一步对其重要意义以及不足之处作了深入讨论。进而,我们又引入对目前我国劳务派遣争议的类型与特点的介绍,最后提出完善我国劳务派遣制度的建议。

本 章 复 习 题

1. 劳务派遣法律关系中的三方关系是怎样的?
2. 国际上关于劳务派遣立法的主要内容都有哪些?
3. 我国劳务派遣相关立法的规制与不足都有哪些?

讨 论 案 例

劳务派遣协议的订立

还有一个多月才到一年一度的元宵佳节,某食品公司就已经迎来了这一年度的订购高峰期,由于前期广告宣传做得比较到位,今年的订单比去年增长了将近50%。面对厚厚的一沓订单,总经理却高兴不起来。原来,订单所要求的生产能力已经远远超出了公司现有的生产能力,即使所有生产线的员工都加班加点也不可能按时完成订单的任务。当初下订单的时候只想着多多益善了,根本没考虑到公司自身的生产能力。但是,把眼看就要吃到口的肥肉拱手让给竞争对手,这样的做法总经理是万万不能接受的。公司连夜开会讨论如何迅速扩大生产能力,人事部主任提出了一个让大家眼前一亮的主意:"现在很多公司都使用劳务派遣工,主要就是解决像我们这样的临时性人员短缺问题,不用和这些劳动者签劳动合同,只要和派遣单位签一份协议就好了。发工资、缴保险、调档案之类的事情都不用我们管,可以节省很多精力和财力。"

大家都觉得这个主意不错,非常适合公司目前的情况,可以尝试一下,但是对于该怎么签这个所谓的协议不太了解:"是不是跟合同似的?一定要签这个协议吗?""应该包括哪些内容呢?"

这是一个有关劳务派遣协议的案例,涉及劳务派遣协议该如何订立以及协议的内容和期限问题。《劳动合同法》第五十九条规定:劳务派遣单位派遣劳动者应当与接受以劳务派遣形式用工的单位(以下称"用工单位")订立劳务派遣协议。劳务派遣协议应当约定派遣岗位和人员数量、派遣期限、劳动报酬和社会保险费的数额与支付方式以及违反协议的责任。用工单位应当根据工作岗位的实际需要与劳务派遣单位确定派遣期限,不得将连续用工期限分割订立数个短期劳务派遣协议。本条规定包含两层意思:

(1)派遣单位与用工单位应当订立劳务派遣协议。劳务派遣单位派遣劳动者应当与接受以劳务派遣形式用工的单位(即用工单位)订立劳务派遣协议。劳务派遣协议是劳务派遣单位与用工单位在平等自愿、协商一致的基础上订立的一种要式法律文件,双方约定由派遣单位按照用工单位的岗位要求将适合的劳动者派遣到用工单位工作一定的期限、接受用工单位的指挥和管理,并替用工单位按月给劳动者支付一定数额的劳动报酬和缴纳社会保险费等;由用工单位按照一定的标准提供必要的劳动保护和劳动条件,并支付给派遣单位一定数额的劳务费用以及约定双方违反该协议的责任承担等问题。签订派遣协议是劳务派遣中一个不可或缺的环节,应该引起重视。不少劳务派遣纠纷就是双方没有签订书面派遣协议,或者某些关键协议条款没有明确规定而引起的。

（2）劳务派遣协议应当包括的内容。劳务派遣协议应当明确派遣岗位和人员数量、派遣期限、劳动报酬和社会保险费的数额与支付方式以及违反协议的责任。然而,在实际操作过程中,许多用工单位对于派遣协议没有给予足够的重视,有些协议内容模棱两可,表述得不准确、不到位,有的甚至缺失必备的内容,比如没有在协议中约定社会保险费的数额和支付方式、没有明确违反协议的责任承担问题等。这种做法具有很大的法律风险,用工单位的这种做法非但不会免除自身的法律责任,当发生劳动纠纷时反而会因为缺少充足、对自身有利的书面证明而处于不利的位置。用工单位应与派遣单位在平等自愿、全面协商的基础上,明确规定双方的权利和责任以及违约事项,这既保证了协议的顺利履行、排除了任何一方的投机心理,在发生纠纷的时候又便于责任的归置和裁决。

请分组就以下问题展开头脑风暴：

1. 劳务派遣协议应该包含哪些主要内容？
2. 劳务派遣的期限应该如何确定？
3. 在本案例中,该企业应该如何确保劳务派遣协议合法合理？

第八章 劳务派遣与企业劳动关系的转型

本章要点

通过对本章内容的学习,你应了解和掌握如下问题:
- 企业劳动关系在新时期转型后的特征是什么?
- 组织战略对于企业劳务派遣用工的影响有哪些?
- 怎样理解劳务派遣与企业战略劳动关系管理之间的关系?

"劳务派遣费"换来的"好工作"?

毕业于中专财会专业的小赵因为违纪被原来的公司解除了劳动关系,并在档案中重重地记了一笔。因此,后来找了几家单位都因为他这一段不太光彩的历史而拒绝录用他。

经过了几番求职的周折,已经不那么心高气傲的他与当地一家很有名气的劳务派遣公司签订了劳动合同,内部人透露说只要与该公司签订劳动合同基本上都能很快被派出去,从事不错的工作,工资、待遇都比较好。但是,进入该公司的"门槛"也比较高,公司内部有一条不成文的规定:凡是与公司签订劳动合同的劳动者,公司要视合同期长短收取数额不等的"劳务派遣费"。

为了找到一份不错的工作,小赵同意了公司的要求,双方签订了3年期的劳动合同,公司收取了小赵800元的"劳务派遣费"。果然,没过多久,公司就把小赵派往一家大型商场从事收银工作,工资1 200元/月。虽然当初老大不情愿地交了800元,但是换来了一份这么好的工作,"还是挺值的!"小赵为当初自己的决定暗自高兴。

这是一个劳务派遣公司以劳务派遣的名义向被派遣的劳动者收取额外费用的典型现象。《劳动合同法》第六十条规定:劳务派遣单位应当将劳务派遣协议的内容告知被派遣劳动者。劳务派遣单位不得克扣用工单位按照劳务派遣协议支付给被派遣劳动者的劳动报酬。劳务派遣单位和用工单位不得向被派遣劳动者收取费用。本条包含三层意思:

(1) 劳务派遣单位应将派遣协议的内容告知被派遣劳动者。这体现了法律对被派遣劳动者对派遣协议的内容知情权的承认和保护。这里所指的派遣协议的内容包括派遣单位与用工单位约定支付给劳动者的劳动报酬、缴纳的社会保险费用、提供的劳动条件和劳动保护等。很多派遣单位不愿意告诉劳动者与用工单位签订的派遣协议中有关劳动报酬、社会保险费的缴纳数额等内容,要么存在"暗箱操作"的嫌疑,即实际支付的劳动报酬低于派遣协议中约定的数额,派遣单位除了劳务费用还赚取报酬差价,这成为向劳动者隐瞒协议相关内容的主要动机;要么是忽视劳动者的知情权,认为协议的内容是用来约束派遣单位和用工单位的,劳动者没有必要知道。这些做法都是错误的,无论是派遣单位还是用工单位,都不能对劳动者隐瞒双方签订的派遣协议的内容。

(2) 派遣单位不得克扣被派遣劳动者的劳动报酬。劳务派遣单位不得克扣用工单位按照劳务派遣协议支付给被派遣劳动者的劳动报酬。有些派遣单位在用工单位不知情的情况下,按照一定比例扣除用工单位支付给劳动者的劳动报酬作为劳务费用的补充,这种做法是对劳动者劳动成果的剥削,直接损害了劳动者的合法权益。本条明确规定派遣单位不得克扣用工单位支付给被派遣劳动者的劳动报酬,从而对派遣单位的这种随意克扣劳动报酬的现象进行了规制。

(3) 派遣单位不得向劳动者收取费用。"要想从此过,留下买路钱!"很多劳务派遣单位要求劳动者预先支付所谓的"担保费"、"劳务费"、"介绍费",然后才和劳动者签订劳动合同、提供就业机会,这侵害了劳动者的合法权益。根据

> 本条规定,劳务派遣单位和用工单位不得向被派遣劳动者收取费用。所以,本案例中的劳务派遣公司以"劳务派遣费"的名义向被派遣劳动者小赵收取费用的做法是违法的。
>
> 资料来源:"《劳动合同法理解与应用》之劳务派遣用工制度",《职业》,2008年第1期。

第一节 企业劳动关系的转型

自从资本主义生产方式诞生之后,雇佣关系便是劳动关系的主要形式。在国民经济体系化以后,雇佣关系的根本性质并没有发生改变,但在新的经济活动形式下,这一关系也获得了新的特征,即变成了影响国民经济整体运行的复合关系。这一点我们在第一章中也已讨论过。在现代,各国企业管理革命不断推进,同时随着人们就业方式和观念的转变,劳动关系的转型也随之进行着。

一、西方发达国家劳动关系的转型

二战后,发达国家基本经历了两次大的劳动关系转型过程。例如,美国劳动关系转型始于20世纪60年代,通常被认为是罗斯福新政推行的结果;80年代经历了较为剧烈的变化,是二战后的第二次变革,是集体谈判(Collective Bargaining)机制逐渐削弱的过程。当前我国劳动关系的转型是新中国成立以来的第二次变革,第一次是新中国成立后所进行的社会主义改造、在公有企业内部所建立的劳动关系,其典型特征是行政式的终身雇佣制。第二次转型发生于20世纪80年代的改革开放时期,实质是我国劳动关系的市场化和国际化过程。80年代后我国的转型与美国在时间上的高度一致性,以及该时期两国经贸关系的日益密切,使得中美劳动关系的转型有了密不可分的关系。

(一)美国劳动关系的转型

从公共政策等宏观层面考察企业多元雇佣方式的形成,我们发现,自由化的经济思路与政策是导致企业劳动关系自由化及企业雇佣方式多元化的重要原因之一。劳动关系自由化的发动者仍然是以美国为代表的发达国家,因此,考察20世纪80年代以来美国与劳动关系有关的公共政策的演进与特点是必要的。

美国的劳动关系转型主要是由雇主及企业组织的率先变化所导致的,直接推动雇员与雇主或雇员与企业组织之间的关系的变化,代表雇员的工会组织也发生相应的变化,工会与企业之间的关系逐渐转变。20世纪90年代新经济之后,市场对技术创新周期和组织柔性都有了更高的要求,组织更加虚拟化,更富柔性或弹性。在发展中国家,政治和经济关系通常在产业关系制度中起重要作用,国家的产业政策主导着劳工运动和产业关系的发展。

美国劳动关系的转型主要可以从以下几个层面来说明:由全球化及技术创新所推动的产业结构变化,使劳动关系分化为四个层次的结构,即国家层面的、产业层面的、企业层面的及工作场所层面的复合型劳动关系体系;伴随着企业管理职能的独立化,直线经理通过人力资源管理程序将控制权扩展到了雇佣关系领域;工作场所层面的雇佣方式的多元化,使劳动关系的复杂程度提高,为公共政策的监管和引导增加了难度。具体地看,美国劳动关系转型可以分解为以下三个过程。

1. 产业结构的变迁

这一过程主要是指,劳动关系运行的重心从产业层次转移到了企业组织的层次。20世纪30年代后,美国以制造业为主的产业结构中,劳动关系(Labor Relations)更多地是从产业层面运作的,因此通常称为产业关系(Industrial Relations)。产业关系主要是以集体劳动关系的形式表现的,是在一个产业内部多个企业或多个雇主与该产业的工人这两大主体构成的,工会代表该产业中工人的基本权利。产业关系通常是一个由多个雇主、一个或少数工会组成的系统,如在航空业、纺织业、食品业、运输业等产业中。在当时美国以大规模制造业为主的产业结构中,竞争性产业占据绝对高的比例;制造业产业工人规模庞大,数量多;以简单的、统一规格的体力劳动为主;创新型的、灵活的、弹性的、个性化的劳动较少。产业关系主要表现为劳方与资方之间的制衡关系,以集体谈判机制为代表。通过谈判、协商、妥协、罢工、辞退、召回等不同的方式维持均衡状态,产业层次的谈判的内容主要涉及工人的工资、福利及基本权益等,较少涉及工作场所的创新。

20世纪80年代后,上述形式逐步地发生了变化,产业层次的集体劳动关系逐渐淡化,在企业微观层次,尤其是工作场所层次,管理层与雇员之间绕过了工会组织及产业这一层次,通过直接的沟通和协调初步建立了工作场所的劳动关系构架。这种转变是以美国产业结构的变化为背景的。一方面,高新技术产业发展迅速,对企业的技术创新和管理创新能力都提出了更高的要求,在高技能、高报酬的企业中,组织形式的创新及工作场所的创新是必需的。另一方面,随着发展中国家及落后地区的开放,产业的全球转移更为便利,资本的流动成本越来越低,美国本土企业越来越受到海外低成本企业的竞争威胁,必须通过灵活用工的方式降低劳动成本和管理成本,以维持竞争力。

2. 管理职能的扩展

这一过程主要是指,控制权逐步地从产业关系专业人员手中转移到了直线经理的手中。通常情况下,在一个特定的制度框架内,掌握控制权的一方是缺少变革的动力的。在传统的集体谈判制度框架内,具有垄断权力的工会难以成为劳动关系转型的推动者。美国的产业关系经理对于在企业内部尤其是工作场所内发生的人力资源管理(HRM)实践缺少感知能力。即便是他们发现了这一变化,通常也会采取抵制的态度。但是,这种抵制态度的结果并没有延缓美国劳动关系的转型进程,而是产业关系经理和工会领导人在这种持续的转型过程中逐渐丧失了权力,甚至懂得 HRM 技术及行为科学理论的 HRM 专业人员也逐渐丧失了权力,直线经理拥有了越来越完整的控制权。

在传统体制中,资方与管理方结合较为紧密,管理的独立性尚未显露。管理的独立性主要来源于两个方面。一是管理层对外部经济环境敏捷的感知能力,而资方、工会组织、劳动关系经理,甚至 HRM 经理都缺少这一敏感性。由于感知能力的差距越来越大,直线经理与其他组织之间在获得外部市场信息方面出现了越发显著的不对称。其结果是,资方与管理方的职能分离越发明显,与工会组织的主张和战略越发背离,对政府规制的依赖与期望越来越低。另一个是管理层对管理理念创新与管理技术创新本能的追求。由于 HRM 强调经济绩效和竞争力,因此,在现代企业组织中,管理创新在降低成本和提高收益等方面的潜力越来越被重视,管理层的权限必然扩大。

3. 雇佣方式的多元化

这一过程主要是指,劳动关系已经由简单的集体劳动关系转变为复合型多元化的雇佣关系。美国主要企业的工资决定机制都为集体谈判,这一过程实质上是在资本的利润与工人的收入之间取得平衡,因为利润与工资常常是矛盾的。通过集体谈判限制处于强势地位的资本的权力,保护处于弱势地位的劳动的利益。这种劳动关系表现形式单一,所包含的内容较为简单、集中,劳动关系的外延也较小。而在现代企业组织中,一方面,劳动关系不再仅仅涉及资本的报酬和劳动的报酬之间简单的分配或分割关系，更要包括能够给企业带来更高收益及创新能力的 HRM 程序。因此，劳动关系的外延扩大了。另一方面，由于在劳动关系转型过程中，企业成了劳动关系实践的主体，企业越来越能够脱离工会及其他公共部门的视线而独立地进行劳动关系实践，劳动关系分散在了不同的企业之中。然而这种分散化过程远未仅仅停留在这一层次，进而出现了弹性雇佣、多元雇佣、三角雇佣等更加灵活、多样的雇佣方式，劳动关系从产业关系转变为工作场所的雇佣关系，劳动关系的复杂程度提高。劳动关系从简单的产业关系转变为多层次、多样化的、复合型雇佣关系体系。

由于劳动关系的分散化、复杂化，管理者掌握和控制了劳动关系运作的具体程序，拥有了较为完整的控制权，而这种权力几乎是独享的，其他组织和部门是难以介入的。这使得美国的企业管理者能够独立地制定企业内部的劳动制度与政策，这种制度与政策是独立于产业和国家层面的，而产业与国家层面的公共政策的缺失导致企业的劳动制度与政策处于无控制的状态之中。这就能够较好地解释为什么管理层的收入增长速度远远高于雇员的收入增长速度。从 1980 年至今 30 多年的时间里，美国 GDP 增长了 70%，但居民生活水平并没有随之提高。虽然管理层更加关注雇员个人行为、心理等方面的问题，注重设计有利于发挥雇员创造力的个性化工作，但在这种缺少控制与标准约束的劳动关系结构中，灵活与效率并不能从根本上解决雇员的权益保障问题。因此，这一系列问题也为企业的劳动关系管理带来了一些新的挑战。

（二）发达国家劳动关系管理面临的新挑战

仍以美国为例，在劳动关系转型过程中及由管理层运用现代人力资源技术所构建起来的工作场所雇佣关系框架，美国尚未出台具有针对性的、特别有效的公共政策，包括法律层面的、制度层面的以及政策层面的，等等。在这种情况下，美国政府对工作场所的创新支持不足，因此政府在某种程度上成了劳动关系转型的被动观察者。总结以美国为主的发达国家在企业劳动关系管理中面临的新挑战，主要有以下四点。

1. 雇佣关系运行质量的法律监管体系仍处于缺失状态

因为劳动关系问题从来就没有离开法律问题，所以对发达国家劳动关系公共政策的研究基本都是从相关法律开始的。以美国为例，美国与雇佣劳动有关的法律未能对工作场所雇佣关系的运行质量起到引导、保障和规范的作用。例如，从法律层面看，美国《国家劳动关系法》(NLRA)、《民权法案》、《职业安全和健康法案》以及20世纪90年代后出台的《美国残障法案》和《家庭与病假法案》等都只规定雇员的基本权益和工作标准，对于工作场所的雇佣关系没能起到引导、保障和规范的作用。有较多学者对法律层面的改革提出了不少建议，如认为NLRA改革的重点是扩大覆盖面、加重处罚力度等，将独立承包商及低层次管理者纳入监管范围等；认为在雇主主导的工作场所雇佣关系中，新的员工参与程序、雇员与管理层之间的沟通方式及谈判目标模糊等问题是违反该法律的。

尽管在雇佣关系分散化和多元化过程中，以美国为例的国家在法律法规方面未能从效益和质量上保障和引导劳动关系的运行，法律规范劳动关系的重点存在偏差，但并不意味着劳动关系的运行能够独立于法律而顺利地运行；相反，离开集体谈判机制的劳动关系对法律的依赖性更高。在新出现的雇佣权力制度中，工作场所的规则是受制于法规、司法判定和行政管制的。美国集体谈判机制被替代的重要标志就是私营部门劳动力参与集体谈判的比例大幅下降，同时，与雇佣劳动有关的诉讼案件大幅上升。其他国家也经历了类似的变革过程，与雇佣劳动有关的法律案件成倍增长。这就意味着，在管理层主导的劳动关系框架内，由于部分解决分歧与争端的机制出现了真空，使得雇佣关系分歧与争端难以在该框架内解决，只能通过法律途径解决，客观上增加了法律层面的压力和成本。法律干预出现真空的另一个客观结果是，各种非典型雇佣方式发展快速。这一点我们在第一章中已经做过详细的论述。当前法律客观上提高了雇主对弹性雇员安排的需求。然而，非典型雇佣方式能够在很大程度上避开现有的对雇员权益的保障性制度和法规，甚至是社会保障体系，其过快发展虽然满足了企业和雇员双方对弹性(Flexibility)的需求，但过大的真空地带使得雇员的保障水平下降，纠纷增多。

2. 公共部门对劳动关系的干预不足

总体看来，美国公共部门对劳动关系的运行质量不够关心，认为劳动关系的运行质量对宏观经济不会造成显著的影响。尽管在各个不同的时期出现一些摇摆，每一届政府都会出台一些标新立异的政策及法规，但总的说来，政府对劳动关系创新持漠视的态度，尤其是对替代集体谈判机制的工作场所层面的HRM及雇佣关系关注不足，认为那是企业的事情，公共部门无须干涉。然而研究表明，提高产业关系绩效的措施与经济绩效呈强相关关系，有利于提高劳动生产率和产品质量。学者们曾就此问题向公共部门提过各种建议，希望重视这种相关性，并建议出台各种相关的政策措施,但效果仍不尽理想。

另外,美国公共部门还默认以下隐含的假定。一方面,认为通过集体谈判等集体劳动关系制度能够有效抑制资本的强势,缓解劳资冲突,维持经济和社会稳定。这个框架的稳定性源于劳方和资方的制衡关系或对等的谈判关系,谈判机制是保持均衡状态的最好机制。工会作为雇员的代理人已经被赋予了独立完整的权力,有能力与资方形成制衡关系。公共部门认为,企业管理层和工会双方都默认对方的存在,任何一方都难以绕过另一方实施什么变革和创新。另一方面,当创新已经出现时,认为工作场所层面的人力资源管理创新及所形成的新型雇佣关系,不仅能够替代部分集体谈判机制,更重要的是与集体谈判机制是相互补充关系。这种隐含的假定意味着,集体谈判机制及工会组织能够解决产业层面的劳资关系问题,工作场所层面的雇佣关系能够解决企业效率及弹性问题,两者的分工和配合是自动形成的,能够恰到好处地解决劳动关系的所有问题,无须干预。

3. 经济自由主义使发达国家政府对劳动关系的干预能力逐渐降低

长期奉行的经济自由主义使发达国家的政府对劳动关系的干预能力逐步降低。事实上,自大萧条至本次金融风暴之间近80年的时间里,美国政府总体上信奉的是自由的经济学理论,这可以从其经济政策及公共管理理念中反映出来。美国政府不仅对新的HRM技术和管理实践持放任的态度,而且只要预测劳动关系是安全的,没有发生严重冲突的威胁,就会继续采取自由放任的策略。在实际操作中,政府不仅不支持新的劳动关系创新,而且还在削弱罗斯福新政所构建的集体谈判机制,将政府对劳动关系的引导、规范和干预降低到了前所未有的程度。例如,里根执政时期,政府解雇了航空管理员;老布什政府在劳工部及联邦仲裁和抚慰部门削弱了劳资合作计划。克林顿政府及小布什政府时期,在完善集体谈判机制和工作场所的雇佣关系创新两个重要方面都未采取什么特别有效的策略,企业完全是在外部经济环境的压力下自发地进行着劳动关系的变革。但是,这一变革是在企业的微观层面进行的,宏观的规制和引导相当薄弱。事实上,其他发达国家也出现了类似的问题,劳资关系机构调整频繁、干预不到位等问题困扰着这些国家。例如,英国就业部的职能就发生了若干次职能转变,最后在梅杰首相任职期间就业部被撤销时推向了高潮。长期的不干预策略,使得美国政府干预劳动关系的能力逐步降低,难以根据产业及企业内外环境的变化准确观察劳动关系的演变,并实施及时、有效的干预。政府大幅度改善产业关系质量的能力还非常有限。政府干预能力降低的主要表现是：多次修改雇佣劳动的相关法律法规及政策，但效果都不明显。由于雇佣关系的复杂化程度提高，美国政府对雇佣关系的干预难以界定准确的范围，要么是部分相关主体（企业、雇员及工会）被排除在外，要么过于宽泛和粗糙，缺少针对性和可操作性。公共政策的频繁变动使该问题更加突出；难以在公平与效率之间寻找到准确的平衡点，并提出行之有效的方案。对处于不同层次的劳动关系要用不同的策略实现公平与效率的均衡，对此缺少解决办法，如对于非典型雇佣关系的规范与监管、对提高工会组织中雇佣方式的灵活性等问题仍然缺少有效的解决方案；现代组织发展和演变的一个突出特点就是边界模糊，在劳动关系领域也有同样的表现。反映在公共政策方面，就表现为政府难以准确地在产业层面、企业层面及工作场所层面的劳动关系之间进行清楚的界定。

美国曾多次修改雇佣劳动的相关法律法规及政策，但效果都不明显。许多美国学者将《国家劳动关系法》(NLRA)框架视为是一个存在诸多弱点的彻头彻尾的傻子制度，美国要实现《瓦格纳》法案的最初目标，就必须进行治疗性及基础性的改革。公共政策的频繁变动使该问题更加突出。在新出现的雇佣权力制度中，工作场所的规则受制于法规、司法判定和行政管制。美国集体谈判机制被替代的重要标志就是私营部门劳动力参与集体谈判的比例大幅下降，同时，与雇佣劳动有关的诉讼案件大幅上升。长期的不干预策略使得政府的干预和监管能力距离美国的劳动关系实践越来越远。

4. 发展中国家在劳动关系的转型过程中公共政策的滞后问题严重

在经济体制转轨过程中，发展中国家对雇佣关系领域的行政干预是极其弱的。除了市场机制未发挥作用的传统部门仍然依赖过度的保护之外，其他部门基本上是在较少的干预和保护的状态下探索适应现代市场的劳动关系运行模式，无论是国有企业的转轨方式，还是私营企业的自然生成方式。在我国的经济转轨过程中，弱势劳动者群体的利益与创新能力未能得到有效保护，国企下岗职工和农民工是承担劳动关系转型成本的两个最大的劳动者群体。

过去30年，市场机制之外的公共力量对弱势劳动者群体的救助与保护是极其有限的。由于未能充分保护这一劳动大军，其结果是，他们的生活质量及生存状态的改善极其缓慢，抑制了中低收入群体的基本消费能力，我国内需市场长期疲软的状态难以改变；自身的知识与技能的培训与开发机会较少，劳动技能提高缓慢，在劳动力市场中的谈判能力提高缓慢；低素质的雇员与求职者抑制了企业的自主创新能力,雇员的工作热情及对企业的忠诚度难以有效提高,企业与员工的利益结合不紧密;中低收入阶层或弱势劳动者群体对子女的教育与开发方面的投资能力较低,造成下一代青年人人力资本投资不充分,加之父辈人力资本价值不高,使得人力资本在家庭内部的低成本转移、继承及累积速度缓慢。如果下一代人力资本提高的任务被延后,将会错过投入的最佳时机,不仅人力资本投资的收益会降低,还会提高投入成本。

二、我国劳动关系转型中存在的问题

我国劳动关系的转型是与企业的市场化相伴随的,在开放过程中,劳动关系不仅要逐渐按照国际惯例运作,更重要的是要适应国际市场中领袖企业的模式,自身通过模仿和创新去适应国际市场的竞争。另外,集体劳动关系的缺失吸引了外资的流入,外商直接投资成为我国经济国际化的首要方式,国家的产业政策及劳动关系政策也基于维持这种状态而弱化了转型的动力。

劳动关系转型的一个核心问题是工会职能与角色的转变,我国与西方发达国家一样,都存在工会职能与角色定位模糊这一共同问题。但是,我国与西方发达国家工会职能转变目标与方式存在明显的不同,甚至会沿着截然相反的路径发展和转变。在美国的工会组织中,工会的制衡力量依然存在,只不过力量被削弱,工会组织在工作场所雇佣关系创新过程中的作用远未得到充分发挥。在以工作生活质量(QWL)为代表的新型雇佣关系管理程序中,雇员个人的心理、动机、参与、合作等指标受到重视,而工会依旧习惯于固定的冲突管理程序,着重从集体层面维护劳方的权利。但是,也有美国的工会组织通过积极参与管理层的决策过程并保持与管理层的沟通,成功地实现了工作场所创新与雇佣保障之间的有效平衡。很多学者认为,在工会作用被削弱的情况下,应该由管理方、雇员及工会三方共同完成工会的新功能,强调工会与雇主共享信息对于构建合作的劳动关系的重要性。在工会的新功能中,管理方的责任至关重要。合作的劳动关系与"特别的管理态度"有关,包括与工会公开、公正交流的愿望,接受工会参与组织决策,不运用人力资源实践来削弱雇员对工会的忠诚。另外,雇员对工会和雇主的承诺及工会的集体谈判方式对于完成工会新功能也有重要意义。

我国在劳动关系转型过程中,工会职能的转变更是核心问题。如果说在美国劳动关系转型过程中,工会角色转变的主要目标是成为新型雇佣方式的重要参与者,并成为重要的控制力量,那么,当前我国工会转型的主要目标则是完成从国家行政机构向劳动者代表的转变。相关法律对工会的新职能有了初步的规定,为工会职能的根本性转变奠定了基础。通过法律能够保障工会组织的顺利转型,包括工会领导人的选举。而在工会职能不能独立的法律环境下,即使是工人选举出来的工会领导人,也难以能够真正代表职工的权益。

具体来说,目前我国劳动关系转型中存在的主要问题有以下四点。

(一)工作场所创新与激励问题

对于目前我国正处在转制中的企业而言,其管理层或决策者在工作场所创新方面天然地缺少压力和动力。这主要是源于转制企业组织内部的行政等级制度仍未完全彻底地改变。国有企业的人力资源改革试图取消"官衔制",但企业的行政体制仍不同程度地存在,这使得改制企业的管理层及决策者缺少工作场所创新方面的压力和动力。其表现是,企业对普通员工及中高层管理者的激励机制不健全,员工在工作场所的创新方面缺少积极性与动力。普通员工在工作场所的创新上缺少承诺,绩效及企业的长远发展更多的成为管理层单方的压力和目标,普通员工对此态度冷漠。对普通员工,企业的激励手段单一,激励力度不足,激励作用有限。员工的报酬常常与职务、工龄、学历等相挂钩,以各种方式忽略岗位、业绩等因素,员工心态不平衡、创新意识淡漠、职业倦怠等问题大量存在。现阶段改制企业的员工激励机制主要针对中高层管理人员,基层员工的激励问题常常被忽视。

由于工作场所的创新机制滞后,企业的人才流失问题较为严重。另外,改制企业对中高层管理人员的激励方式也难以调动其创新和参与的积极性,如过多讲求行政激励和精神激励,激励手段过于短期化,缺少经营者股权分配或股票期权等制度,难以调动中高级管理人员的积极性。工作场所创新机制的明显缺失,使企业难以与外资企业在激烈的人力资源市场上争得竞争优势,外企的竞争威胁尤其严重,中高层管理人员与专业技术人员向外企的流失最为明显。

(二)员工参与及发言权的问题

雇员参与是目前发达国家企业劳动关系研究领域最被重视的雇员权利。发言权是在决策中提出有益见解的能力,不仅包括在免受不公平解雇和申诉程序保护下的言论自由,还包括对决策制定的直接和间接参与。20世纪80年代以来,我国国有企业开始转制,改革的方案和实施是在政府主导下进行的,由代表雇主利益的经营者负责实施,员工基本上处于被动接受的地位,极少参与企业决策。工会在改革过程中更多是协助经营者推进改革,员工与企业之间的纠纷及冲突的解决机制尚未形成,普通员工的弱势地位明显。转制企业员工的参与积极性普遍不高,缺少归属感,创新意识淡漠。转制企业较低的员工参与度表明员工在本企业组织中的融入程度较低。由于员工参与机制不完善,员工不仅难以真正参与到业务决策中来,甚至难以有效地通过行使发言权来维护自身权益。

(三) 雇佣保障与雇佣歧视问题

雇佣保障是指雇员在企业中就业的安全性,通常由企业管理层和工会的力量来决定,雇佣保障在企业劳动关系中占据重要位置,是各方都关心的问题。20世纪80年代以后,虽然发达国家工会组织的地位在下降,企业的组织弹性提高,雇佣方式越来越多元化,但雇佣保障问题却越来越受重视。在新型雇佣方式中,雇佣保障仍然非常重要。在雇佣保障水平较低的企业中,员工认为收回技能培训成本的风险较大。为提高企业在雇佣保障方面的声誉,取得雇员的信任,一些企业在提高雇佣保障水平上做出了各种努力。例如,美国波音公司和机械师国际协会曾经为被解雇的员工提供新技能的培训,以帮助他们的再就业,甚至还花钱直接为被解雇的员工寻找工作。事实上,承担起为劳动者实现重新就业的责任是现代企业劳动关系中的一部分,也是企业社会责任的一部分。

在经济转型过程中,我国企业缺乏雇佣保障的问题较为突出,不仅包括转制企业,还包括私营企业和外商投资企业。例如,为了精简人员,节约成本,很多转制企业采取了层层下达指令性的买断工龄、内部退养或提前退休、下岗或裁员等措施。外资企业也通过较低的雇佣保障降低了成本。一些行业女员工职业生涯过短的问题较为严重,企业运用各种变通方式使退休年龄提前,存在明显的性别歧视。不仅普通员工就业危机感强烈,对组织的忠诚度较低,组织认同感缺乏,各层次管理人员也同样具有较强的危机感,就业的稳定性及岗位的稳定性都非常低。对于雇佣保障缺乏的问题,员工的谈判能力较弱。由于管理层也是被雇佣者,他们的谈判能力也很弱,直接后果就是工作及职业生涯过程中的短期行为严重。

我国企业在雇佣方式上的创新并不亚于发达国家,远远高于印度等发展中国家。企业除了运用标准雇佣方式之外,还灵活运用各种非典型雇佣方式,以适应激烈的市场竞争,降低成本。很多银行使用大量的编外合同工和劳务派遣工,甚至把编外合同工、劳务派遣工等安置在一线的相关岗位工作。企业内部存在不同编制的员工,如计划内的全职员工(正式员工或编内人员)、计划外的合同工(代办员或劳服人员)、临时工等。计划外的非典型雇员几乎没有什么发言权和谈判能力,在企业中的雇佣保障比其他计划内员工更低。

在多元雇佣方式并存的格局下,企业存在着明显的雇佣歧视问题,即对不同雇佣方式下的员工,采取差别性对待的措施,在员工之间形成鲜明的歧视。首要的表现就是歧视性劳动合同,例如,企业与编内员工签订的劳动合同期限通常较长,而对于编外人员,则主要采用人才租赁的办法,期限较短。另外,同工不同酬的问题广泛存在,非典型雇员的工资和待遇通常都大大低于从事相同岗位的编内人员,在企业的薪酬等级中也处于最低的档次。雇佣歧视的存在使得企业不能为各种雇佣方式下的员工提供公平的竞争机会,难以推行公开、平等、竞争、择优的用人原则。

(四)转制企业中政府角色问题

企业及产业的发达程度能够代表一个国家或地区经济的现代化程度,滞后的劳动关系将为企业及产业核心竞争力的提高造成障碍。发达国家的集体劳动关系通常是由政府、雇主和工会形成的三方原则实现的,是一种处理劳动关系系统中政府、企业和劳动者三方的权利分享机制。在非国有企业中,政府作为独立的第三方,不直接干预企业的劳动关系,主要角色是劳动关系框架体系的制定者及监督者或管理者。罗斯福新政更多地重视给予集体发言权,而不重视给予个别发言权,这就为集体劳动关系中协商与谈判机制提供了制度性保障。

我国的转制企业在构建集体劳动关系过程中,研究政府的独特作用是非常重要的。在转制企业劳动关系转型中,政府的作用是独特的:一方面,政府是企业的一个重要股东,需要行使雇主的权利和主张,对企业的经营管理进行不同程度的干预;另一方面,政府又是劳资关系的协调者和管理者,协调和调控企业劳动关系。另外,在转型过程中,企业层面三方机制的建立和推行还需政府的干预。在企业劳动关系转型过程中,政府具有三方协调机制的制定者、雇主的主要代表及劳动关系的监督者和管理者三个角色。

政府的特殊地位决定了政府应该成为引发变革的主体,这一点与非转制企业有着本质的区别。非转制企业由于没有政府这一大股东或雇主,政府在劳动关系转型过程中主要承担三方协调机制的制定者及劳动关系的监督者和管理者这两个角色。不过,值得注意的是,在转制企业劳动关系转型过程中,政府承担三个角色极易在理论上和实践上出现职能混淆和交叉的难题,利益与权利的更多结合会导致干预过多、干预不力及丧失公正等后果,政府的监督与被监督职能难以有效区分和操作。在针对一些灵活就业方面的问题中,政府将发挥更为独特和重要的作用。

第二节 劳务派遣与企业劳动关系

在上一节中,我们分析了发达国家以及我国在劳动关系转型中存在的一些亟待解决的问题。那么,就灵活就业领域的劳务派遣来说,这些劳动关系方面的问题又会对企业采取劳务派遣用工方式产生何种影响?为了解决这一问题,我们首先要了解与之相关的一些劳务派遣用工方式中的劳动关系理论背景。

一、劳务派遣中的劳动关系理论

劳务派遣用工的三方主体,即劳动者、劳务派遣机构和用工单位,以劳动合同为基础,形成不同的关系,受到劳动法律的调整。目前,学术界在劳务派遣三方的法律关系方面存在以下三种观点。

(一)一重劳动关系理论

一重劳动关系理论认为,在劳务派遣劳动关系中,派遣机构和用工单位都可以被看作派遣员工的雇主,也就是说,构成劳动关系的雇主这一方的主体有两个,并且这两个雇主共同与劳动者构成了一重劳动关系。劳动关系在这里被分裂成了两半,两个机构与派遣员工都是一半的劳动关系。

一重劳动关系共同雇主理论的来源有两个:一是美国的"共同雇主"规则,二是我国"一个劳动者只能建立一个劳动关系"的传统思维模式。

美国的相关法律规制以"雇佣自由"为原则,对劳务派遣虽然没有特别限制,但也通过调整雇佣关系的普通法和旨在保护劳动者集体谈判权的国家劳工关系法等成文法来共同调整劳务派遣关系。在美国,更多的是通过确认劳务派遣单位和用工单位的共同雇主责任,规定其与被派遣劳动者就工资、职业安全、社会保障等各方面进行谈判的义务进行管制,主要体现在许可证制度、派遣单位保险制度以及员工手册制度等方面。美国的劳动立法中并没有对雇佣关系、雇主和雇员作出一个较为统一的定义。联邦最高法院认为,如果法律法规中缺少对雇佣关系的明确定义,那么法院在实践中就应该适用普通法上的"机构"和"主仆"的标准来决定是否是雇员和雇主的身份。这种标准一般来说便是"控制权"标准,即一个公司如果是一个人的雇主,那么它就有权利控制这个人的工作成果及其开展工作的方式和方法。现在在美国,随着多元化雇佣方式特别是三角雇佣关系的发展,很多情况下两个雇主都会被认定为劳动者的共同雇主。所谓共同雇主,就是两个或两个以上的公司虽然实际上是各自独立的,但是他们在雇佣问题上共同参与决定。这种劳动关系是以雇佣组织与雇员之间的关联程度为标准的,可以说抓住了劳动关系的本质。"共同雇主"理论对于保护派遣员工的合法权益、监督派遣机构和用工单位的责任分担具有积极的作用,可以在很大程度上防止用人单位规避劳动法上的雇主义务。所谓劳动关系,是指"劳动者与用人单位及其相关组织为实现劳动过程所构成的社会经济关系",它以劳动者与用人单位的生产资料相结合为本质,以劳动者在劳动过程中处于从属地位为特征。在被派遣劳动者的劳动过程中,其处于两个用人单位的管理之下,是在派遣机构的安排下与用工单位的生产资料相结合,劳动者是"一仆两主",派遣机构及用工单位对于常态雇主所承担的权利义务关系做出了拆分,派遣机构是名义上的雇主,用工单位是实际雇主,劳动者是在用工单位中完成劳动过程的,只有将两个残缺的劳动关系合并起来,才是一个完整的劳动关系。在这个过程中,两个单位分别扮演了雇佣劳动者和使用劳动者的角色,就如同形成了一个合营企业,一个主管人事,一个主管生产销售等事务。他们有着共同的利益,共同组成了雇主。

另外,有学者针对这一特殊现象也提出了"一重劳动关系双层运行说"。他们认为,在劳务派遣中只存在着一重劳动关系,但是这一重劳动关系在两个层次上运行。这一理论学说的缺陷在于,这里的劳动关系在任何一个层面运行时,这个劳动关系都不是完整的,因为还存在另一个用人单位。目前,欧盟、法国、秘鲁等大多数国家和我国台湾地区采用一重劳动关系理论。

(二)双重劳动关系理论

除了一重劳动关系理论之外,还有学者主张"双重特殊劳动关系说"。他们认为,在劳务派遣中,派遣企业和派遣员工之间,以及用工单位与派遣员工之间形成的都是"特殊劳动关系",是介于"标准劳动关系"和"民事劳务关系"之间的中间状态。劳务派遣是双重劳动关系的叠加而构成的一个完整的劳动关系。这种观点实际上体现了对标准化劳动关系和非标准化劳动关系的一种显著区分。学者们认为,传统标准劳动关系是建立在特定雇主与雇员之间的一重劳动关系,是遵守 8 小时全日制劳动、接受一个雇主指挥为标准的劳动关系。多重劳动关系中无论是派遣企业还是用人单位,从内容上看都无法达到标准劳动关系的全部要求,因而是半个劳动关系。而法律在对劳动关系进行调整时,是无法按照半个关系来规范的,因此内容上不完整的劳动关系也只能当作一个关系来认识,从而形成两重或多重劳动关系。在劳务派遣中,两个用人单位,一个专司雇佣,一个专司使用,从内容上看,每个用工单位都是半个劳动关系,但劳动者与两个主体发生关系时就形成了双重劳动关系。多个劳动关系相叠加就构成了一个内容完整的劳动关系。

我国的董保华教授认为,根据双重劳动关系的共同雇主理论,在劳务派遣中,派遣机构与用人单位是派遣员工的共同雇主。不仅派遣机构和派遣员工之间形成了劳动关系,用工单位和派遣员工之间也存在着劳动关系。由于劳务派遣属于非标准化劳动关系的一种,因此对于其中劳动关系的分析应显著区别于标准化的劳动关系。在劳务派遣中,除了派遣机构与派遣员工之间形成的不完整的劳动关系之外,用工单位与派遣员工也形成了一种"特殊劳动关系"。特殊劳动关系是指主体资格不够完整的劳动者与用工单位之间形成的一种用工关系,这里的"不够完整"是指派遣员工与另一用人单位存有劳动合同关系,或者是不完全符合劳动法律法规规定的订立劳动合同的主体条件。劳务派遣中形成的特殊劳动关系是各种特殊劳动关系中的一个典型范例。

根据双重劳动关系的相关理论,由此劳务派遣的"三方两地"的特征可以进一步概括为"三方两重"的特征,即三个主体之间的两重劳动关系。支持双重劳动关系理论的学者认为,这一理论可以针对劳务派遣雇佣和使用相分离的特征,合理分配三方之间的权利和义务,从而有效地解决雇佣和使用分离导致的一系列问题。图 8-1 表明了双重劳动关系观点下劳务派遣三方主体之间的法律关系。

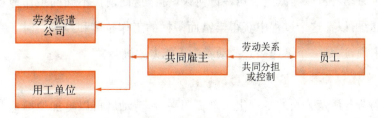

图 8-1 双重劳动关系观点下三方主体之间的法律关系

(三) 区别与联系

劳务派遣中的一重劳动关系和双重劳动关系理论的区别在于：一重劳动关系认为，用工单位和派遣单位的主体资格都是不完整的，因此只能以一种捆绑的方式承担雇主义务；而双重劳动关系理论则认为，尽管两个单位在履行劳动关系的内容方面只有各分得的一半，但是在主体构成方面却是各自完整的，也可以各自独立地承担雇主义务。这种区别实际上也体现了标准化劳动关系和非标准化劳动关系的思维冲突。

另外，这两种理论对于劳务派遣中的最主要的特点都予以了承认，即它们都认识到劳务派遣是一种雇佣与使用的分离，每一个雇主都需要分别承担一定的责任。除此之外，派遣机构和用工单位与派遣员工之间都存在着内容上不完整的劳动关系，两家单位是派遣员工的共同雇主，在一定的条件下，需要对派遣员工承担连带责任。

2005年1月起草至2007年6月底最终出台的《劳动合同法》暂时使得上述争议告一段落，新法将人才派遣中涉及三方主体的关系强制定性为一重劳动关系，即派遣员工仅与派遣企业之间存在法定意义上的劳动关系。

二、劳务派遣在非标准化劳动关系中的作用

(一) 劳务派遣的一般性作用

随着我国经济逐步融入世界整体经济大环境的过程，劳务派遣等一系列灵活就业方式在我国社会经济中所发挥的作用，也与世界上其他国家越来越相似。劳务派遣导致劳动过程中的"雇佣"和"使用"相分离的特点，使其非常适合非标准化或者灵活就业的典型特征。作为一种灵活就业方式，劳务派遣可以发挥其以下四点作用。

1. 提供更加灵活多样的工作机会

由于劳动者可以与派遣公司签订协议，受派遣而前往不同的工作地点和环境工作，因此可以在这个过程中获得丰富而多样的工作技能和经验。对于一般劳动者个人来说，这是一个迅速提升劳动者个人能力的机会。

2. 掌握相对丰富的人才市场信息资源

借助劳务派遣公司的专业化信息资源平台，劳动者可以更加便捷地获得劳动力市场中的最新信息。这一过程便是依托劳务派遣公司的客户群，来达到使劳动

者享受整个信息资源的过程。

3. 获得职业技能培训的机会

经由劳务派遣机构的安排,劳动者可以通过在不同企业的岗位进行实践,来获得不同的工作经验,进一步提升个人能力,为未来的职业发展打下基础。

4. 为用人单位构建人才蓄水池

一些行业和企业由于经营周期的缘故,可能会在短时间内需要大量的技术人才或操作人才。劳务派遣公司所拥有的劳动力资源便可以为企业解决这一短期人才稀缺的问题,提供大量灵活的劳动力。

(二)劳务派遣的特殊作用

除了劳务派遣在我国所能发挥的一些一般性作用之外,针对我国的特殊情况,其也发挥了一定的特殊作用。随着我国经济体制改革的进一步推进,劳务派遣在实现制度创新中也发挥着特殊作用。在现代企业劳动关系转型的过程中,必然会出现一系列的问题,而其中承担起为劳动者实现重新就业的责任,既属于现代企业劳动关系管理中的一个重要部分,又是我国劳动力制度与规则重新构建中的重点问题。

我国在从计划经济转向市场经济的过程中的一个特别的实现路径是,促使那些与计划经济相联系的标准劳动关系逐步转变为一种非标准化劳动关系。在经济体制的转轨过程中,我国劳动关系的非标准化过程尽管发展较为迅速,但也存在着一些显著区别于其他国家的问题。例如,对于一些外国投资者,我国采取的做法是先让其以办事处的方式进入我国进行考察,进而正式投资。然而,这些办事处无法与员工建立起正式的劳动关系。又如,原先的一些大型国有企业通过下岗使原来的正式员工失去了工作,导致大量的隐性失业。如何让这些隐性失业成功实现转轨也成为一个严峻的问题。再如,大量离开农村进城务工的农民,打破了城乡对立的格局,面临着在城市中成功实现就业的问题。针对以上问题,劳务派遣应运而生,解决了相关主体存在的"瑕疵",在我国的经济体制转轨中发挥了积极的作用。

三、劳务派遣中劳动关系的规制问题

随着现代企业的转型和劳动关系领域的一系列变革,劳动关系的中心已经从产业层次转移到了企业组织的层次。另外,产业与国家层面的相关政策缺失也导致了企业的相关劳动制度与政策处于无控制的状态中。特别是对于非标准化劳动关系的规范与监管等问题,仍然缺少有效的解决方案。

近几年来,我国劳务派遣的发展速度远远超过了20世纪,目前估计的增长速度已经达到了每年20%以上。以上海市为例,调查表明在2004年,上海市派遣用工总数达到了21万人次,相关年营业额50亿元;2005年同样的数据为46.81万人次,80亿元;而根据2009年人力资源和社会保障部劳动科学研究所的调查,这一数据到2008年底已为137万人次,308亿元。劳务派遣中最主要的劳动关系特征就是"雇佣"与"使用"相分离。其运作模式的核心结构可归纳为:两个合同、三方当事人、三种关系。从企业层面来说,滞后的劳动关系将为企业及产业核心竞争力的提高造成障碍。对于我国的情况而言,劳务派遣的产生和发展正处在企业变革的关键时期,这种特殊的劳动关系与劳务关系的交织,将会更加导致劳务派遣就业人员的权利受损。我国的《劳动合同法》对于劳务派遣专门作出了一章的规定,可以说在非标准化劳动关系的规制方面跨出了很大的一步,但在实践中仍然存在着一些问题。

我国劳务派遣的发展历程比较独特,劳务派遣起步晚,发展快,人数多。它随着外国企业进入我国而产生,伴随农村劳动力转移、国有企业改革而快速发展。当前,我国处于,且在今后相当长的时期里仍处于社会主义初级阶段。我国作为人口大国,就业问题依然是我国劳动力市场面临的严峻问题之一。多种就业方式将是解决我国就业问题的唯一选择。因此,如何解决"吃饱"与"吃好"的问题,是我们立法的难点。与直接用工相比,劳务派遣更多体现了用工的灵活性,更利于解决制度性摩擦,更易于与劳动力市场化对接,在目前我国国有用工体制不动大手术的前提下,解决我国国有企业的用工制度刚性化、工资福利制度刚性化问题。劳务派遣是市场经济条件下市场主体自发选择的结果。因此,对于劳务派遣的策略应是,既不要限得过死,也不要放得过开,要在发展中规范,在规范中促其发展。劳务派遣是在市场竞争中产生,也需要在市场竞争中加以规范。

因此,规范劳务派遣的原则应当是:

(1)要切实保护被派遣劳动者的合法权益。兼顾劳动力市场灵活性与维护职工权益的基本平衡,处理好两者关系应是政府政策追求的目标。我们对劳务派遣的规制,应当设立一个底线,一条红线。这条底线就是要确保被派遣劳动者的合法权益不能因派遣机构与用工单位的关系而受到损害;这条红线就是严禁劳务派遣机构和接受派遣单位以任何名目向劳动者收取任何费用。

(2)要监管劳务派遣机构依法运作。对劳务派遣机构从资质到行为进行全方位的监管,鼓励建立地方及全国性劳务派遣行业协会,规范劳务派遣市场,形成自律机制。积极做好公共就业服务,加大劳动力市场上的信息供给,减少职业介绍型的劳务派遣机构,并对职业介绍型劳务派遣机构予以清理、整顿。

(3) 要督促用工单位承担应尽的责任。要明确用工单位的法律责任,严禁用工单位以劳务派遣为由推卸责任。要鼓励用工单位采取直接、长期雇佣方式。鼓励接受派遣单位与派遣来的劳动者在适当时机建立长期稳定的劳动关系。当被派遣的劳动者与接受派遣单位达成一致,自愿直接建立劳动关系时,劳务派遣机构应当与被派遣的劳动者即行解除劳动关系,不得设置任何障碍,提供便利促成派遣单位与被派遣的劳动者直接签订劳动合同,建立稳定劳动关系。

第三节 劳务派遣的战略选择

目前,企业劳动关系管理的趋势正向着与企业整体战略相结合的方向发展。在了解了劳务派遣与企业劳动关系的独特联系之后,我们还要了解企业采取劳务派遣这种用工方式对于企业整体战略的作用和影响。

正如我们在第一章中所提到的,雇佣关系通常是在组织内发生的,与企业的产生和发展密切相关。因此,对雇佣关系与用工模式问题的研究不能离开对组织的研究。所谓的雇佣关系,是指决定参加某一组织或隶属于某一组织。理论与经验都能够证明,组织是解决有限理性和不完全合同问题的有效方式。在各种类型的合同中,只有劳动合同或雇佣合同是将参与交易的各方放在了同一组织内部,而这种组织又是纯粹的组织,即企业组织。企业组织所作出的一系列用工乃至管理决策,都是与其发展战略息息相关的。

一、影响企业选择劳务派遣的因素

所谓组织,是指具有明确的目标导向和精心设计的结构的活动系统,它在自身有意识协调的同时,又与外部环境保持密切的联系[①]。组织的特征主要可以

---

① 可参见:Richard L. Daft.《组织理论与设计》(Organization Theory and Design),清华大学出版社,2003年。

用组织所面临的情境变量来反映,即组织的规模、制度环境和战略目标等。作为组织内部的重要制度实践,用工模式的选择也必然会受到组织特征的相关影响。

基于用工方在战略和实践层面的微观视角,影响其派遣用工模式的外部因素一般包括外部规制、产品市场竞争状况、劳动力市场供求关系,以及派遣方的资源基础等方面。影响派遣用工模式选择的组织特征因素主要可以分为以下五类。

(一)企业的所有制形式

目前,以雇佣关系模型为基础对此方面的研究表明,包括传统的国有企业、外资企业(含外商独资企业和中外合资企业)和民营企业在内,所有制性质都是影响我国企业用工模式选择的重要因素之一。这对于我们理解劳务派遣这种非标准用工模式给出了一个较为明确的方向。根据人力资源和社会保障部劳动科学研究所的调研结果,国有企业,尤其是规模较大的央企使用派遣员工的比例较高,成为派遣劳动力市场的最大用户。

从目前国内外的学术研究方面来说,已有学者得出企业的所有制形式、企业竞争战略、企业内部的信息结构类型及与之配套的人力类型影响、企业与员工的议价能力等确是用工模式选择的重要影响因素。但是,这一结果可能更多基于国内外企业之间的区别,对于国内企业的情况,并没有做出进一步的对比和分析。

(二)企业竞争战略

姚先国等(2005)的研究结果显示,企业的竞争战略能够显著影响企业的雇佣决策,崇尚技术创新和差异化战略的企业更倾向于选择和保持稳定的雇佣关系;并且相对于大规模企业,中小企业获得中长期合同的概率显著提高。而对于我国的传统国有企业来说,实行多年的终身雇佣制已不再适应市场竞争环境的要求,因此不得不让大量的富余员工下岗。这一点可能有助于解释我国劳务派遣用工模式最初的引进,以及当企业战略发生变革时的用工模式选择。国外方面,May M. L. Wong(2001)也认为用工方选择劳务派遣可能出于组织战略的考虑,以及在具体的战略执行过程中的局部性、临时性的实践需要。

英国劳动关系服务机构在1997年对71家实行灵活用工的企业和劳动者的动机进行了调查,结果显示75%的企业是为了便于配置劳动力,追求灵活经营;17%的企业是为了完成在特定时间内增加的生产与经营任务;约8%的企业是为了削减人工成本。由此可以看出，灵活用工形式在增强企业竞争力和科学生产经营方面具有极其重要的意义，所以深得企业青睐。Alex de Ruyter(2004)通过对欧盟国家灵活用工制度兴起原因的总结，认为派遣用工等灵活性用工的临时性和外部性制度特征，在一定程度上反映用工方在正式雇佣关系基础上，控制并降低组织成本的战略动机。Uzzi 和 Barsness(1998)的研究成果显示，当组织采取降低成本或提高用工灵活性的战略时，其组织特征（诸如规模、人员年龄、劳动关系和谐度、制度环境等）对用工模式的选择影响更为明显；其中，组织规模与派遣用工模式的选择存在正相关关系。这说明企业会根据具体战略的需要来选择用工模式的组合，以实现战略目标。

（三）行业因素

产业和劳动经济学相关领域学者对派遣用工的研究，主要围绕于其产业化的形成和发展模式，以及相关主体的参与动机和产出。从产业性质看，派遣用工既反映了劳动力供求关系主体的变化和调整，也代表了一类新型的服务产业模式。根据经济合作与发展组织(OECD)对灵活就业市场的调查，临时就业型（包括短期就业、派遣就业、季节就业等）人员的产业分布绝大多数集中于服务业；2000年 OECD 国家的临时就业人员中有 69.6% 的人在从事服务业；其次为制造业，所占比例为 24.1%；农业最少，为 6.4%。另外，某一个地区的产业集群效应，也可能导致适合当地用工需求的劳务派遣工市场的形成（时博，2009）。Kunda 等(2002)分析了以 IT 产业为背景的高技能专业人才选择劳务派遣的动因和矛盾性工作感知；但其中得出的结论，例如"大部分受访者都认为当劳务工比当永久性员工获得的报酬高"，可能仅适用于美国的高新技术人才。不过，目前我国的情况是，制造业对劳务派遣的使用明显高于其他行业。我们在第六章表6-1中曾列举了劳动科学研究所 2009 年对上海市各行业企业使用劳务派遣情况所做的统计，从中可见一斑。

（四）企业的内部管理模式

Kalleberg 等(2005)研究发现，美国的企业在非核心岗位上倾向于单独使用派遣用工，而在研发和市场营销等核心岗位上则倾向于将正式与派遣用工相整合。具有类似结论的是 Lepak 和 Snell(1999)的研究，他们认为组织在通过收益分享和职业生涯开发等高承诺性的人力资源实践，来保持核心员工群体稳定的同时，可能通过缩短合同期限、结构性裁员等手段，将与非核心员工群体的经济性交换保持在一定限度之内,并根据业务和职能需要适当增加非核心员工的数量。尽管可能对企业内部的员工造成区别对待,但也属于将人力资源合理配置的手段之一。针对组织内部可能产生的不同用工模式相结合的情况,时博(2009)从权变观的视角,较为全面地分析了组织对派遣用工的选择和实践过程,以及其对正式用工的潜在影响。从某种程度上来说,用工单位应首先考虑岗位性质,进而决定企业所采取的用工性质,选择适合劳务派遣的岗位。

(五)外部环境

从组织外部环境的方面来说,制度条件(例如,社保体系的完备程度)可能影响到企业使用劳务派遣工的战略,是因为在职工没有后顾之忧的条件下,他们跳槽的成本较低,因此员工的流动性就更高;企业也因此需要用劳务派遣等用工模式来弥补正式员工退出所造成的空缺。Evans、Barley和Kunda(2004)在其研究中描述了高科技企业对派遣员工的职业关系资源的依赖,即"用工方希望通过派遣员工所处的职业社群,发掘更多的稀缺性人才,并以不同的雇佣模式吸引到组织中来"。因此,劳务派遣在一定程度上可以看作企业从外部环境中获取资源,以谋求自身发展的经济性行为。在动态市场环境下,感受到较强竞争压力的企业可能在非核心和边缘岗位上使用非正式用工,这有利于其组织知识的积累和环境适应能力的提升。这使得企业需要将竞争战略与其所处的外部环境相结合,从而制定出符合自身需要的用工模式或计划。

二、组织战略对用工模式选择的影响

具有一定组织特征的企业可以根据自身所处的行业以及外部竞争环境的条件等,从组织战略的角度出发,通过选择一定的用工模式来达成所需要的组织层面的目标,即组织战略的实现。也就是说,企业组织一般会采取先分析自身的组织特征等先决条件的方法,通过选择用工模式这一行动策略,从实现战略目标的根本角度出发,达成所需要的结果。在前一节中所分析到的企业选择劳务派遣用工模式的动因,究其根本都是出于实现企业战略的考虑。

另外,企业选择劳务派遣这一过程所体现的现实背景可能时刻都在发生着变化。这是因为,企业对劳务派遣用工的战略选择可能出于经济性和社会性的双重考虑,并相应地存在着权变的并存和交替性关系;因此,出于实践需要的派遣用工,大多反映了企业对于外部环境变化或组织内部调整的临时性举措。在此过程中,组织可能面临着相应的市场发展机遇和挑战，以及内部资源在规模、范围和稳定性上的不匹配状况；另外，组织在发展过程中还可能面临着难以调和的内部矛盾，缺乏公平性的制度设计，以及逐渐流失的内部资源。派遣用工过程中所引入的外部性资源，以及劳务派遣自身所固有的外部性和临时性制度特征，可以在一定程度上满足用工方的经济性和社会性战略权变。组织特征、组织战略与劳务派遣选择之间的路径关系可以用图 8-2 表示。

图 8-2　组织特征、用工模式与组织战略的路径模型

在图 8-2 中，各范畴之间的关系表明，组织特征能够在一定程度上决定企业选择派遣用工模式的动机，并且通过选择特定用工模式这一途径，来实现组织战略。在这一过程中，组织特征同时也是影响组织战略的重要因素。决策者通过分析组织的环境、组织所拥有的资源和能力，以此来识别其优势和劣势，进而构造整体战略。

作为战略执行过程中的一个重要步骤，企业组织对于派遣用工的选择是出于组织战略执行中的实践需要，同时对这一特定用工模式的选择也反映了企业根据组织特征、组织与环境互动关系等所进行的变化与调整。决策者通过对组织内外部状况进行整体性思考，决定其战略目标，并且从制度构成上整合了劳务派遣用工模式与一般用工模式的资源构成。从执行组织战略的连续性角度来考虑，劳务派遣用工模式相比其他一些非标准化用工模式，有着特殊的优势。它既可以使得组织获得较为持续的外部劳动力资源，又能够将用工制度和整体战略较好地结合起来。派遣用工的可持续性体现在用工方对派遣用工的连续依赖，以及派遣员工在组织和市场间的流动性。从某种程度上来说，派遣用工模式的选择反映了组织与外部环境的持续互动，使组织的内外部制度达到契合。派遣方和用工企业在组织战略及成长模式上的动态选择，都将对劳务派遣的内涵和外延产生局部性或根本性的影响。

本章小结

本章首先以美国为例介绍了西方发达国家企业劳动关系的转型过程以及其所面临的新挑战;接着,讨论了我国劳动关系转型中存在的问题;随后,为了了解这些问题会对企业采取劳务派遣用工方式产生何种影响,我们介绍了与之相关的一些劳务派遣用工方式中的劳动关系理论背景;最后,我们深入探讨了企业采取劳务派遣这种用工方式对于企业整体战略的作用和影响。

从某种程度上来说,派遣用工模式的选择反映了组织与外部环境的持续互动,使组织的内外部制度达到契合。派遣方和用工企业在组织战略及成长模式上的动态选择,都将对劳务派遣的内涵和外延产生局部性或根本性的影响。

本章复习题

1. 全球企业劳动关系转型的趋势对于我国企业有何影响?
2. 劳务派遣对于我国企业转制所发挥的作用都有哪些?
3. 影响企业选择劳务派遣用工方式的组织特征因素都有哪些?

讨论案例

是否存在劳动关系?

林女士原是沈阳某大学教师,1995年来到北京,在某事业单位工作,属于编外人员。2004年该事业单位实行用人制度改革,林女士与劳务派遣公司签订《劳务合同书》,成为派遣公司的签约员工,再由派遣公司以劳务派遣的方式派到该事业单位工作。合同日期自2004年8月12日开始,至2007年12月31日终止。2007年8月14日,林女士因患颈椎病不得不住院治疗。同年11月14日,派遣公司告知林女士,合同到期后不再续约。后派遣公司得知职工在医疗期内不得解除劳动合同,遂以林女士工作年限不满5年为由,要求她与公司签订6个月的医疗期协议。这份协议认定林某只有6个月的医疗期,且必须在6个月内休完。林女士认为,自己自1995年开始在该事业单位工作,2004年与派遣公司签订合同,仍以劳务派遣的方式返回原岗位工作,工作岗位、工作内容未发生改变,其工作年限应是13年。在此基础上,林女士认为自己的医疗期应该是12个月,并可以在18个月内累计休完。

本案的焦点有二:一是林女士与该事业单位之间是否存在劳动关系;二是医疗期的计算,是以林女士在劳务派遣公司的工作年限为根据,还是以其在该事业单位与劳务派遣公司的合并工作年限为根据。

在《劳动合同法》实施之后,劳动关系具有唯一性,即同一时间内,一个劳动者只能与一家用人单位形成劳动关系。林女士原是沈阳某大学的教师,是事业编制。如果她不能提交自己与沈阳某大学解除人事关系的证明,那么就意味着,林女士与北京这家事业单位建立的是工作关系,而不是劳动关系。就算2004年之前的都是劳动关系,2004年以后林女士与新的派遣公司建立了劳动关系,以前的劳动关系就应该视为终止。2004年之前的工作年限就成为参加工作年限,是一般工作年限;2004年以后的工作年限是本单位或者本企业工作年限。根据《企业职工患病或非因工负伤医疗期规定》(劳部发[1994]479号)第三条第(二)项规定,实际工作年限10年以上的,在本单位工作年限5年以下的,医疗期为6个月。因此,林某在本案中的医疗期应该为6个月,但是根据上述文件的规定,林女士6个月的医疗期可以按12个月内累计病休时间计算。

请分组就以下问题展开头脑风暴:

1. 本案中,劳务派遣劳动关系应如何确定?
2. 劳务派遣员工的医疗期限应如何确定?

参 考 文 献

[1] 常凯,《劳动关系学》,中国劳动社会保障出版社,2005年。

[2] 董保华,《劳动力派遣》,中国劳动社会保障出版社,2007年。

[3] 丁薛祥,《人才派遣理论规范与实务》,法律出版社,2006年。

[4] 李海明,《劳动派遣法原论》,清华大学出版社,2011年。

[5] 石美遐,《非正规就业劳动关系研究——从国际视野探讨中国模式和政策选择》,中国劳动社会保障出版社,2007年。

[6] 王全兴,《劳动法》,法律出版社,2008年。

[7] 王桦宇、万江,《劳务派遣法律实务操作指引》,中国法制出版社,2008年。

[8] 张荣芳,《被派遣劳动者的劳动权利保护研究》,武汉大学出版社,2008年。

[9] 周长征,《劳动派遣的发展与法律规制》,中国劳动社会保障出版社,2007年。

[10] 郑东亮等,《劳务派遣的发展与规制——来自国际经验和国内实践的调查研究》,中国劳动社会保障出版社,2010年。

[11] 郑尚元,"劳动派遣之立法因应——劳动派遣之社会价值与负效应",《南京大学法律评论》,2005年秋季号。

[12] 郭纲,"劳务派遣一种尚待完善的人力资源配置方式",《中国人力资源开发》,2004年第11期。

[13] 黄昆、王全兴,"西方国家对劳动派遣放松规制的背景及其启示——兼评《中华人民共和国劳动合同法(草案)》相关条款",《上海财经大学学报》,2007年第8期。

[14] 谢增毅,"美国劳务派遣的法律规制及对我国立法的启示——兼评我国《劳动合同法》的相关规定",《比较法研究》,2007年第6期。

[15] 宋丰景,"专用性人力资源与劳务派遣——劳务派遣的新制度经济学分析",《北京社会科学》,2005年第1期。

[16] 沈同仙,"劳务派遣中的政府规制研究",苏州大学博士论文,2007年。

[17] 时博,"派遣用工的战略选择、制度构型和资源整合研究——基于权变观视角",南开大学博士论文,2009年。

[18] 周德生,"我国央企的用工模式选择研究",首都经济贸易大学博士论文,2008年。

[19] Storrie,D.,欧洲生活及工作条件改善基金会,《欧盟的劳务派遣状况》,卢森堡,欧洲共同体官方出版局,2002年,www.eurofound.eu.int/publications/files/EF0202.htm。

[20] Chaidron,A.,《劳务派遣行业的工会和雇主组织的机构代表性》,欧洲委员会IST(卢万)关于就业与社会事务总署的报告,布鲁塞尔,欧洲委员会,2004年,www.trav.ucl.ac.be/research/interim final relu.pdf。

图书在版编目(CIP)数据

劳务派遣管理概论/曹可安著. —上海:复旦大学出版社,2011.11(2021.8 重印)
(复旦博学·21 世纪劳动关系管理)
ISBN 978-7-309-08598-3

Ⅰ.劳… Ⅱ.曹… Ⅲ.劳务合作-劳动法-高等学校-教材 Ⅳ.D912.5

中国版本图书馆 CIP 数据核字(2011)第 240650 号

劳务派遣管理概论
曹可安 著
责任编辑/宋朝阳

复旦大学出版社有限公司出版发行
上海市国权路 579 号 邮编:200433
网址:fupnet@fudanpress.com http://www.fudanpress.com
门市零售:86-21-65102580 团体订购:86-21-65104505
出版部电话:86-21-65642845
上海华业装潢印刷厂有限公司

开本 787×1092 1/16 印张 15.75 字数 251 千
2021 年 8 月第 1 版第 3 次印刷
印数 5 701—6 800

ISBN 978-7-309-08598-3/D·544
定价:35.00 元

如有印装质量问题,请向复旦大学出版社有限公司出版部调换。
版权所有 侵权必究